MUSA

HerausgeberInnen für die Kulturabteilung der Stadt Wien (MA 7) / Editors for the Department for Cultural Affairs of the City of Vienna (MA 7):

Sonja Gruber
Maris Liška
Berthold Ecker

AMBRA | V

ROSWITHA ENNEMOSER.

KONKRETISIERUNG. / CONCRETISATION.

Inhalt

Contents

Vorwort

Berthold Ecker

Der Name Roswitha Ennemoser war mir seit längerem bekannt, ohne dass ich viel mehr als das Klischee von einer strengen, hochintellektuellen Künstlerin damit verbunden hätte. Erst bei der Ausstellung „!Strenge Kammer?" im Jahr 2000 im MUSA, an der sie mit einer Arbeit teilnahm, und etwas später bei einem Atelierbesuch anlässlich eines Ankaufes im Jahr 2004 lernte ich sie ein wenig kennen. Besser gesagt, wir hatten ein intensives Gespräch über ihren künstlerischen Ansatz und dabei auch das Gefühl, einander zu verstehen. Beeindruckt von diesem Œuvre, das sie in dem schönen Atelier in der Praterstraße sorgfältig vor mir ausbreitete, konnte ich damals eines ihrer Hauptwerke für das MUSA ankaufen. Es war dies eine der großen, vielteiligen Mauern aus Karton, die in ihrer bedingungslosen und doch spielerischen Konkretisierung bis heute nichts von ihrer Faszination verloren haben.

Man traf die Ennemoser nicht einfach zufällig bei der einen oder anderen Ausstellung. Am üblichen Kunsttrubel der Szene nahm sie kaum teil, und es bedurfte eines konkreten Sich-Einlassens auf ihre Persönlichkeit, um überhaupt mit ihr in Kontakt treten zu können. Damit soll nicht gesagt sein, dass sie scheu oder kommunikationsunwillig gewesen wäre, im Gegenteil! Bei unseren wenigen Treffen war ihre Bereitschaft zu einer konzentrierten Auseinandersetzung immer beeindruckend und von einer nicht alltäglichen menschlichen Wärme getragen. Sie lebte mit einem Höchstmaß an Ernsthaftigkeit, Konsequenz und Tiefgang, was es ihrem Gegenüber nicht leicht machte, ihr zu folgen. Den Dingen, die sie interessierten, wollte sie mit ihrer ganzen Kraft bis auf den letzten Grund gehen. Aus dieser Haltung entstand ein hochinteressantes, in der Tradition der Konkreten Kunst stehendes Werk, das in Österreich bisher kaum bekannt ist.

Knapp vor ihrem frühen Tod unterzeichnete sie einen Schenkungsvertrag, der ihr Werk in die Sammlung der Stadt Wien – MUSA übertrug. Für das Team des MUSA bedeutete es eine hohe Auszeichnung, dass Roswitha Ennemoser uns ihr Vertrauen entgegenbrachte. Mit vorbehaltloser Unterstützung durch ihren Mann Hermann Zschiegner wurde seither das Œuvre aufgearbeitet und kann nun in dieser Publikation zur Ausstellung des MUSA erstmals einer breiten Öffentlichkeit vorgestellt werden. Wir sind zuversichtlich, dass Roswitha Ennemoser damit einen dauerhaften Platz in der österreichischen Kunstgeschichte erhält.

Foreword

Berthold Ecker

The name Roswitha Ennemoser has been familiar to me for a long time, although I didn't associate it with much more than the cliché of a rather stern and highly intellectual artist. It was only when she exhibited a work at MUSA's 2000 exhibition "!Strenge Kammer?" (stern chamber), and during a subsequent studio visit linked to a purchase in 2004, that I got to know her a bit. To be more exact, it was an intense conversation with her about her artistic approach that created a sense of mutual understanding between us. Impressed by her oeuvre, which she laid out with great care for me in her beautiful studio in the Praterstraße, I was able to buy one of her main works for MUSA. It was one of those large walls made of cardboard pieces, which – thanks to its uncompromising yet playful form – has lost none of its fascination today.

One did not simply meet Ennemoser by chance at this or that exhibition. She barely took part in the art circus. One really had to engage with her personality just to make contact. I am not saying that she was shy or unwilling to communicate – quite the opposite! The few times we did meet, I was always impressed by her rare human warmth and willingness to enter an intense discussion. She lived her life seriously, and with determination and thoughtfulness, which did not make it easy for others to follow her. She put all her energy into getting to the very bottom of anything that interested her. It was this attitude that produced an exceptionally interesting oeuvre, virtually unknown in Austria previously, in the tradition of "Concrete Art".

Shortly before her untimely death, she bequeathed her works formally to the collection of the City of Vienna – MUSA. It was a great honour for the team at MUSA to have Roswitha Ennemoser place her confidence in us. Since then, with the unreserved support of her husband Hermann Zschiegner, her works have been reappraised and can now be presented to a wide audience through this publication linked with the MUSA exhibition. We are certain that this will give Roswitha Ennemoser a permanent place in Austrian art history.

Interview

Roswitha Ennemoser – Alexander W. Belobratow

Interview per Fax
Sankt Petersburg – Wien – Sankt Petersburg

Univ.-Doz. Dr. Alexander W. Belobratow
A. B., Sankt Petersburg, 4.11.2001:
Die Kunst um die letzte Jahrhundertwende scheint die neuen Formen der Selbstdarstellung erschöpft zu haben: Die Postmoderne propagiert und realisiert die Wiederholung, das Zitat, noch mehr, das Zitat des Zitats, das schon Dagewesene in Form seiner Mischung mit anderen Vertrautheiten. Ist das Potenzial der Moderne – die ununterbrochene Erneuerung der Kunst – endgültig erschöpft? Oder können Sie in Ihren Objekten ein Know-how anbieten, das noch nie Dagewesene (nicht so Gewesene)?

Roswitha Ennemoser
R. E., Wien, 6.11.2001:
Der Postmoderne um die letzte Jahrhundertwende möchte ich auch einen Kulturraum zuweisen: Dieser ist der Kulturraum der wirtschaftlich starken Länder. Der wirtschaftliche Kontext gibt die Produktionsbedingungen für KUNST vor – und auch die Spannweite der Definition, was KUNST ist, wie KUNST zu sein hat. Da die Postmoderne eine „äußerst wirtschaftlich ausgerichtete" Form von Kunst ist, sehe ich nicht ihr nahes Ende. Das Zitat des Zitates, das Remake als Denkhaltung, lässt sich schnell konsumieren/produzieren. Indem man das Zitat – für mich sind es in der Postmoderne die Oberflächen – zum Eigentlichen erklärt, löst man sich von Kontexten, von Räumen (Denk-Räumen, Zeit-Räumen etc.), man löst sich damit überhaupt vom (Zeit-)Aufwand des Denkens/Empfindens. Ich nehme an, die Postmoderne wird uns – mit jeweils verändertem Design – noch länger begleiten.

Ich habe kein Know-how, sondern bin in meiner Arbeit immer im „how". In welcher Form lässt sich eine Frage an einem Objekt formulieren, wie konstruiere ich ein Objekt, damit eine Frage am Objekt Form annimmt, zugleich aber das Objekt/das Material – in seiner ihm eigenen Art/in seiner Fremdheit – erhalten bleibt? Indem ich die Räumlichkeit eines Objekts durch eine Fragestellung verändere, ändern sich auch die Form der Frage, die Form des Objekts etc.

Das noch nie Dagewesene (nicht so Gewesene) ist, denke ich, immer schon irgendwie da gewesen, nur ist es nicht ganz so gewesen. Dem Gewesenen und dem, was ist, wäre eigentlich nichts hinzuzufügen (ich sehe keinen Fortschritt in der KUNST seit den Zeiten der Höhlenmalerei), gäbe es nicht immer dieses jeweils neue Jetzt.

A. B., Sankt Petersburg, 8.11.2001:
Die Räume der Kunst sind mehrdimensional, vielschichtig: Werkstattraum, Ausstellungsraum, Denkraum, Realisierungsraum, Raum des künstlerischen Gegenstandes, des Kunstdings, Raum der Auffassung, Raum des Miterlebens und der Gleichgültigkeit usw. usf.

Ihr Versuch, die Räumlichkeit eines Objekts durch eine Fragestellung zu verändern – welche Art der Räumlichkeit meinen Sie dabei? Räumlichkeit des Textes, der Aussage oder die des Kontextes, der Umgebung oder die des Materials, der Form? An wen (was) wird die Frage gestellt?

R. E., Wien, 11.11.2001:
Ähnlich einem Hintergrundgeräusch sind es all jene vielschichtigen, mehrdimensionalen Räume, die Sie in Ihrer Frage konkret benennen, und auch jene, die Sie mit der Definition „usw. usf." offenlassen, die mir in der Unbestimmtheit des Allgemeinen Anlass sind, Objekträume zu konstruieren, zu konkretisieren. So entstehen beispielsweise die O.-T.-Arbeiten aus Karton, die Mauern [Abb. S. 149–153] in einem gedanklichen Kontext von allgemeiner Auffassung des RÄUMLICHEN. Bei diesen Arbeiten habe ich zwar eine räumliche Grundstruktur im Kopf, aber das Gefüge der einzelnen Teile, das, was sich konkretisiert, entwickelt sich erst während des Arbeitens. Jedes Objekt ist ein Fallbeispiel von Zustand. Indem ich die Beschaffenheit des Kartons und seine Ausdehnung im Raum verändere, entsteht mit jedem Arbeitsschritt neue Räumlichkeit des Objekts und seines mit ihm in Wechselwirkung stehenden Umraums.

Gehe ich aber von einem bereits eng gefassten Begriff des RÄUMLICHEN aus, wie den Schrift-Objekten [Abb. S. 179], bestimmt der Inhalt des Begriffs (ich beziehe mich dabei ausschließlich auf die Begriffe des Raumes, z. B. FLÄCHE) im Voraus den Objektraum. Der Objektraum ist Träger dieser ihn zugleich definierenden Information.

Zwischen diesen beiden Polen liegen für mich jene Arbeiten, bei denen mir optische Wahrnehmung/Empfindung von Raum und bestimmte inhaltliche Themen – wie Überschneidungen – wichtig sind (Würfel aus Karton und Millimeterpapier [Abb. S. 82/83]).

Die enger gefassten Begriffe von RAUM, die ich am Objekt formuliere, beziehen sich auf die gleichzeitige Gültigkeit zweier oder mehrerer Perspektiven: Bei den Millimeterpapier-Arbeiten ist es primär optischer Perspektivenwechsel, bei den Schrift-Objekten gedanklicher.

So ist die Struktur meines inneren Monologs mit dem Objekt, das ich forme, je nach gedanklicher Ausgangsposition unterschiedlich. Bei einer allgemeinen Auffassung von RAUM, bei den Mauern, formt mich das Material. Ich bin Karton.

Wenn ich von einem inhaltlich konkretisierten RAUM ausgehe, ist das Material funktionalisiert. Bei den wahrnehmungsorientierten Arbeiten sind Auge, Kopf, Objekt empfindungsmäßig so stark in Wechselwirkung, dass sich nicht genau sagen lässt, wer/was/wen wann formt.

A. B., Sankt Petersburg, 28.11.2001:
Ihre Kunst, Ihre Art und Weise, Ihre Objekte zu produzieren, zu schaffen, aufzubauen, darf ich

wohl von mehreren Seiten anschauen, erstens als Materialstudien, die – wie bekannt – im Bauhaus zur Entdeckung struktureller Möglichkeiten praktiziert wurden; zweitens scheint für mich als Zuschauer diese Objektkunst eine Art von Entfaltung der inneren, psychologischen Prozesse zu sein, ein Versuch, dem verborgenen Inneren (Unbewussten?) eine äußere Form zu geben; drittens kann ich versuchen, den künstlerischen Prozess in seiner gestalterischen und reflexiven Dynamik auf einen gemeinsamen Nenner zu bringen, und Ihre Objekte als ein „verborgenes Narrativ" bezeichnen, wobei Ihre Äußerungen und Reflexionen über Ihre Objekte von mir als ein „mir nun geborgtes Narrativ" empfunden werden. Was werden Sie in diesem Koordinatensystem des Zuschauers akzeptieren?

R. E., Wien, 6.12.2001:
Indem jeder Betrachter sein eigenes Koordinatensystem hat und jedes Objekt der Wahrnehmung als etwas Gedachtes neu geformt wird, ist der Betrachter immer auch Autor. Außerhalb des Ateliers verselbstständigen sich Inhalte. Und je offener die Form ist, desto freier kann sich der Betrachter in seinen Überlegungen bewegen. So hat jedes andere Koordinatensystem seine eigene Gültigkeit.

Indem ich nun durch Ihre reflexive Dynamik die Möglichkeit habe, Ihre Koordinaten hinsichtlich Übereinstimmung mit den meinen zu orten, kann ich zwei Parallelen feststellen: Materialstudien/Bauhaus und innere, psychologische Prozesse/äußere Form. Das, was Sie als „Narrativ" beschreiben, ob nun versteckt oder geborgt, ist mir kein Anliegen. Ich nehme an, der Eindruck des Narrativen entsteht durch mein Infragestellen von Gültigkeiten – und zwar zumindest der Gültigkeit, Verbindlichkeit der eigenen Sicht. Da aber meine Arbeit vor allem auf visueller Ebene abläuft, ich Visuelles konstruiere, gedanklich dazu reflektiere und dabei eingebunden bin in einen Prozess des Fokussierens von Sehen/Empfinden, lösen sich feste Dinge auf. Je genauer man die Mikrowelt dieser Ereignisse betrachtet, desto willkürlicher scheint ein fixierter Blickwinkel, eine einzig gültige Sicht. Die Dynamik, die sich dabei entwickelt, ist eine von Aufbau und Abbau, von Montage und Demontage.

Erstmals veröffentlicht in:
Roswitha Ennemoser und Andrei Ryschow (Hg.):
Raum × 2, Ausstellungskatalog
Russisches Kulturinstitut Wien 2002, S. 34–41.

Interview

Roswitha Ennemoser – Alexander W. Belobratow

Interview by fax
Saint Petersburg – Vienna – Saint Petersburg

University Lecturer Dr Alexander W. Belobratow
A.B., Saint Petersburg, Nov 4, 2001:
Around the end of the last century, art seems to have exhausted all new forms of self-representation: postmodernism favours and generates repetition, citation, or more likely citations of citations, something that existed before, combined with other familiar elements. Have we completely exhausted the potential of modernism to constantly produce new art? Or can you, through your objects, contribute knowledge that has never existed before (not in the same way)?

Roswitha Ennemoser
R.E., Vienna, Nov 6, 2001:
Starting with postmodernism around the end of the last century, I would like to locate it culturally in the economically powerful countries. The business context lays down the conditions of artistic production. It also sets the limits on how art is defined, what art can be. Since postmodernist art is an "highly business-focused", I don't see its immediate demise. The citation of a citation, the remake as mindset, can be quickly consumed/produced. By making the citation one's own – to my mind postmodernism deals with the surface – one breaks free of context, of space (mental space, temporal space, etc.); one even frees oneself from mental or emotional effort (and time). I suppose postmodernism – with its changing forms – will stay with us for a long time. I have no "know-how" – in my work I am always in the "how". How can a question be formulated through an object, how do I construct an object in such a way that a question takes form through the object, while at the same time the object/the material retains its own character/strangeness? When I change the spatial quality of an object by asking a question, the shape of the question changes as well, as does the shape of the object, etc.

That which has never existed before (not like that) has, I think, somehow always been there, except not quite like that. We could add nothing to what has been before, or what is (I see no progress in ART since the era of cave painting), if there wasn't always a new now, time after time.

A.B., Saint Petersburg, Nov 8, 2001:
Art exists in multi-dimensional, multi-layered spaces: studio space, exhibition space, mental space, creation space, space of the artistic object, of the art thing, space of understanding, space of joint experience and of indifference, etc. etc. When you try to change the object's spatial qualities by posing a question – what kind of spatial quality do you mean? Is it the spatial quality of the text, of the statement or of the context, of the surrounding or of the material, of the form itself? To whom (what) are you addressing the question?

R.E., Vienna, Nov 11, 2001:
Like background noise, it is all those many-layered, multi-dimensional spaces that you articulate in your question, and also those that you leave open with the words "etc. etc.", those that prompt me, in the indeterminacy of the general, to construct, to specify object-spaces. This is how the untitled cardboard works emerge – the Walls [fig. p. 149–153] – in an imaginative context a general sense of SPATIALITY. With these works, while I have a basic spatial structure in mind, the relationship between the individual elements – what takes shape in reality – only develops while I'm working. Each object exemplifies a condition. Each time I change the nature, shape and size of the cardboard, the object takes on a new spatial quality, as does the surrounding space with which it interacts.

However, if I take as my starting point a limited notion of SPATIALITY, as in the text objects [fig. p. 179], the concept itself (I am referring here merely to the spatial concepts – e.g. PLANE) pre-determines the object-space. The object-space is both the carrier of the information, and is itself defined by the information.

Between these polar opposites there are those works in which what matters to me is optical perception/sense of space and certain themes – e.g. overlapping (cubes made of cardboard and graph paper [fig. p. 82/83]).

The narrower concepts of SPACE, which I formulate through the object, refer to the simultaneous validity of two or more perspectives: with the works made of graph paper, the change in perspective is primarily optical, with the text objects it is more conceptual.

In this way, the structure of my internal monologue with the object that I am shaping varies according to the theoretical premise. If I view SPACE in general terms – e.g. the Walls – I am formed by the material. I am cardboard. If my starting point is a concrete SPACE, the material is functionalised. In the works that deal with perception, the interrelationships between eye, head and object are so strong that it is impossible to say who shaped whom/what/when.

A.B., Saint Petersburg, Nov 28, 2001:
I suppose I can look at your art, the way you produce, create and compose your objects, from many angles. First, your works are studies in material – which, as we know, the Bauhaus practised to explore what is possible with structure; second, to me as spectator, this object art seems to be a kind of unfolding of inner, psychological processes, an attempt to give the hidden interior (unconscious?) an external form; third, I can try to compare the creative and reflexive forces in the artistic process, and to describe your objects as a "hidden narrative" – I experience your statements and your reflections on your objects as a "borrowed narrative". Which of these points of reference will you accept?

R.E., Vienna, Dec 6, 2001:
Given that each observer has their own points of reference and gives each perceived object new form in their imagination, the observer is always an author too. Outside the studio, content and meaning have a life of their own. And the more open the form is, the more freely the observer can move around with his or her thoughts. In this way, each different way of seeing has its own validity.

Your reflections enable me to work out whether your points of reference resonate with mine, and this in turn allows me to identify two parallels: material studies/Bauhaus and inner, psychological processes/external form. What you describe as "narrative", whether hidden or borrowed, is of little significance to me. I suppose the sense of narrative comes from my questioning of validities – or at least of the validity or reliability of the individual's viewpoint. But since my work operates on a visual level – I construct something visual, reflect on it and am thus engaged in a process of focused looking/sensing – solid things dissolve. The more closely one studies events in this micro-world, the more arbitrary a fixed perspective appears, one single valid point of view. What then develops is a dynamic of construction and deconstruction, montage and demontage.

German version first published in:
Roswitha Ennemoser and Andrei Ryshov (Ed.):
Raum × 2 [Space × 2], Exhibition catalogue
Russian Cultural Institute, Vienna 2002, p. 34–41.

Linie und Quadrat in Bewegung

Line and square in motion

Werke / Works

SEITE / PAGE

22

O.T. / Untitled
1983
Öl auf Leinwand / oil on canvas
85 × 70 cm

23

O.T. / Untitled
1983
Öl auf Leinwand / oil on canvas
85 × 75 cm

24

O.T. / Untitled
1983
Öl auf Leinwand / oil on canvas
80 × 70 cm

25

O.T. / Untitled
1984
Öl auf Leinwand / oil on canvas
80 × 67 cm

26–29

O.T. / Untitled
1983/84
Tusche auf Papier / Indian ink on paper
diverse Maße / various sizes
36 × 36 cm – 62 × 43 cm

30

O.T. / Untitled
1987
Dispersion, Eitempera auf Packpapier /
emulsion paint, egg tempera on packing paper
153 × 235 cm

31

O.T. / Untitled
1986
Öl auf Leinwand / oil on canvas
100 × 125 cm

32

O.T. / Untitled
1987
Holz / wood
72 × 8 × 15 cm

33

O.T. / Untitled
1987
Öl auf Leinwand / oil on canvas
160 × 115 cm

34

Bogenstriche / Bow-lines
1987
Eitempera auf Packpapier /
egg tempera on packing paper
226 × 208 cm

35

Bögen / Bows
1988
Holz / wood
12-teilig / 12 parts
diverse Maße / various sizes,
längster Teil / longest part: 210 × 4,5 cm

36

O.T. / Untitled
1987
Öl auf Leinwand / oil on canvas
160 × 100 cm

37 links / left

Bewegungsaufbruch /
Movement starting
1987
Öl auf Leinwand / oil on canvas
3-teilig / three parts
je 60 × 70 cm / each

37 rechts / right

Bewegung von oben nach unten /
Downward movement
1987
Öl auf Leinwand / oil on canvas
3-teilig / three parts
je 60 × 70 cm / each

38 / 39

O.T. / Untitled
1989
Gips / plaster
42 × 37 × 20 cm

40

O.T. / Untitled
1990
Öl auf Leinwand / oil on canvas
126 × 160 cm

41

Söhnchen am Sonntag /
Sonny on a sunday
1990
Öl auf Leinwand / oil on canvas
35 × 35 cm

42

O.T. / Untitled
1991
Öl auf Leinwand / oil on canvas
150 × 125 cm

43

O.T. / Untitled
1991
Öl auf Leinwand / oil on canvas
170 × 140 cm

44

O.T. / Untitled
1988
Öl auf Leinwand / oil on canvas
45 × 45 cm

45

O.T. / Untitled
1988
Öl auf Leinwand / oil on canvas
45 × 45 cm

46

O.T. / Untitled
1991
Öl auf Leinwand / oil on canvas
160 × 130 cm

47

missing link 7
1991
Öl auf Leinwand / oil on canvas
160 × 130 cm, 28 × 28 cm

48

missing link 3
1991
Öl auf Leinwand / oil on canvas
160 × 130 cm, 37 × 27 cm

49

missing link 5
1992
Öl auf Leinwand / oil on canvas
160 × 130 cm, 38 × 32 cm, 28 × 28 cm

50

O.T. (Sehfelder) /
Untitled (visual fields)
1991
Öl auf Leinwand / oil on canvas
68 × 68 cm, 43 × 43 cm, 38 × 38 cm

51

O.T. / Untitled
1993
Topfenkasein auf Holz /
lactic acid casein on wood
3-teilig / three parts
35 × 154 × 17 cm, 5 × 16 × 4 cm,
35 × 10 × 0,5 cm

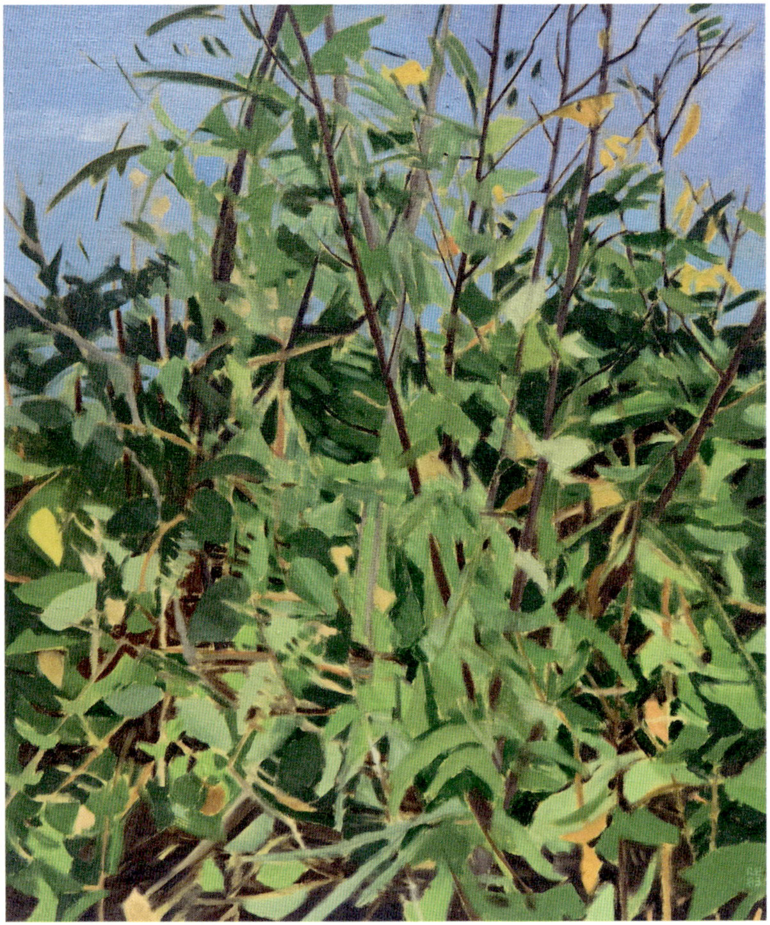

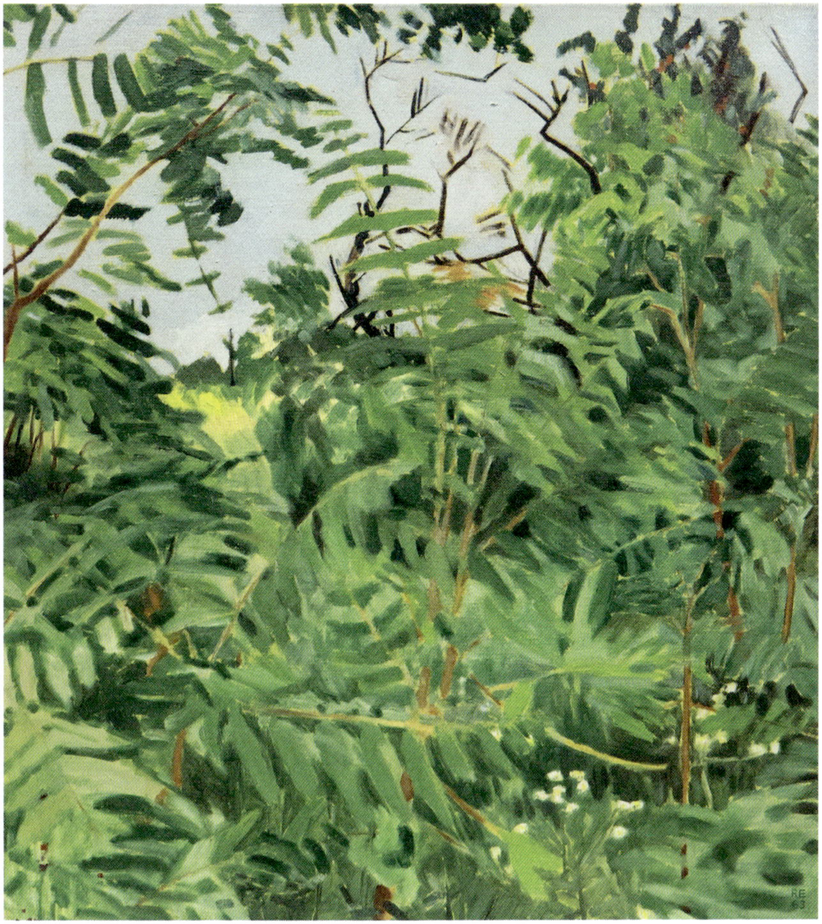

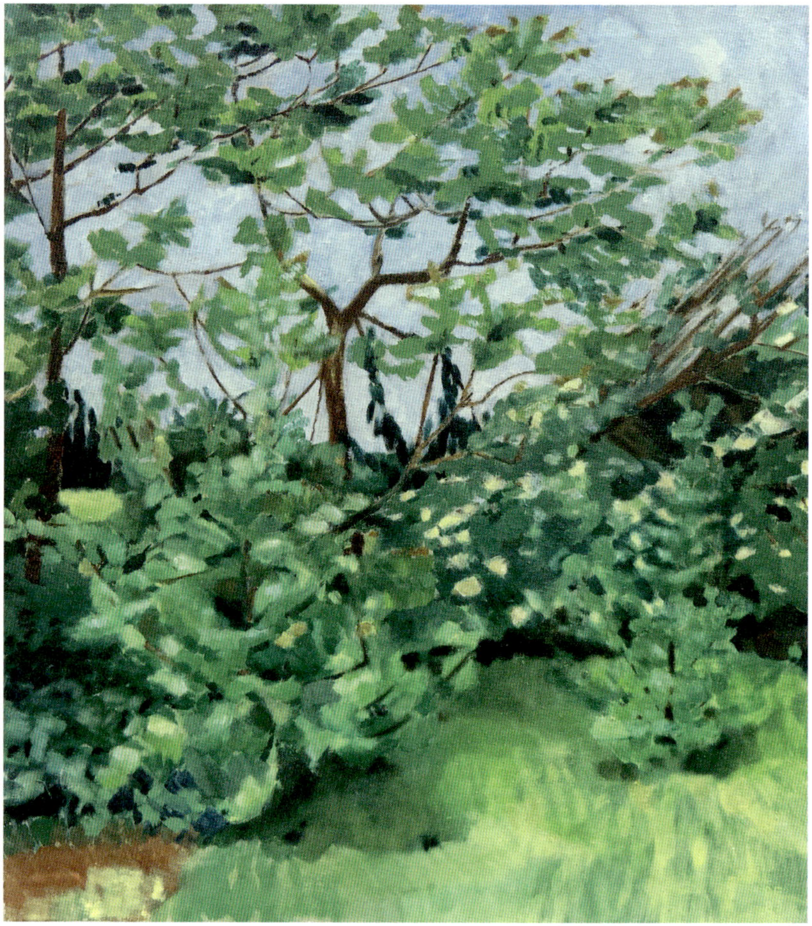

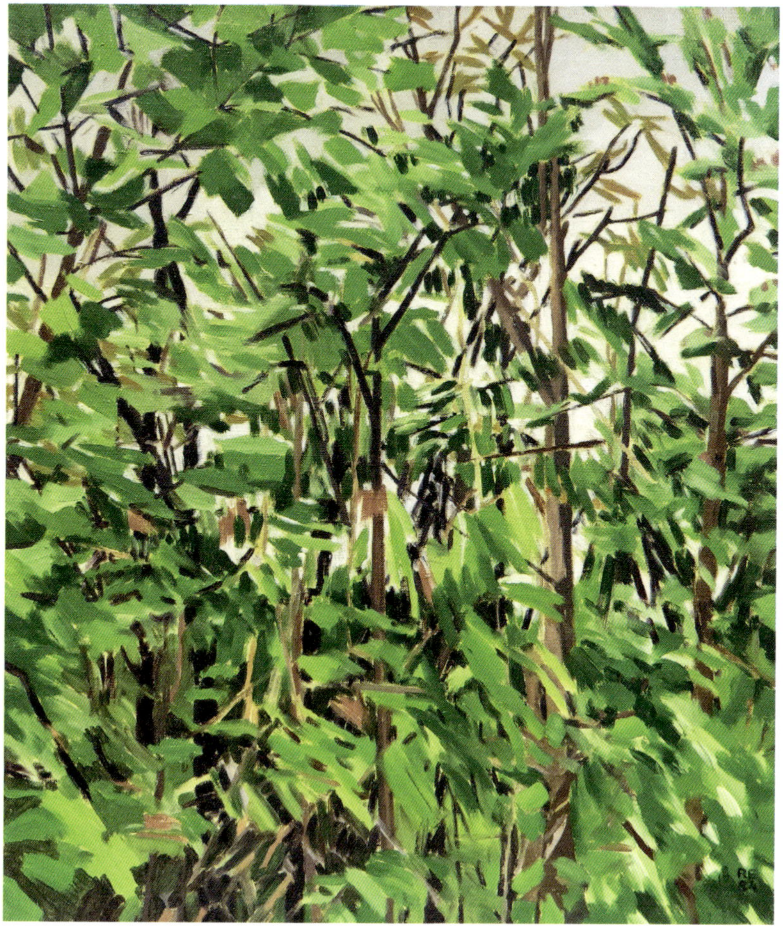

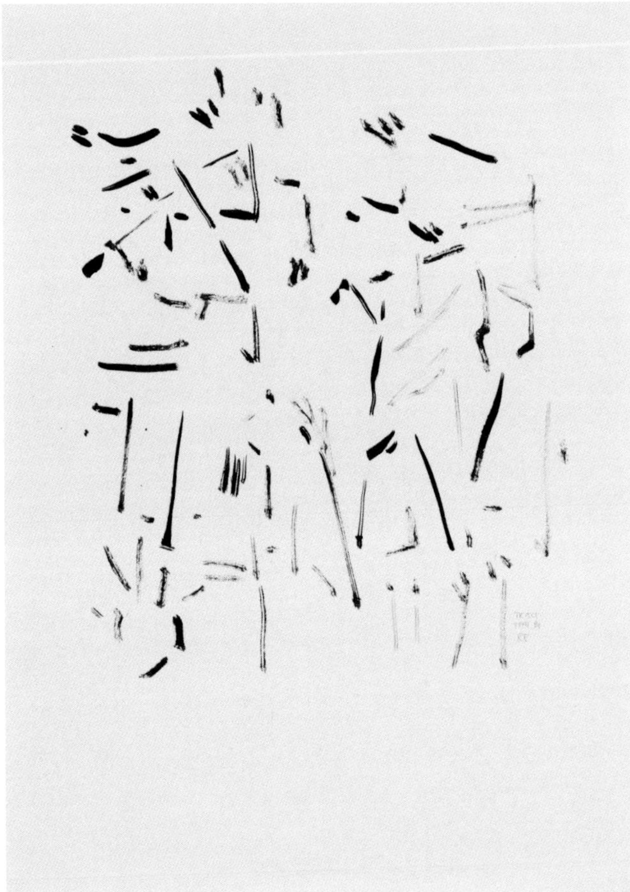

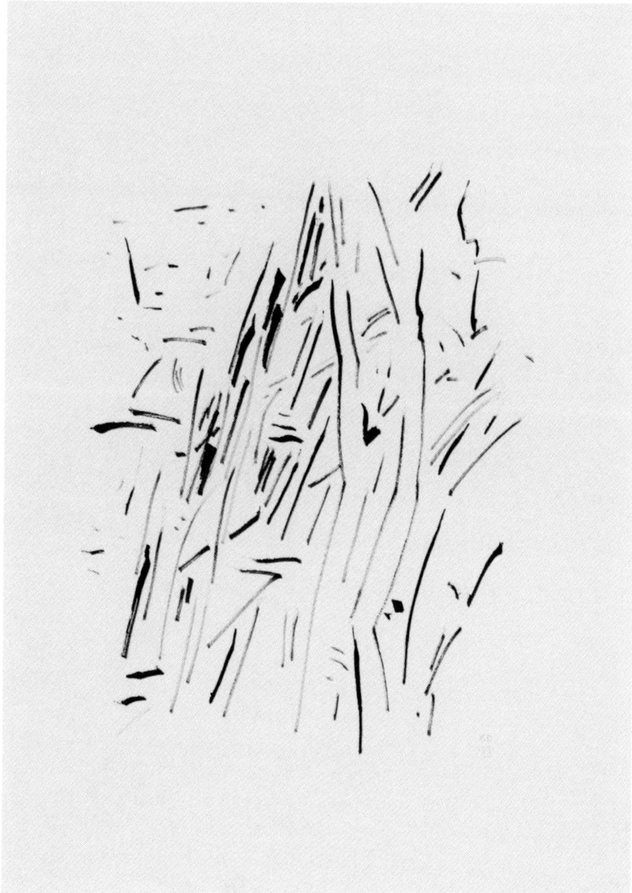

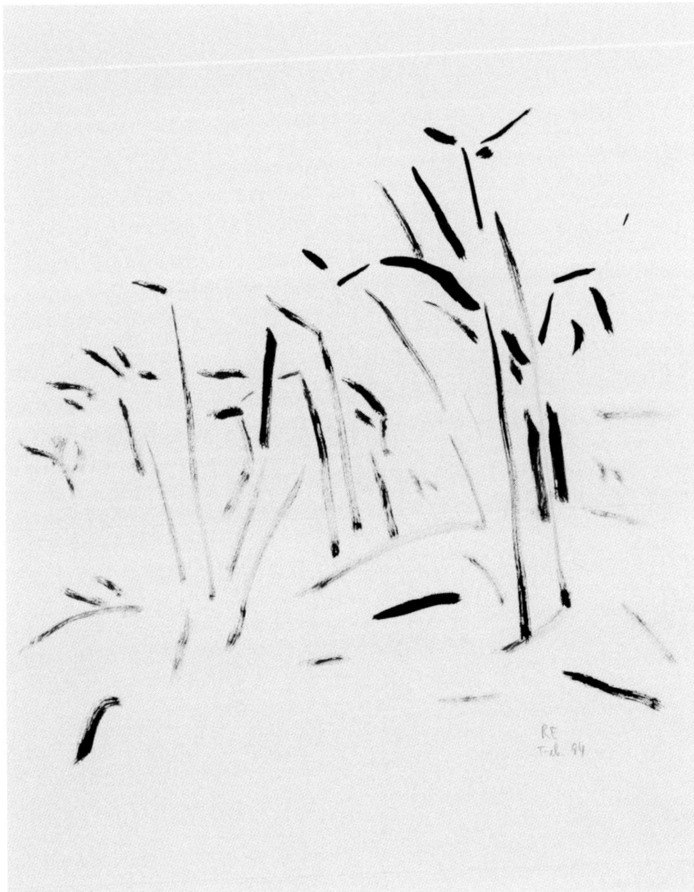

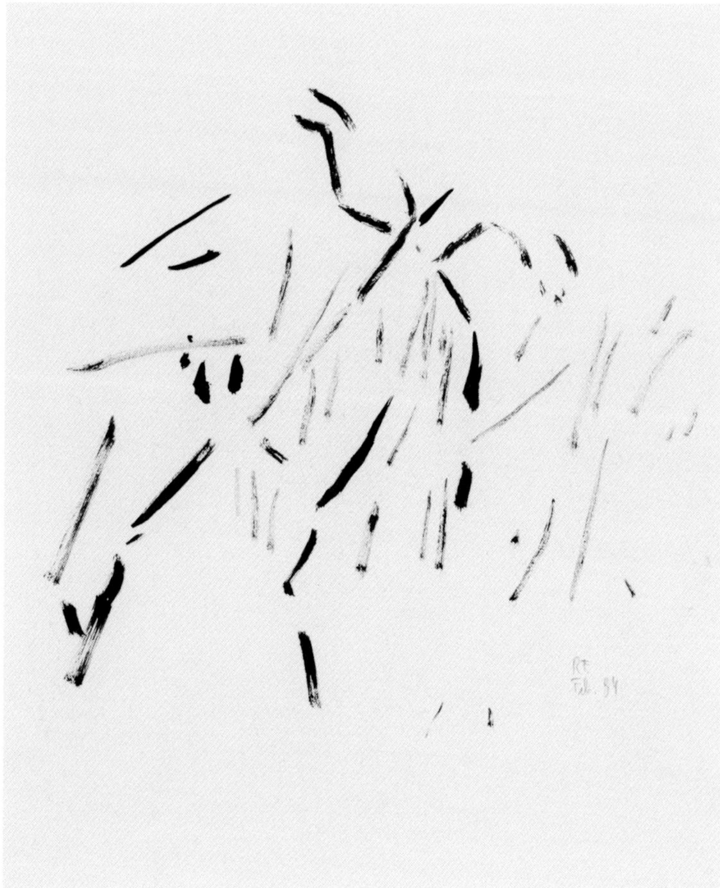

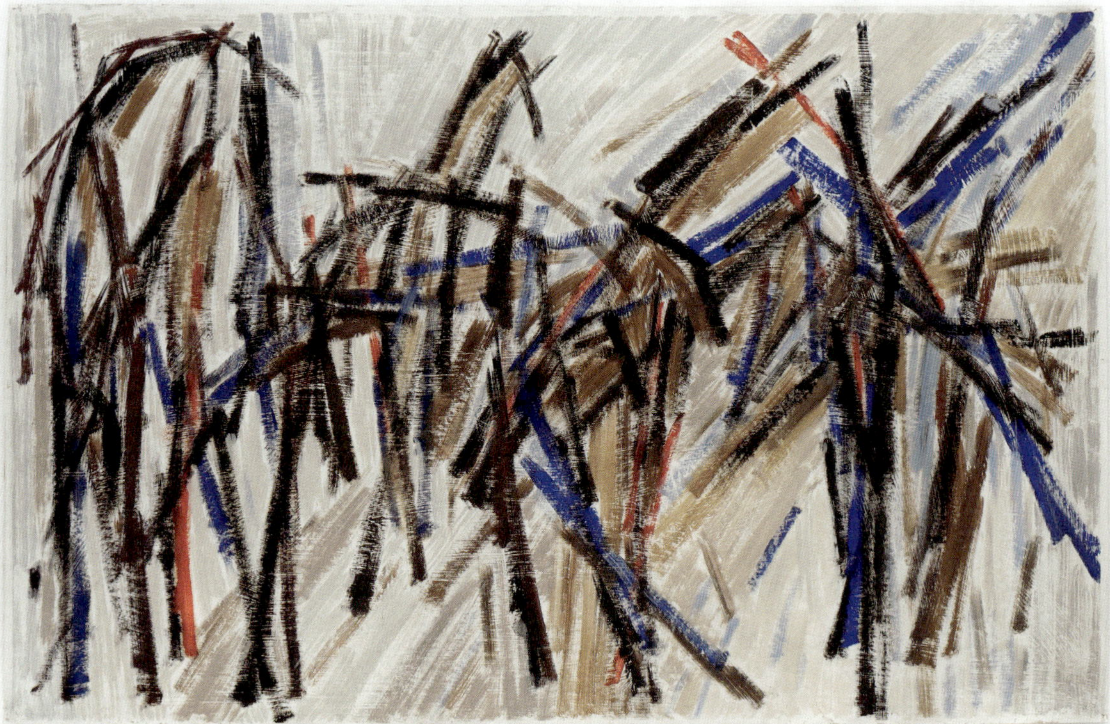

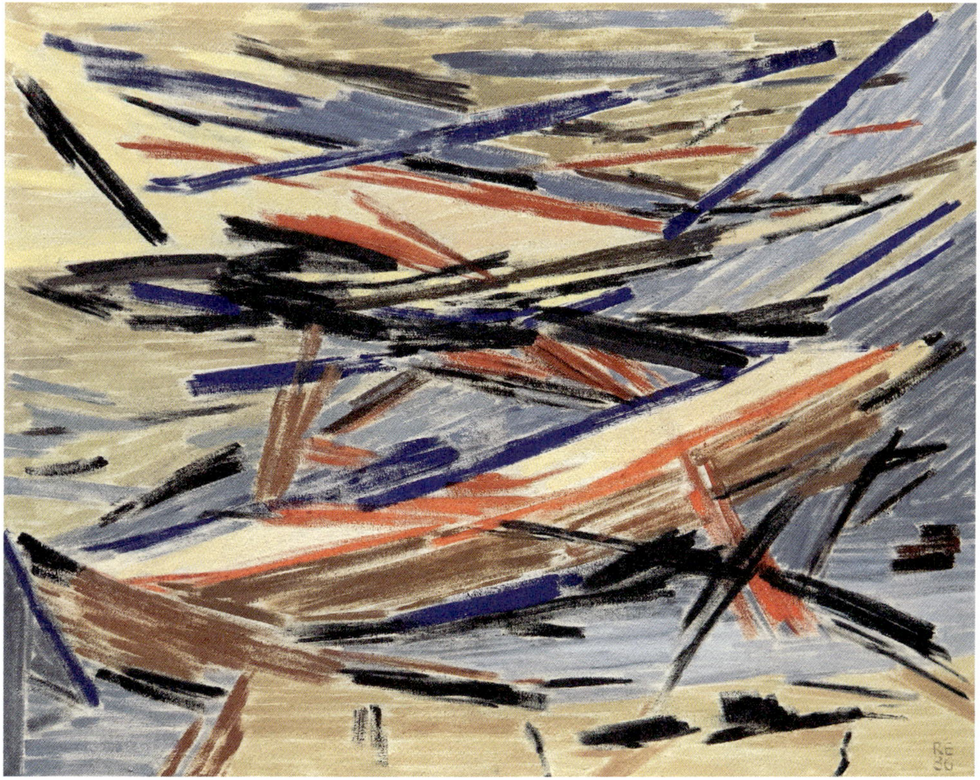

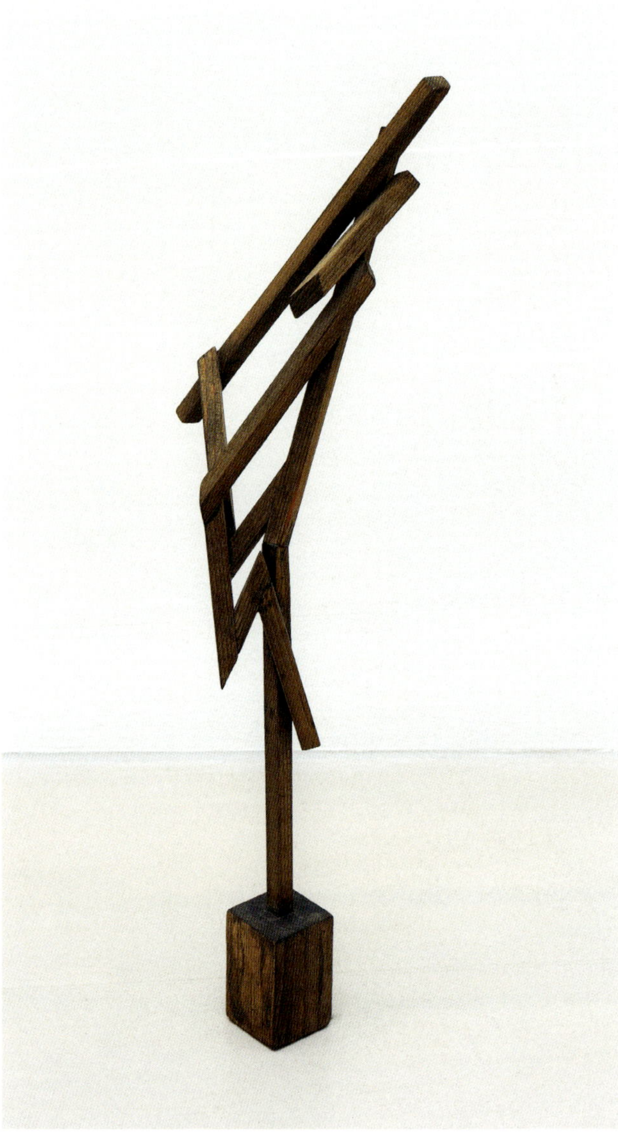

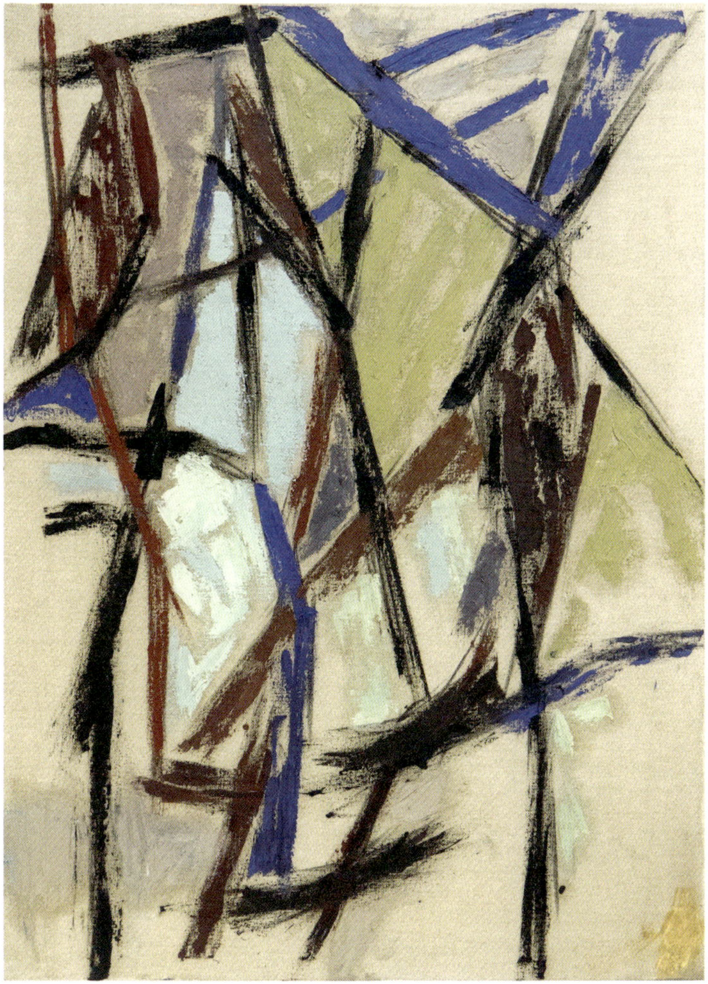

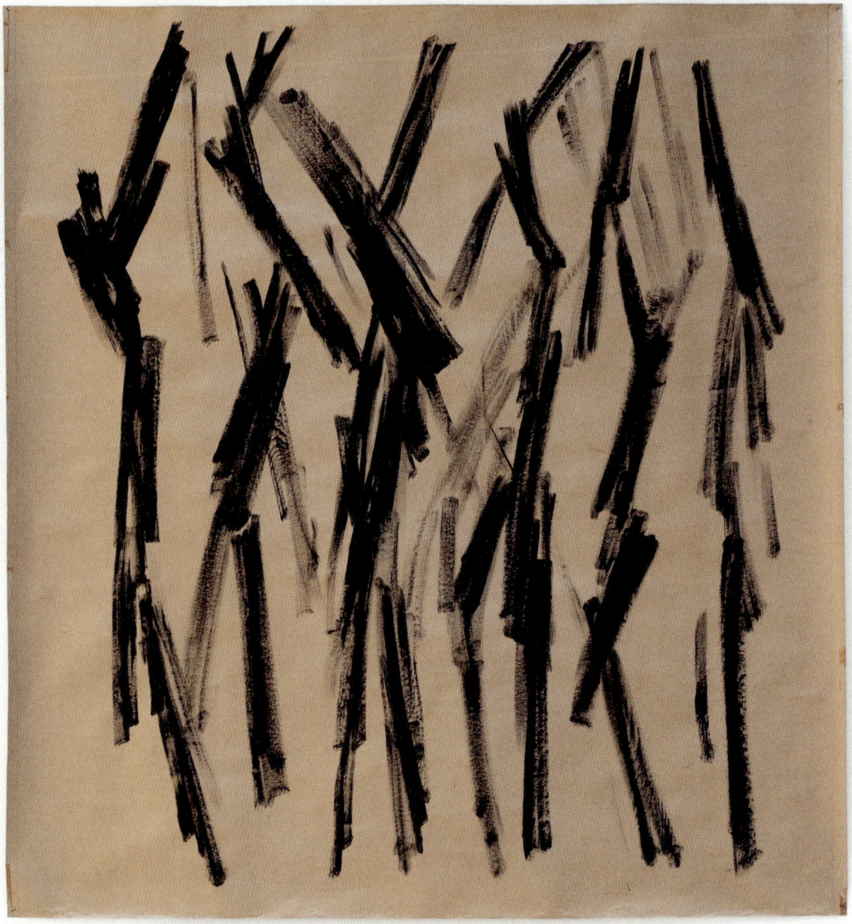

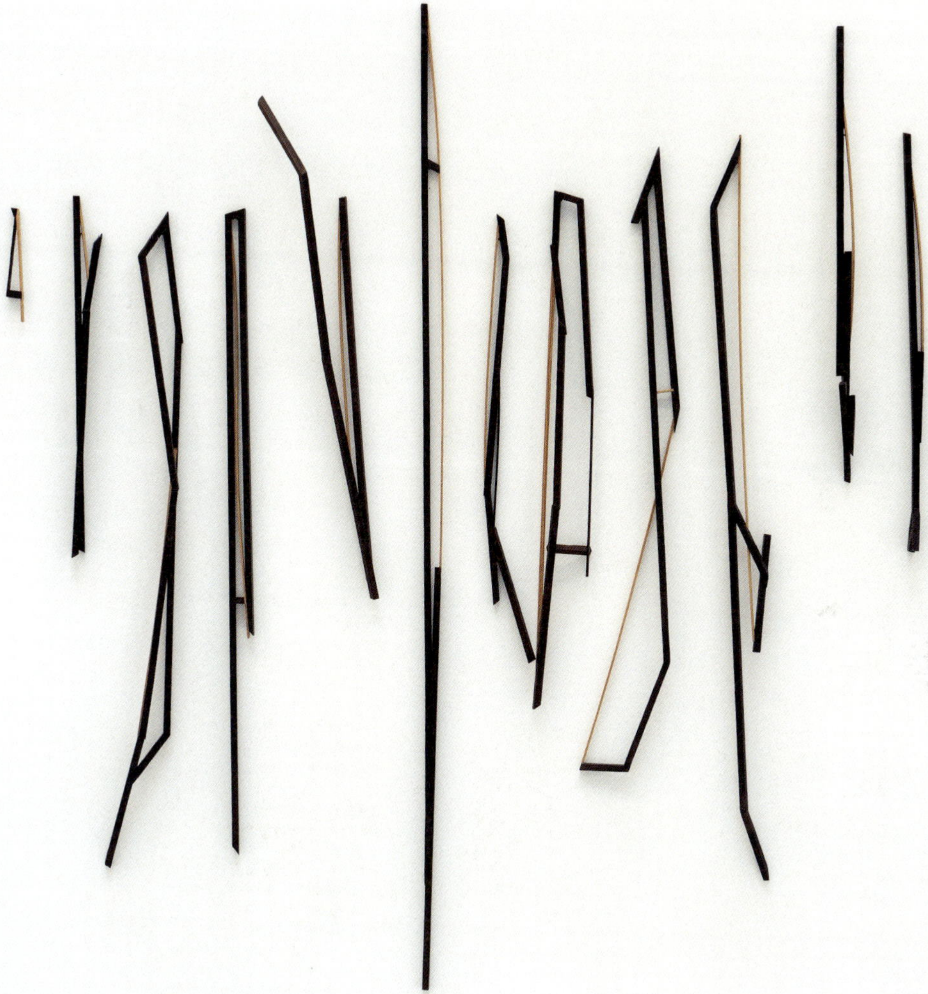

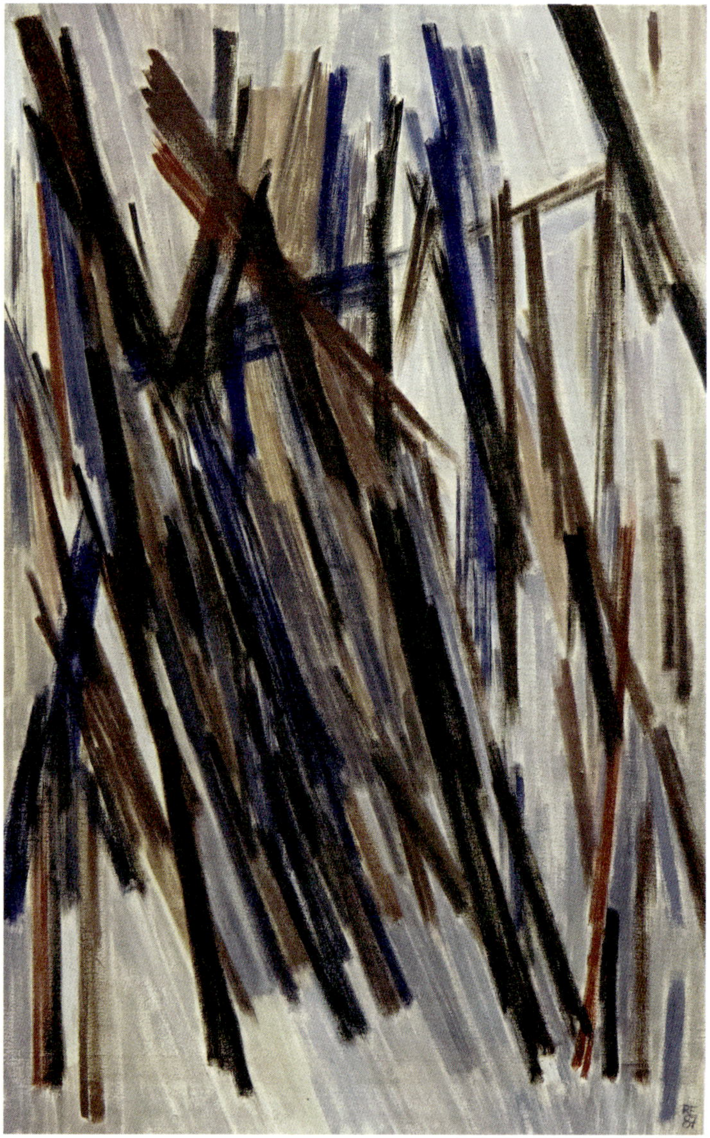

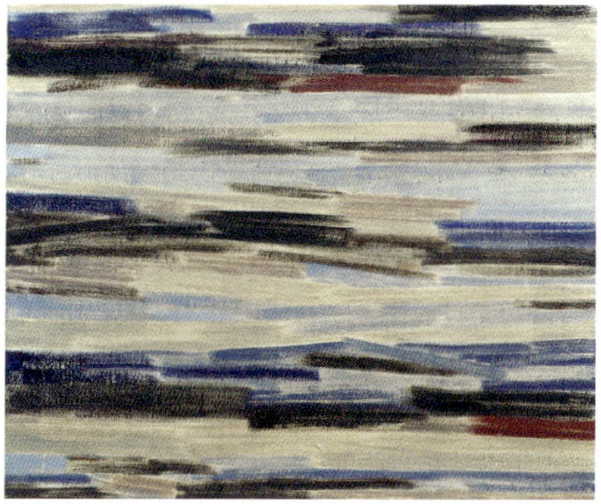
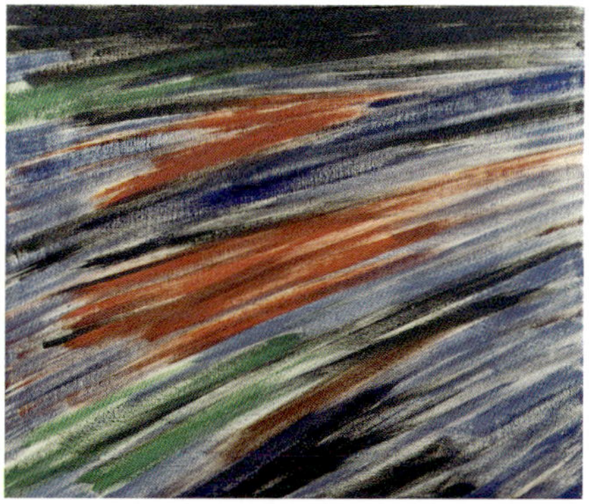
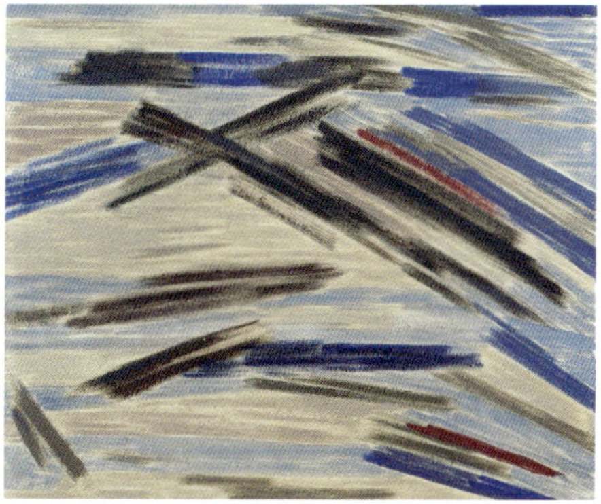
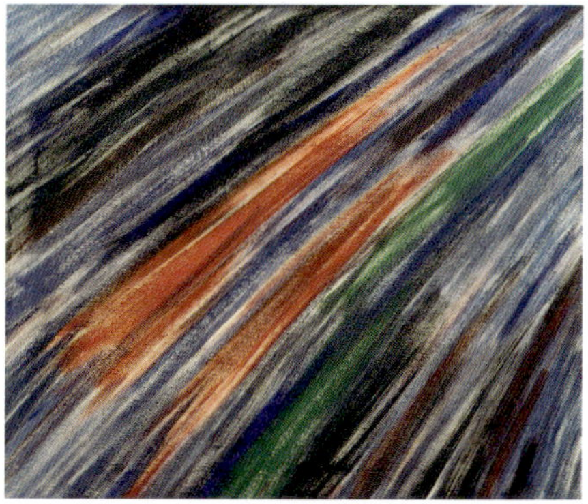
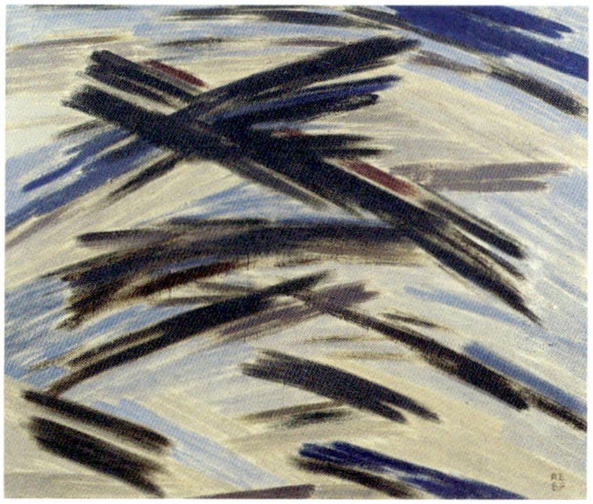
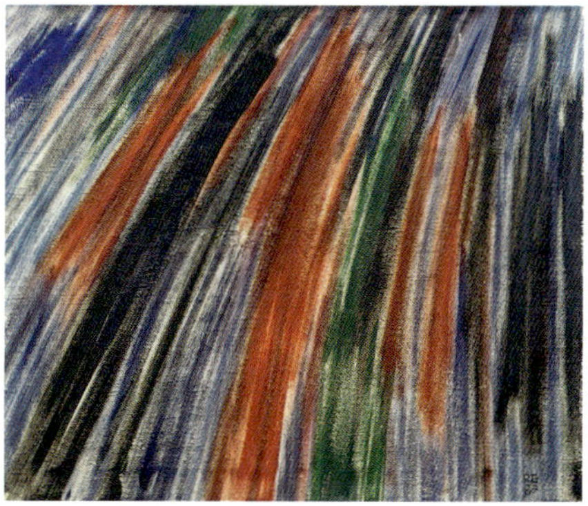

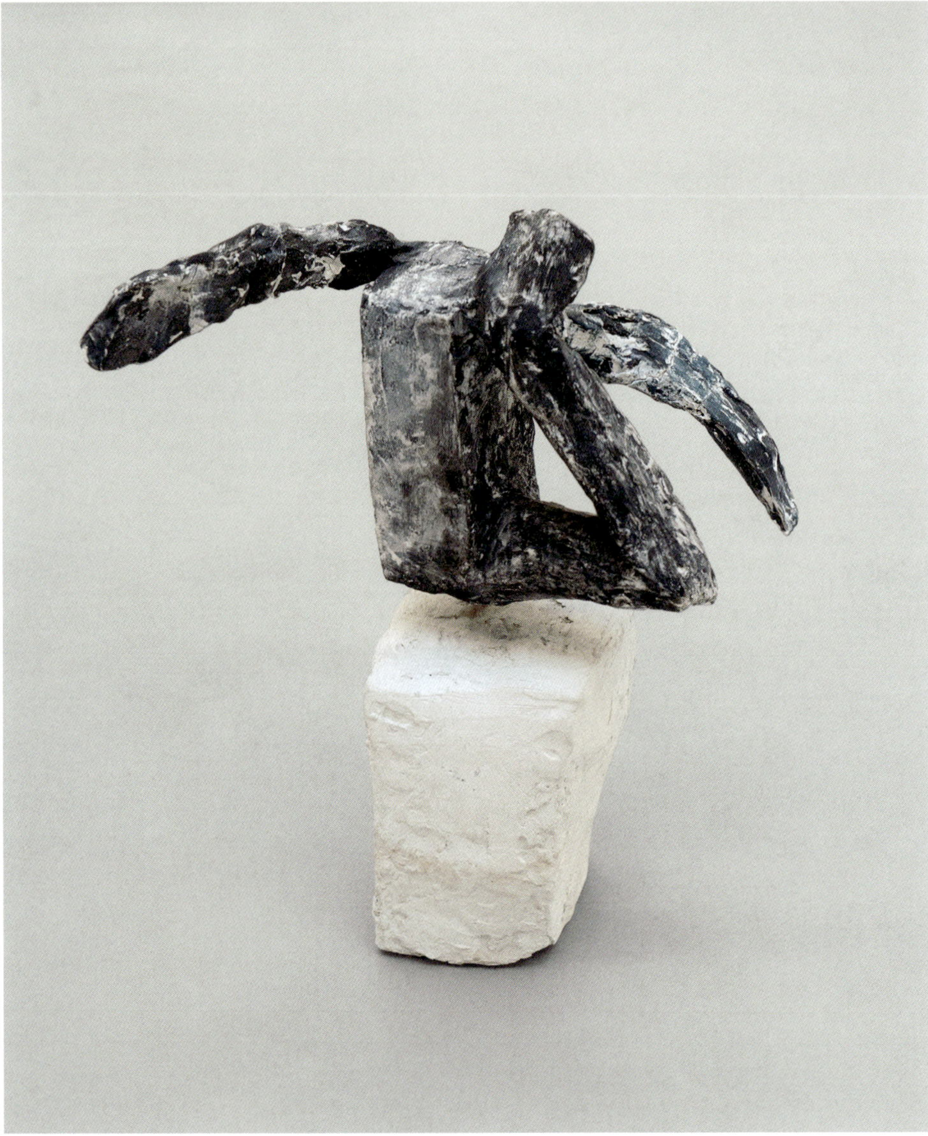

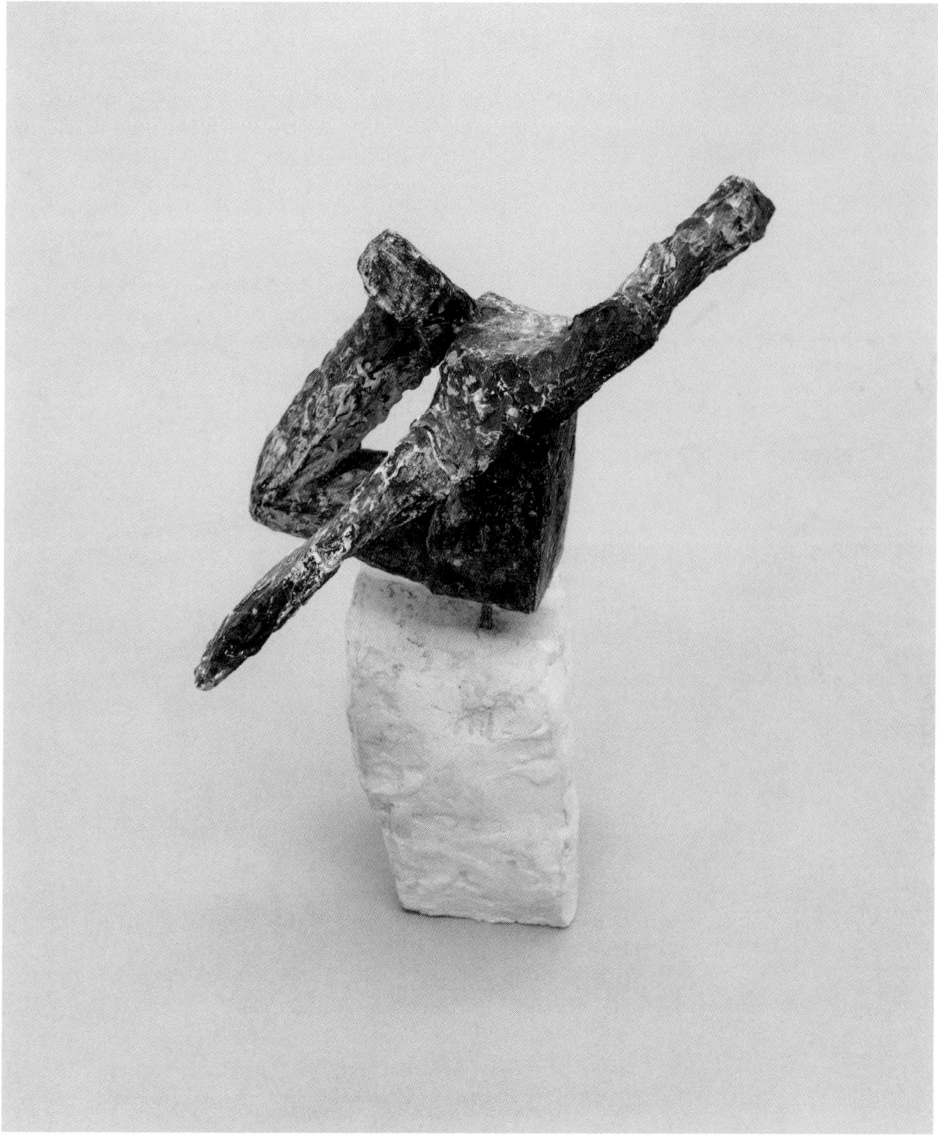

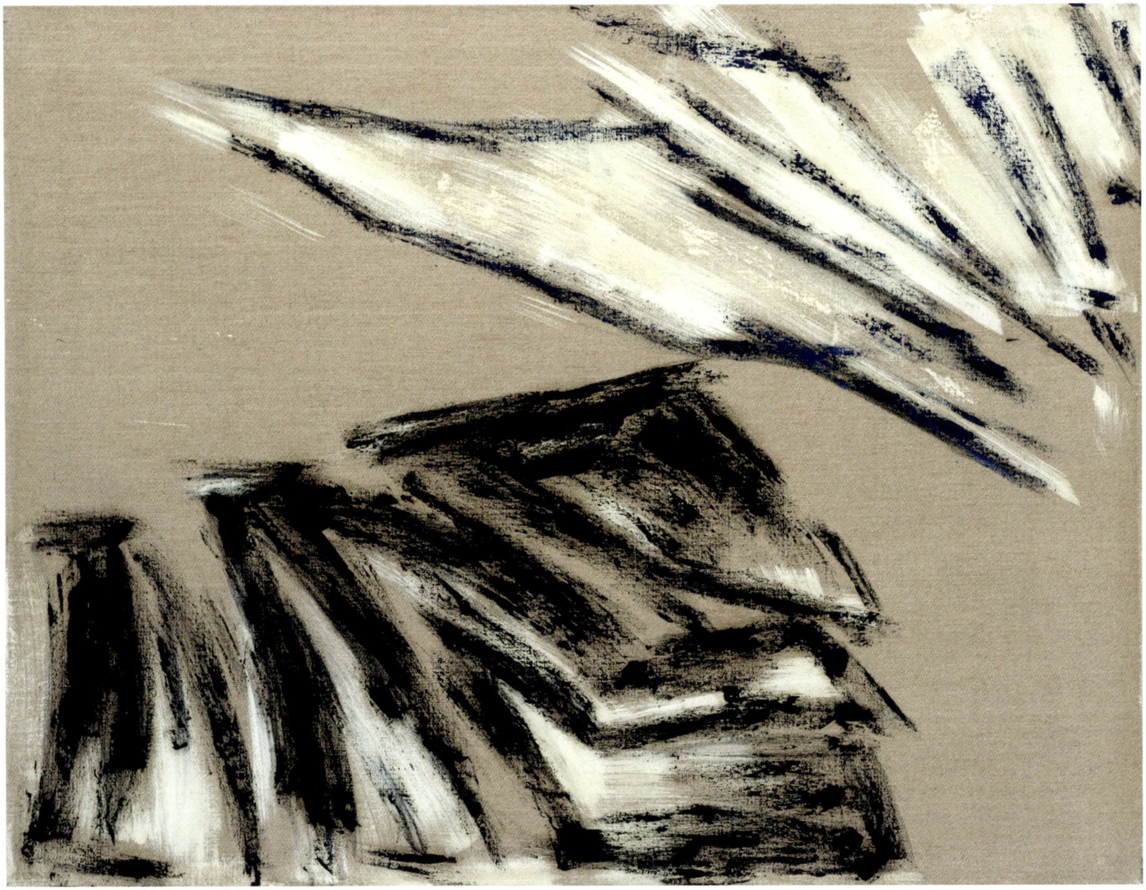

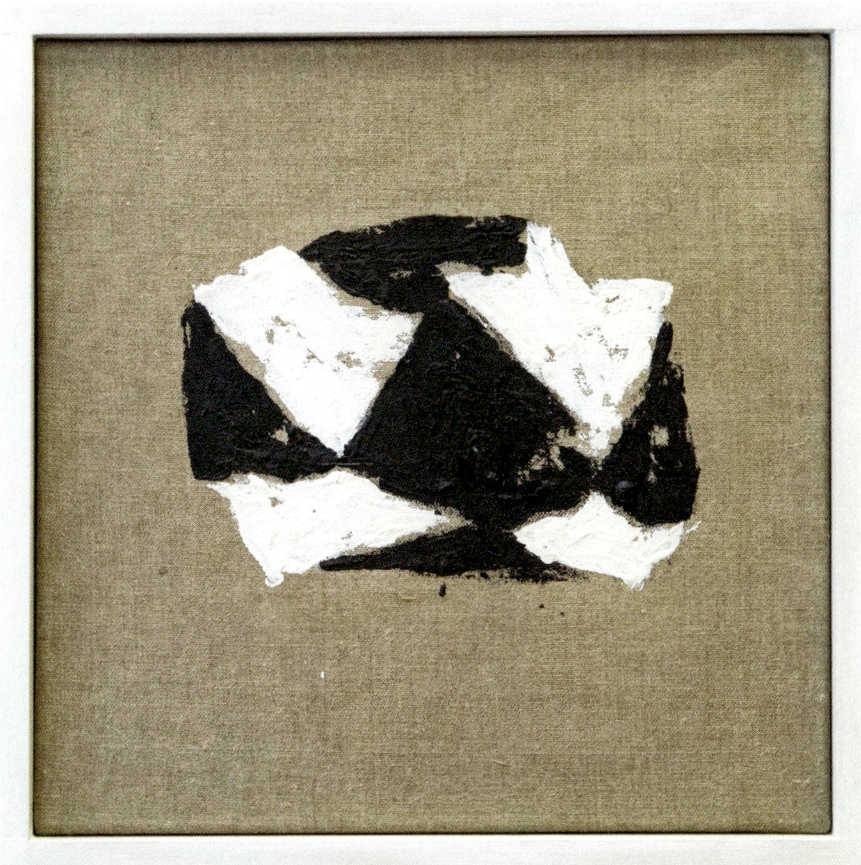

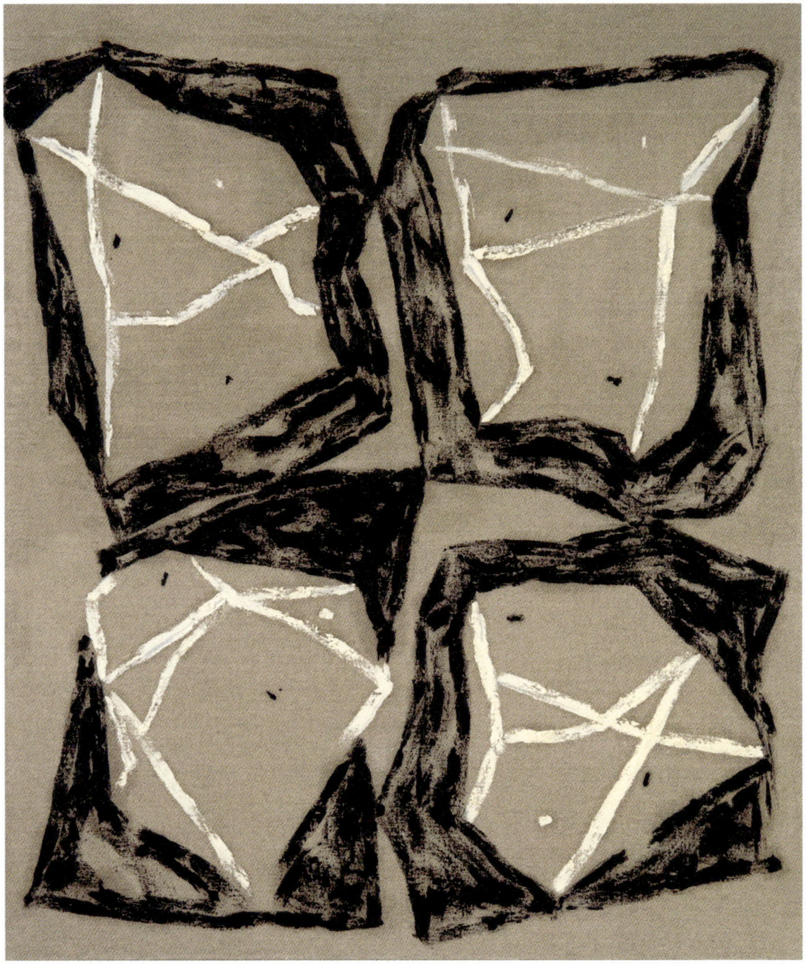

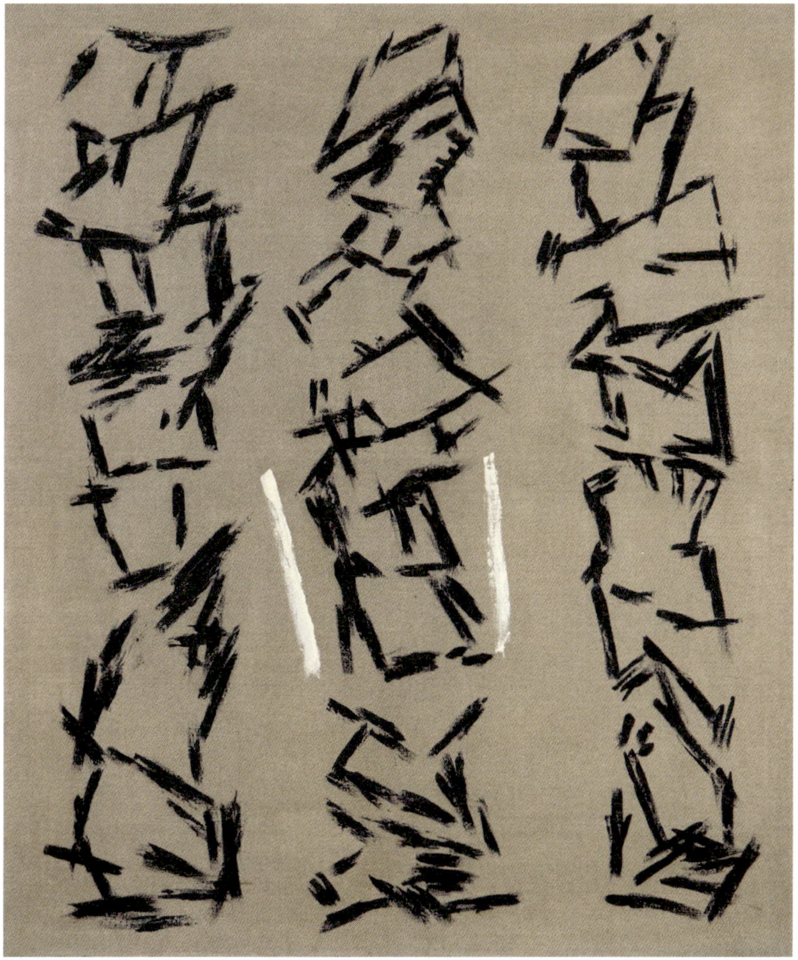

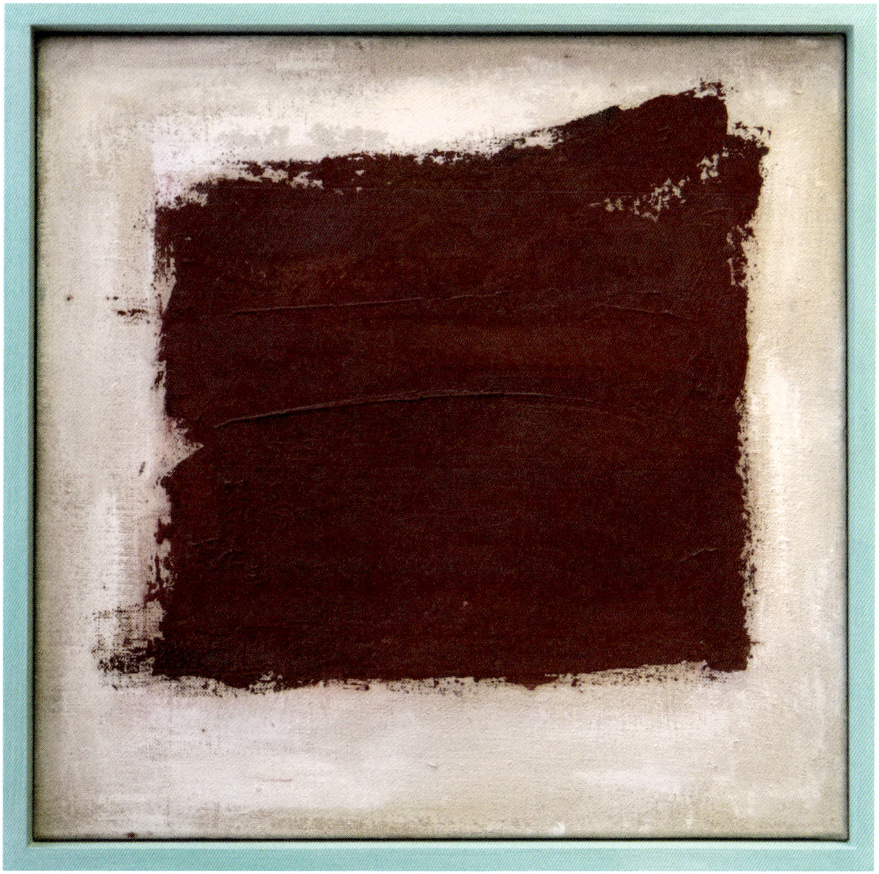

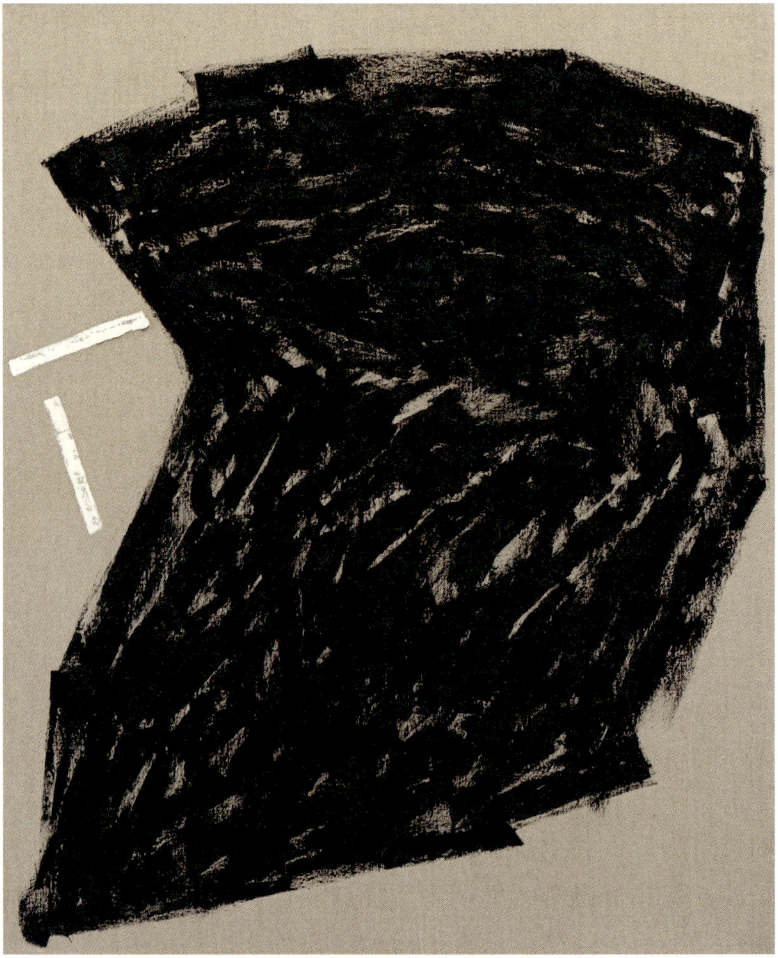

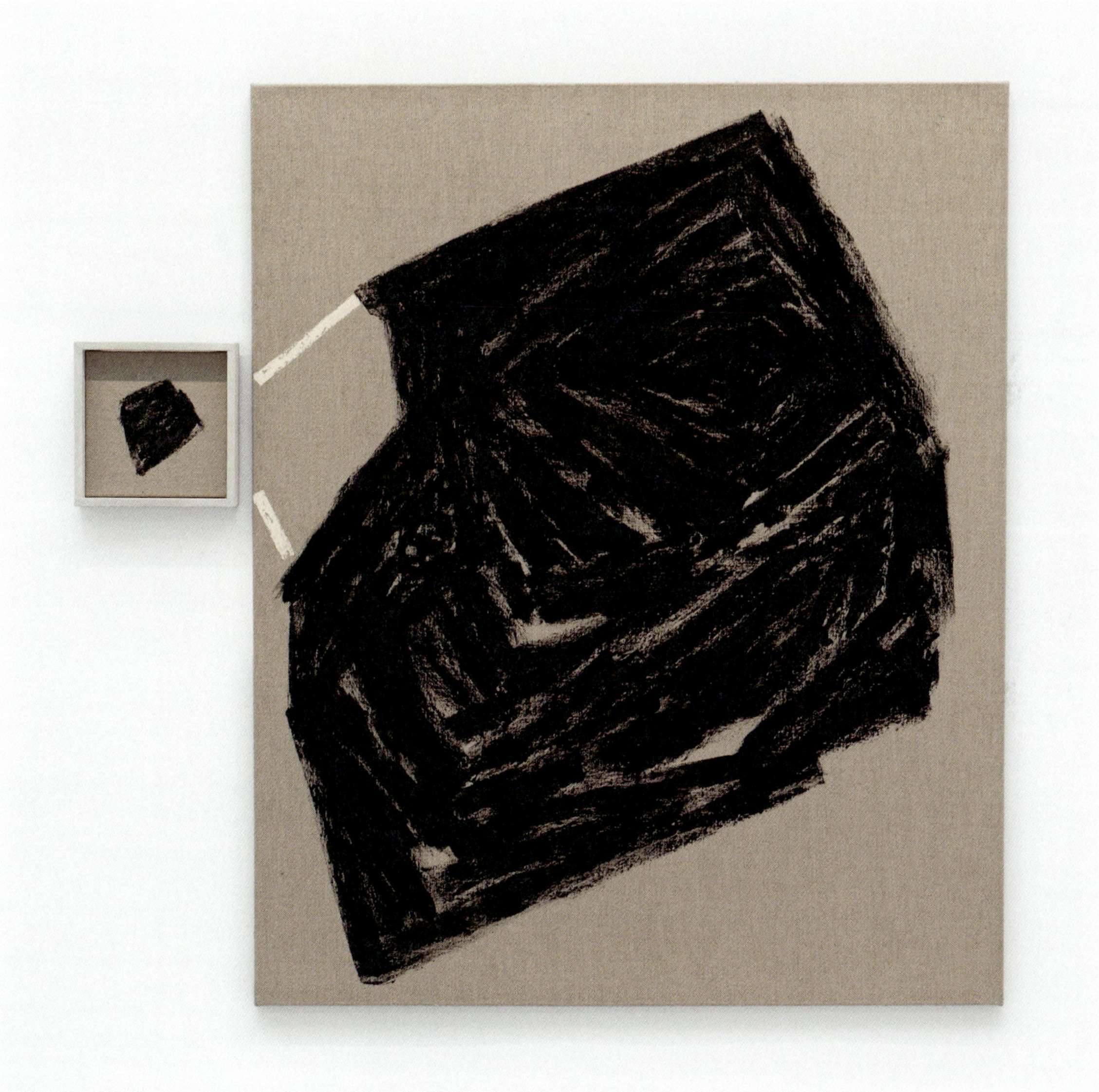

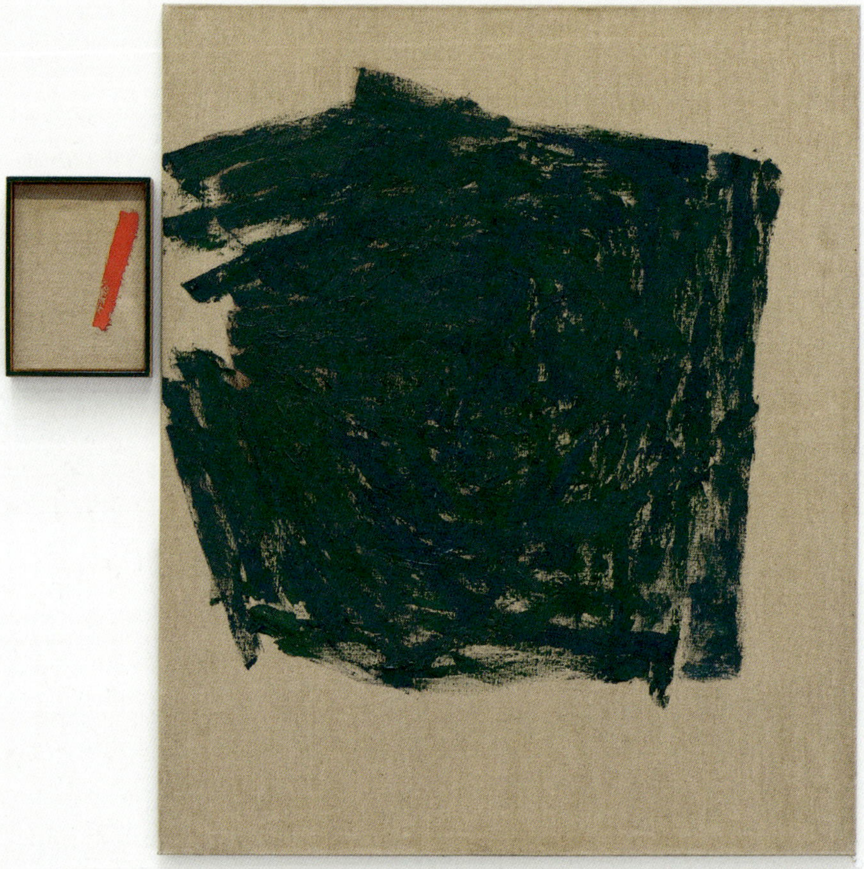

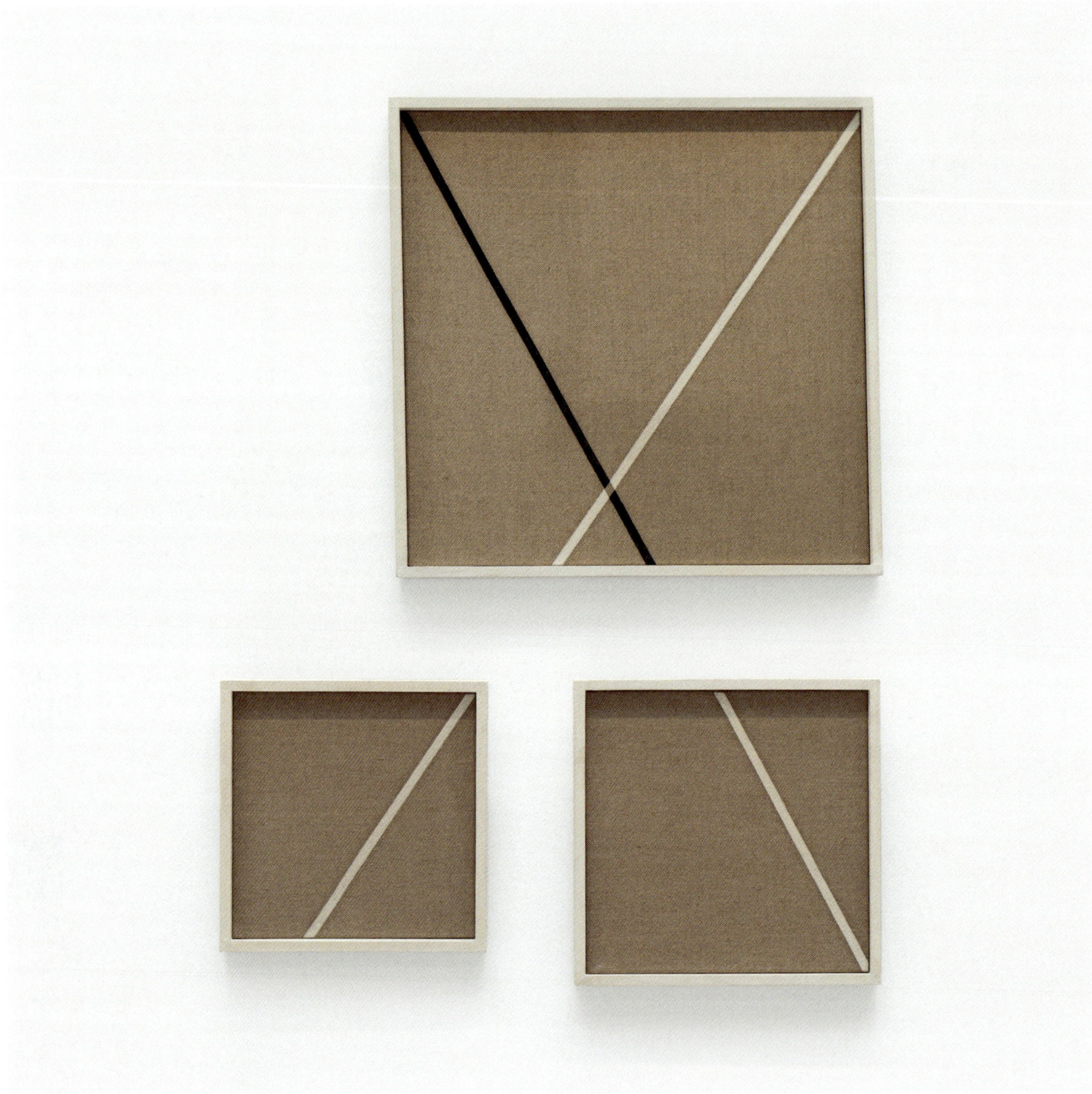

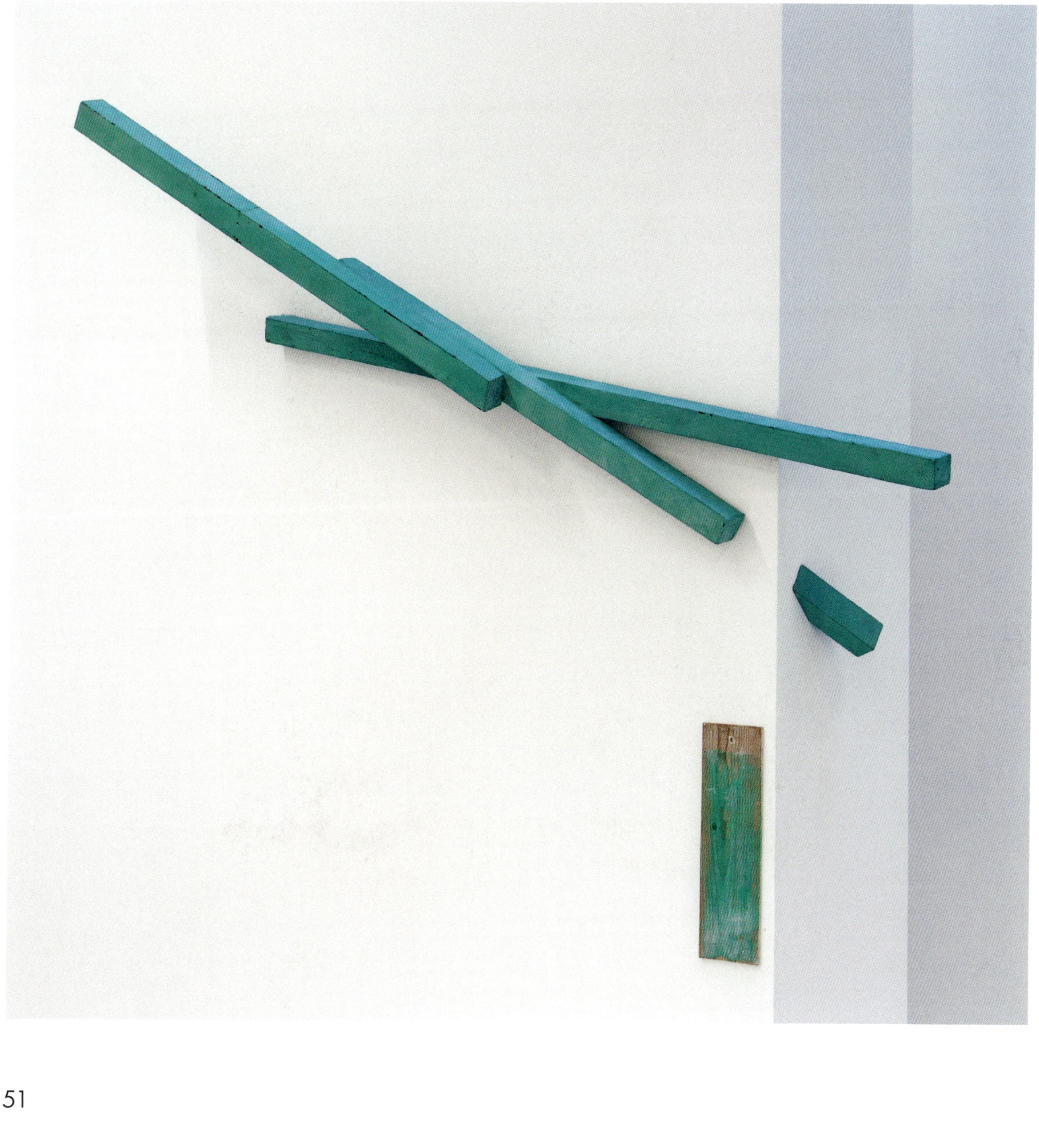

Von Innenraum und Außenräumen – konkrete Formen und aktive Handlungen

Maris Liška

„Die Sinne verformen,
der Geist jedoch formt“[1]

„Die Raumbilder sind die
Träume der Gesellschaft“[2]

Die Auseinandersetzung mit dem Nachlass Roswitha Ennemosers erfordert einen intensiven Dialog. Das komplexe Lebenswerk dieser hochintellektuellen Künstlerin besteht aus über 700 einzelnen Objekten und einer Fülle an schriftlichem Material, insbesondere theoretischen Abhandlungen. Eine chronologische Aufarbeitung erschien uns zunächst logisch. Das Gesamtwerk legt nachvollziehbare Entwicklungslinien offen und kann großteils zu Werkgruppen zusammengefasst werden. Es zeigte sich jedoch bald, dass diese Vorgehensweise der inhaltlichen Ebene des Œuvre nicht gerecht wurde. Die Beziehungen zwischen den einzelnen, mitunter auch weit auseinander liegenden Werken sprengen eine rein zeitliche Einteilung. Anhand einzelner Objekte, die in unterschiedlichen Medien ausgeführt wurden, spielte die Künstlerin eine gleichbleibende Fragestellung exemplarisch durch. Von wechselnden Blickpunkten aus betrachtete sie den gleichen Sachverhalt aus verschiedenen Perspektiven. Aus den so gewonnenen Erfahrungswerten erarbeitete sie sich ein Koordinatensystem, in dem sie sich konsequent bewegte. Die reduzierte Formensprache erwies sich für Ennemoser als besonders geeignet, um ihre komplexen Gedanken zu konkretisieren. Dennoch bleibt das so entstandene Œuvre enigmatisch und ist eng mit ihren schriftlichen Niederlegungen verbunden.

Herauslösung aus der Wirklichkeit

Die Stringenz in Ennemosers Vorgehensweise offenbart sich bereits am Anfang ihrer Schaffenszeit. In ihren frühesten Arbeiten (1983–1984), den Naturstudien in Öl auf Leinwand, die sie in einer Gstätten hinter dem Wiener Südbahnhof im Verlauf eines Jahres malte, wird die Natur nicht nur abgebildet, sondern gleichsam ihr Wesen studiert (Abb. S. 22–25). Eine graduelle Loslösung vom Naturvorbild findet statt, die Konturen werden aufgelöster und die Farben autonomer. Der Fokus verschiebt sich vom realistischen Abbilden der Natur auf die Wahrnehmung einzelner Formen und ihr Verhältnis zueinander. Ennemoser schreibt dazu: „Was mich an den Arbeiten im Freien interessierte – ich malte und zeichnete – war nicht die Darstellung einer ‚Landschaft', sondern das Erkennen und Nachempfinden von Strukturen in der Natur."[3] Das Motiv ist gewissermaßen beliebig, und die einfachen Sträucher auf der Brache bieten ein breites Spektrum an Assoziationen. Anhand des mehr oder weniger gleichen Motivs werden Formen und Farben, die je nach Wetter- und Lichtverhältnis sowie Art und Alter wechseln, studiert. Neben dem Stimmungscharakter der dargestellten Landschaft erforscht die Künstlerin die unterschiedlichen Strukturen in der Natur. Die elementaren Qualitäten der Äste – ältere, gebogene Äste wirken undynamischer als junge, die „spitz wie Pfeile" in den Raum ragen – bilden einen starken Kontrast zueinander. Erst aus dieser Wechselwirkung heraus werden die individuellen Eigenschaften erkennbar. Nicht das Naturabbild steht also im Vordergrund, sondern das Muster, das sich aus der Gliederung der einzelnen Teile zueinander und ihrer Qualität innerhalb dieses Systems bildet. Wie bei einem wissenschaftlichen Experiment isoliert die Künstlerin einzelne Elemente aus ihrem natürlichen Bezugssystem und stellt sie in einen neuen Kontext.

Zur gleichen Zeit wie die Gemälde entstanden Tuschezeichnungen, die als logischer nächster Schritt erscheinen (Abb. S. 26–29). Die Naturstudien sind nun grafisch übersetzt, die Formen sind abstrahiert und auf das Wesentliche reduziert, wodurch die Struktur des Bildes offengelegt ist. Die Variationen der Linien – gerade, gebogene oder geknickte Linien in unterschiedlicher Stärke – stehen für die entsprechenden Gefühlsqualitäten. Hier wird gänzlich auf Farbe verzichtet, die Zeichnung kommt einer Notenschrift nahe, die gelesen wird und in einer zeitlichen Abfolge ein Ganzes ergibt. Durch die Staffelung einzelner Striche nebeneinander kommt es zur Rhythmisierung der Fläche. Die Beschaffenheit der einzelnen Elemente, ihre Nähe und Distanz zueinander addieren sich zu einer Summe von Wechselwirkungen, die ein bestimmtes Muster ergeben. Aus diesem Bezugssystem entsteht ein dynamisches Moment.[4]

Linie in Bewegung

Die grafisch umgesetzten Qualitäten führen zu einem neuen ordnenden Prinzip, und die Umstrukturierung der einzelnen Elemente ruft die Empfindung von Bewegung hervor. In den „Bogenstrichen", einer großformatigen Zeichnung auf Packpapier aus dem Jahr 1987 (Abb. S. 34), lassen die gebrochenen, expressiven Striche, ihre Verdichtung und Auflösung den Eindruck eines Tempowechsels entstehen. Das Staffeln der schwarzen Formen erzeugt ein zeitliches Nebeneinander, ein Auf und Ab der Bewegung. Das Bild hat keine Tiefe im Sinne einer illusionistischen Perspektive. Der Eindruck des innerbildlichen Raums wird durch die Überschneidungen und die „Brüche" der Striche ebenso vermittelt wie durch den Gegensatz von opakem und durchscheinendem Farbauftrag. Die Offenlegung der Struktur zeigt, dass es sich um ein „räumliches Schema" handelt. Dieses wird auch in den unbetitelten Gemälden aus dieser Zeit angewandt. Eine Darstellung aus dem Jahr 1988 erinnert an ein Boot, dessen Umrisse gebrochen sind, Wasser und Ufer erscheinen im Bild vertikal aufgeklappt (Abb. S. 31). In einer weiteren großen Packpapier-Arbeit aus demselben Jahr (Abb. S. 30) sind die Striche vertikal und horizontal auf die Fläche gesetzt, sind gestaffelt oder überschneiden sich. Die Farbe kommt als zusätzlicher Kontrast zu diesem Spannungsverhältnis zwischen Größe, Gestalt und Platzierung hinzu. „Wir verfügen über ein fein abgestimmtes Unterscheidungsvermögen, wie Linien im Verhältnis zu anderen Linien, beziehungsweise zum Gesamten hin, verlaufen."[5] Das visuelle Material reflektiert die Struktur des Denkens: Es sind die Wechselwirkungen, die den Raum bestimmen. Konsequenterweise setzt die Künstlerin das erprobte Prinzip nun auch plastisch um. Bei den „Bögen" (Abb. S. 35), einem Wandobjekt aus dem Jahr 1988, ist die Mauer der eigentliche „Bildträger", und die Objekte sind in einen größeren Kontext – den Umgebungsraum[6] – gesetzt.

Jeder Körper verändert sich in Bewegung, daher ist „jedes Objekt als Fallbeispiel von Zustand"[7] zu betrachten. Wie Bewegung auch auf der Fläche simuliert werden kann, wird an den beiden dreiteiligen Werken „Bewegungsaufbruch" (Abb. S. 37 links) und „Bewegung von oben nach unten" (Abb. S. 37 rechts) aus dem Jahr 1987 sichtbar. In der zuerst genannten Bildergruppe scheint eine konstant fließende Form durch innere Kraft gesprengt zu werden und ändert dadurch die Bewegungsrichtung, ähnlich einem Gewässer, in das ein Stein geworfen wird. Die Leserichtung der zweiten Bildergruppe ist bereits im Titel vorgegeben, der Fluss der Bewegung erfolgt aus der Höhe und fällt nach unten. Ein schrittweise nachvollziehbarer Bewegungsablauf ist hier strukturell sowohl innerhalb der einzelnen Bilder als auch in ihrer Abfolge dargestellt. Vergleichbar ist der Vorgang mit einem Zeichentrickfilm, wobei viele einzelne Sequenzen durch ihre unmittelbare Abfolge Bewegung und Zeitlichkeit simulieren. Die Zerlegung der Bilder in separate Teile bedeutete einen konsequenten Schritt innerhalb dieser Überlegungen: Das einzelne Bild ist eine Zustandsaufnahme. Auch wenn jedes einzelne der Bilder eine Aussage über die genannten Faktoren beinhaltet, so beziehen sie sich doch aufeinander. „Die Zwischenräume sind hier als Aussage-Grenzen zu verstehen. In einer ‚Bewegung' passiert etwas, worüber ich nichts sagen kann, ‚etwas, das sich nicht darstellen lässt'."[8] Diese Zwischenräume bleiben offen und sind dennoch konkret umrissen. Der Leerraum sagt mehr über Räumlichkeit aus, als es im Rahmen der Darstellbarkeit möglich ist. Die fehlende illusionistische Tiefe steht mit dem sie umgebenden Raum in Wechselwirkung. Somit bekommen die zweidimensionalen Bilder durch die Teilung dreidimensionalen Charakter, da sie auf die Raumtiefe des Keilrahmens aufmerksam machen. Jedes Wahrnehmen ist zugleich auch ein Formen.[9]

Das Quadrat als „ideale Form"

Ausgehend von einer „idealen Form" wie dem Quadrat[10] führt Roswitha Ennemoser ihre Gedanken weiter aus. Dabei grenzt sie sich ganz klar von ideologisierenden Interpretationsmöglichkeiten einer solchen Form wie der „Technikgläubigkeit im geometrischen Konstruktivismus“[11] ab. Das aus der Zeichenhaftigkeit befreite Quadrat ist funktional und thematisiert die Problematik der Form in Bezug zur Fläche und den räumlichen Bedingungen. Dazu entstand 1988 eine Serie aus kleinformatigen Ölbildern mit einem einfachen Rahmen (Abb. S. 44/45). Die Symmetrie des Quadrats wird gebrochen und verformt. Die „ideale Form“ wird vom verzerrten Bild sublimiert und ruft somit eine Irritation in der Wahrnehmung hervor. Das Quadrat ist selbst zu einer bewegten Fläche geworden, die starre Bildfläche kommt stärker in ihrer Materialität hervor und nimmt räumlichen Charakter an, worin sich die geometrische Form zu bewegen scheint. Dieser Effekt wird noch verstärkt, wenn man sich bewusst macht, dass der Rahmen selbst ein konstruktives Element des Bildes ist. Er steht zur Form als „geometrisches Korrektiv, als dem Bewegungsprinzip entgegengesetzte Ordnungsstruktur“.[12] Wie bereits bei den früheren Arbeiten, in denen Ennemoser mit dem Kontrastieren gerader und gebrochener Linien gearbeitet hat, wird das Prinzip der Polarität angewandt. Der Rahmen ist nicht in seiner Körperlichkeit begriffen, er steht inhaltlich für das geometrische Ideal: „Mir ging es nur um die Frontalansicht, wobei auch diese in ihrer Dimension reduziert wurde: und zwar auf eine fiktive lineare Begrenzung durch 2 Waagrechte und 2 Senkrechte. Rahmen und Bild sind in ihrer Einheit ein Abbild.“[13]

Einen anderen Zugang zum Thema „Bewegung und Quadrat“ zeigt die Künstlerin mit einer weiteren Arbeit „O.T.“ (Abb. S. 40), wobei die Verbindung zur Fläche bleibt. Auch dieses Bild stammt aus einer Serie von Ölgemälden, die zwischen 1989 und 1991 entstanden ist und von der Künstlerin unter dem Werktitel „WEISSES QUADRAT PLUS / KONTRA SCHWARZES QUADRAT“ zusammengefasst wurde. Die quadratische Form wird auf der Fläche aufgeklappt beziehungsweise aufgefächert, wodurch eine Bewegung in diskreten Schritten entlang der Zeitachse simuliert wird. Wieder erscheint die Form in ihren verschiedenen Ansichten sequenziell registriert und gleichzeitig ins Bild gebracht, so als hätte die Malerin ständig ihren Standpunkt gewechselt. Da sie sich in Bewegung befinden, erscheinen die Quadrate deformiert oder sind als solche fast nicht mehr erkennbar. Bei den gerahmten Quadratbildern war die Abweichung vom Mittelpunkt für die Wahrnehmung von Bewegung verantwortlich, hier ist es die Relativierung des Standpunktes der Malerin selbst.

Der Eindruck der Bewegung wird durch den Gegensatz zum Statischen verstärkt. Als Synonym dafür dient die Gerade, sie bildet die ideelle Ausgangsform (als statische Konstante). Die gebogene, gebrochene Linie ist eine Abweichung davon, die als individuelle Form, als „momentane konkrete Deformierung“[14] fungiert. So betrachtet, wird die ideelle Norm – die gerade Linie – zum Korrektiv einer jeden Abweichung von ihr.

Mehrteiligkeit der Bilder (fiktive Kausalität)

Das Bezugssystem, in dem Roswitha Ennemoser bis dahin operiert, führt sie zu folgenden Fragen: Entsteht Bewegung aus der Relation der Teile zueinander? Oder ist sie die Wirkung aus einer Ursache heraus? Vor allem, wie kann diese scheinbare Kausalität dargestellt werden?

Auch hierzu gibt es eine ganze Serie an Ölgemälden (1990–1991), die unter dem Titel „missing link – fiktive Kausalität – FORM / DEFORMIERUNG Relativierung" subsumiert sind. In einem der Gemälde (Abb. S. 46) wird die Leinwand fast komplett von einer amorphen, schwarzen Masse bedeckt. Zwei einfache weiße Striche links davon scheinen auf die Form einzuwirken: Da Weiß und Schwarz verschiedene Raumtiefen in Bezug zur Bildfläche haben, entsteht Raumwirkung. Die im Vordergrund befindlichen hellen Striche drängen die dunkle Form nach hinten, tief in den Raum hinein. Gleichzeitig wirkt die Fläche viel zu klein für ihr Volumen, weshalb sie sich verformt. Ein starker raumübergreifender Eindruck entsteht, als ob die Form jeden Moment über den Rand treten würde. Dennoch kann sie nicht über die räumlichen Bedingungen hinaus, das Bild bleibt zweidimensional.

In weiterer Folge schafft Ennemoser innerhalb dieser Werkgruppe zwei Einheiten und bringt sie auf eine Bezugsebene. Im Unterschied zu den „deformierten Quadraten", die einen „konkreten Form-Zustand"[15] haben, gibt es nun zwei (oder drei) Teile, die als autonome Formen mit einem ihnen jeweils zugehörigen dynamischen Moment eine gedankliche Synthese bilden (Abb. S. 47). Die Bilder haben als einzelne Elemente konstitutive Bedeutung: Eine große, nicht gerahmte Leinwand und ein kleines gerahmtes Bild stehen in Verhältnis zueinander. Wieder wird die Leinwand von einer dunklen, verformten Masse gefüllt. Das kleine Bild wirkt wie eine Konzentration des großen, es bildet eine entgegengesetzte Kraft, die eigentlich die Ursache für die Bewegung im größeren Bild ist. Diese Bewegung ist aus der Relation der einzelnen Teile[16] lesbar. Dadurch entsteht ein komplexes, instabiles Wahrnehmungsbild, das ständig nach der Synthese sucht, allerdings bleibt diese widersprüchlich: „Mir ging es ja um eine Relativierung: vorerst des Quadrats – indem ich es als ‚bewegtes' darstellte. Hier aber ist das Abbild als solches relativiert. […] Es gibt hier zwei Möglichkeiten der Sicht, zwei Standpunkte. Die Interpretationsebene ‚Abbild' verlangt ‚Einzigartigkeit'. Wenn aber mehr als eine Möglichkeitsform akzentuiert wird, gibt es keine ‚Einzigartigkeit', ‚einzige Gültigkeit'. Die Möglichkeit des Identifizierens, des Einfühlens in das, was auf der Abbildebene gegeben ist, wird nun zur anderen Sichtmöglichkeit. Die Sachlichkeit betrifft das gesamte Objekt, das Objekt als Sache, als Ding, als dreidimensionaler Körper. Das Bild wird zum greifbaren körperlichen

Gegenstand. Dieser Gegenstand ist räumlich und nimmt Raum ein."[17] Die Objekte stellen sich dem/r BetrachterIn als eine permanente Aufgabe dar,[18] ein aktiver Blick ist gefordert, um die ambivalenten Bildstrukturen zu erfassen.

Plastische Umsetzung – Raumstrukturen

Dem systematischen Experiment kommt bei Roswitha Ennemoser eine große Rolle zu. In immer neuen Varianten spielt sie verschiedene Darstellungsmöglichkeiten durch. Für ihre Objekte verwendet sie unterschiedliche Materialien und führt jedes Detail akribisch aus. Das gesamte Œeuvre erweist sich als die unendliche und offene Weiterführung einer Idee – ein gedankliches Modularsystem. Fragen zu Raum, Zeit, Bewegung, Form und Farbe werden immer wieder in Versuchen neu gestellt und auch ins Plastische übersetzt (Abb. S. 32, 38/39). Der neue Kontext ergibt sich aus dem Repräsentationsraum. Bei den Skulpturen ist das Positiv-Negativ-Verhältnis wesentlich – das rhythmische Gefühl wird davon bestimmt, was und wie viel ausgespart oder wo eingedrungen wird. So wie die Bilder sind auch die Plastiken keine Repräsentationen üblicher Formen.

Die Konstruktion des Raumes wird durchaus auch spielerisch betrieben. Bei der 1997 entstandenen Arbeit „Maßstab 1:1" (Abb. S. 104–107) handelt es sich um eine Art „Spielset": Sie besteht aus 16 einzelnen Kartonplatten, aus denen unterschiedliche geometrische Formen ausgeschnitten beziehungsweise als farbige Papierformen darauf geklebt sind. Das darüber gelegte Transparentpapier zeigt ebenfalls geometrische Ausschnitte. Die kleinformatigen Platten sind miteinander kombinierbar; indem sie übereinander gelegt werden, ergeben sich immer neue Perspektiven auf den Raum. Durch den wechselnden Standpunkt des/r BetrachterIn steht jede Kombination für einen Momentzustand. Im Gegensatz zum Karton und den farbigen Formen haben die gestanzten Leerformen Tiefe und stehen für Räumlichkeit, während das Transparentpapier als eine Art „Zwischenraum" fungiert. Das durchsichtige Papier wirkt unbeständig, es bietet fiktiv die Möglichkeit, zwei Räume gleichzeitig wahrzunehmen. Durch diesen „Kippeffekt" hebt sich die räumliche Stabilität auf, und das permanente konstruktive Moment kann in seiner Zeitlichkeit erfahren werden. „Das, was als Raum nicht eingenommen wird, das, was als Möglichkeit freisteht, empfinde ich dabei räumlicher als den eingenommenen Raum."[19]

Die Idee einer fiktiven Holzschachtel, die im Moment des Öffnens festgehalten wird, ist weiter geführt und als Objekt gestaltet. Dazu ist wiederum eine Serie entstanden, die so bezeichneten „blue/red boxes" (Abb. S. 100–103). Die multiple Auffächerung im Raum wird ins Plastische transferiert, bekommt haptischen Charakter. Der Ausgangspunkt für diese Arbeiten ist wieder das Quadrat. Hier wird ein Splittern zum Raum hin bezweckt, wobei sich aus dem Verhältnis von Form und Farbe, und in diesem Fall auch durch den Kontrast zweier Farben – Rot und Blau beziehungsweise Weiß und Gelb[20] –, die Gestalt ergibt. Während Blau für den Form-Zustand steht – die Farbe nimmt die auf das Objekt bezogene Form und Körperlichkeit an –, besteht Rot nur als Fläche, als unabhängiges Element. Die „Leerräume" beziehungsweise die geöffnete Räumlichkeit stellen den Blick auf die Wand frei und schaffen den Bezug zum Umgebungsraum. Der zweidimensionale Eindruck durch die Frontalansicht (als Abbild) wird durch die Notwendigkeit, das Objekt von verschiedenen Positionen aus zu betrachten, aufgehoben, und erst dadurch wird in der Wahrnehmung des konkret strukturierten Raums das Objekt zum Objekt. Die Distanz zum Objekt lässt sich nur durch „aktives Wahrnehmen" verringern.

Resumee

Mittels der reduzierten Formensprache sucht Roswitha Ennemoser nach Objektivität in ihren Arbeiten, die gar keine Identifikationsmöglichkeiten bieten sollen. „[...] die Situation in Bezug zu den Objekten [denke ich mir] eher so: Es gibt hier auch die Ebene des Einfühlens, nur ist diese anders. Durch die Sachlichkeit ist immer auch ein Gegenpol gesetzt, nämlich der der ‚Distanz'. Das Objekt, das Ding ist etwas Fremdes. Wir können es wahrnehmen, aber wir können nicht kommunizieren."[21] Die Künstlerin spricht sich für eine rationale Haltung aus, die durch Experiment und Reflexion zu Erkenntnissen kommt. Dabei ist die Form nicht repräsentativ, sondern steht für ein funktionales Element innerhalb eines konstruktiven Kontextes. „Symbolverweigerung ist Konkretisierung des Inkonstanten, ist Konkretisierung des Gesellschaftsbezogenen mittels primärer Infragestellung: und zwar die der Erkenntnisfähigkeit als Grundlage der Vernunft."[22]

Konkrete Kunst erschließt sich nicht auf den ersten Blick. Sie fordert von dem/der BetrachterIn Interaktion, Vertiefung, Auseinandersetzung und Offenheit. Deshalb kann auch von ihrem kontemplativen Charakter gesprochen werden: Erst wenn „die Sicht frei [von symbolhaften Bedeutungsebenen] ist", kann das Wesentliche erfasst werden. „Wüsste ich, wie das Auge sieht, ich würde so malen wollen / nicht so, wie der Kopf denkt."[23]

1. Roswitha Ennemoser nach Georges Braque. Alle Zitate von Ennemoser stammen aus dem undatierten Quellenmaterial aus ihrem Nachlass, Archiv des MUSA.

2. Siegfried Kracauer: Über Arbeitsnachweise, 1929, in: Martina Löw: Raumsoziologie, Frankfurt am Main: Suhrkamp 2001, 9.

3. Roswitha Ennemoser, undatiertes Quellenmaterial.

4. Reminiszenz an die Baumstudien Piet Mondrians (um 1910), wobei die sichtbare Wirklichkeit eine Reduktion auf ihre elementaren Formen erfährt: Linie, Fläche und Primärfarbe werden zu Mitteln für eine reine Gestaltungsweise.

5. Roswitha Ennemoser: undatiertes Quellenmaterial.

6. Zum Beispiel den Atelierraum oder den musealen Raum, aber auch einen abstrakten Denk-Raum.

7. Roswitha Ennemoser im Interview mit Alexander Belobratow, siehe vorliegende Publikation, 12.

8. Roswitha Ennemoser: undatiertes Quellenmaterial.

9. Roswitha Ennemoser nach Rudolf Arnheim, in: undatiertes Quellenmaterial.

10. Vgl. Eugen Gomringer: 100 Jahre Konkrete Kunst. Struktur und Wahrnehmung, Weitra: Verlag Bibliothek der Provinz 2010, 27.

11. „Mit meinen deformierten Quadraten wollte ich das ‚Geistige' in Bezug setzen zur ‚Körperlichkeit' [...] Da meine Ausgangsform – das Quadrat – vom Symbolgehalt her viel festgelegter war als die ‚gebogene Linie', war für mich die ‚Deformierung' dieser Quadrate zugleich Relativierung des Symbolgehalts." (Roswitha Ennemoser: undatiertes Quellenmaterial). Ennemoser bezieht sich dabei auf symbolische Stellenwerte wie Logik, Unendlichkeit, Metaphysik und Technik.

12. Roswitha Ennemoser: undatiertes Quellenmaterial.

13. Roswitha Ennemoser: undatiertes Quellenmaterial.

14. Ebd.

15. Roswitha Ennemoser: undatiertes Quellenmaterial.

16. Bezugnehmend auf unsere Lesekonvention von links nach rechts, scheinen die links stehenden Objekte die „Ursache" für den Eindruck von Bewegung zu sein. Stehen sie rechts, so scheint es, als ob sie sich aus dem Bild lösen beziehungsweise bereits gelöst haben.

17. Roswitha Ennemoser: undatiertes Quellenmaterial.

18. Claudia Posca: Jean Mauboulès. Galerie Vayhinger, 20.10.–19.11.1989, in: Kunstforum International, Bd. 105 (Januar/Februar 1990), 356.

19. Roswitha Ennemoser: undatiertes Quellenmaterial.

20. Die Farben Weiß und Gelb beziehen sich auf Arbeiten aus derselben Serie unter dem Namen „white/yellow box" (1995–1996). Siehe vorliegende Publikation, Abb. S. 98/99.

21. Roswitha Ennemoser: undatiertes Quellenmaterial.

22. Ebd.

23. Ebd.

On interior and exterior spaces – physical forms and intentional acts

Maris Liška

"The senses reshape, whereas the mind shapes"[1]

"Spatial images are the dreams of society"[2]

Engaging with the works left to us by Roswitha Ennemoser has required intense dialogue. The complex life-work of this highly intellectual artist consists of more than 700 individual objects and a wealth of written material – theoretical essays in particular. To begin with, it seemed logical to go through her works chronologically. It is possible to trace a clear development in her work, which can be organised more or less into groups. However, it soon became apparent that this approach would not do justice to her oeuvre in terms of its subject matter. The relationships between the individual works – which are widely spread out over time – make chronological organisation unsuitable. With each object, whatever the medium, the artist was pursuing the same question. By changing her own position, she could look at the same issue from different perspectives. She used what she learnt in this way to develop a system of coordinates within which to move. This reduced language of forms proved the best way for Ennemoser to make her complex thoughts more tangible. Nevertheless, the resulting oeuvre remains enigmatic and is closely interconnected with her writing.

Breaking free of reality

The rigour in Ennemoser's approach was evident from the beginning of her creative life. In her earliest pieces (1983-1984), the nature studies in oil on canvas, which she worked on for a whole year in an abandoned site behind Vienna's South Station, she did not just paint nature but studied its essence (fig. p. 22–25). Gradually she freed herself from using nature as her model. Her outlines became softer and colours more autonomous. Her focus shifted from realistic images of nature to perception of individual forms and their relationship with one another. Ennemoser wrote: "What interested me about the outdoor works – I painted as well as drew – was not the representation of a 'landscape' but my recognition of, and connection with, structures in nature."[3] While the subject was to some extent arbitrary, the simple plant stems in a wasteland offered a wide spectrum of associations. Using more or less similar subjects, she observed how forms and colours changed not only according to weather and light conditions but also according to type and age. As well as the mood of the landscape pictured, the artist investigated different structures in nature. The elemental qualities of the branches create strong contrasts – older, curved branches look less dynamic than young ones that project into space "as sharp as arrows". Only through these contrasts do we recognise individual characteristics. In other words, the depiction of nature is less important than the pattern of relationships between the individual parts, and their quality within the system. As in a scientific experiment, the artist separates single elements from their natural relationships and places them in a new context.

Alongside these paintings, she was working on ink drawings. This represented the next logical step in her development (fig. p. 26–29), and it allowed her to translate her nature studies into graphical form – made abstract and reduced to the essential, thus revealing the structure of the image. Variations between the lines – straight, curved or bent lines of different widths – reflected different emotional qualities. She used no colour whatsoever; the drawing is like a musical score that is read, thus producing a "whole" over time. The tiered arrangement of the lines gives the surface a rhythmic feel. The qualities of the individual elements, and their proximity and distance from one another, work together to create a whole web of interrelationships and a distinctive pattern. This system of relationships becomes a dynamic force.[4]

Moving line

Translated into graphical form, the qualities led to a new ordering principle, and the restructuring of the elements evokes the feeling of movement. "Bow-lines" is a large-format drawing on brown packing paper from 1987 (fig. p. 34). In it, the lines – broken and expressive – move closer together and merge, creating the impression of a change in tempo. The layering of the black shapes produces a sense of synchronous movement, of rising and falling. The picture has no depth in the sense of creating an illusion of perspective. The impression of space within the picture is communicated through the overlapping and fractured nature of the lines and also through the contrast between thick versus translucent application of colour. As the structure is revealed, it becomes clear that it is a "spatial framework". This is applied again in the "Untitled" paintings. An image from 1988 reminds us of a boat whose outlines are fragmented. Water and river bank appear to be turned into a vertical position (fig. p. 31). In a further large work from the same year, also made on packing paper (fig. p. 30), the lines are placed vertically and horizontally on the surface, layered or overlapping. Colour adds contrast to the tension between size, shape and position. "We have a finely tuned ability to distinguish how lines relate to other lines, or to the whole."[5] Visual material reflects the structure of our thinking: it is interrelationships that define space. And now, logically, the artist goes on to apply this well-tested principle sculpturally. In "Bows" (fig. p. 35), a wall-hung object from 1988, the wall provides the background. The objects are placed in a wider context – the surrounding space.[6]

Every body changes through movement, so each object is to be seen as "a case example of a condition."[7] We can see clearly how movement can be simulated on the surface if we look at the two three-part works "Movement starting" (fig. p. 37 left) and "Downward movement" (fig. p. 37 right) from 1987. In the first group of pictures, a constantly flowing form appears to be exploded by an inner force, and thus changes its direction of movement, as when a stone is thrown into water. A possible interpretation of the second group of pictures is supplied by the title – the flow of movement emerges high up and falls downwards. What is represented here structurally is a process of movement that can be followed step-by-step, both within each picture and through the sequence of images. This process can be compared with an animation film in which a rapid sequence of images simulates movement and time. The dividing of pictures into separate parts was a conscious step in the thinking. Each image documents a state of affairs. Even if each image contains a statement about the mentioned factors, they also relate to one another. "The spaces-between should be understood as statement boundaries. In a 'movement' something happens that I cannot speak about – something that cannot be described'."[8] These spaces-between remain open and yet clearly defined. The empty space tells us more about spatiality than is possible through description. The absence of illusionary depth influences and is influenced by the surrounding space. Through division, the two-dimensional pictures take on a three-dimensional quality by drawing attention to the depth of the stretcher frame. Perception is always formation as well.[9]

The square as "ideal form"

Taking an "ideal form" like the square[10] as her starting point, Roswitha Ennemoser developed her thinking further. She clearly distanced herself from any ideological interpretation of such a form as "faith in technology and geometrical constructivism".[11] Liberated from any symbolism, the square becomes functional and this enables us to focus on the problem of the form's surface and spatial characteristics. With this in mind, in 1988 Ennemoser created a series of small oil paintings with simple frames (fig. p. 44/45). The symmetry of the square is destroyed and distorted. The "ideal form" is replaced by the distorted image, provoking confusion in the perceiver. The square itself becomes an agitated surface. The rigid surface of the canvas acquires greater materiality and takes on a spatial character, making the geometric form seem to move. This effect is intensified when we become aware that the frame itself is a constructive element of the picture. It relates to the form as a "geometrical corrective", as an organising structure that opposes the principle of movement.[12] As in the earlier pieces, in which Ennemoser worked by contrasting straight and broken lines, here she applies the principle of polarity. The frame is not understood as a physical form; conceptually it represents the geometric ideal: "I was only interested in the frontal view, even though this too was confined in its dimensions – reduced to a notional linear border in the form of 2 horizontals and 2 verticals. Frame and image, in their unity, constitute a picture."[13]

The artist demonstrates another approach to the theme of "movement and square" in a further work "Untitled" (fig. p. 40), in which the connection with "surface" is maintained. This picture also comes from a series of oil paintings created between 1989 and 1991 as "WHITE SQUARE PLUS / VERSUS BLACK SQUARE". The rectangular form is opened up or "fanned out" across the surface, thus simulating discrete steps of movement along a temporal axis. Once more, successive views of the form are captured and included in the picture, as if the painter were constantly changing her position. Because they are moving, the squares appear deformed or almost become unrecognisable. With the framed squares, it was the deviation from the central position that created the perception of movement, whereas here it is the relative positions of the painter herself. The impression of movement is reinforced by the contrast with something static. The straight line serves as a synonym for this static state. It represents the ideal basic form (as a static constant). The bent, broken line is a deviation from this basic form. It functions as an individual form, as a "moment of physical deformation".[14] Seen in this way, the ideal norm – the straight line – acts as a corrective for every deviation from itself.

Multi-part pictures (fictional causality)

The frame of reference within which Roswitha Ennemoser operated up to this point led her to the following questions: Does movement arise out of the relation of the parts to each other? Or is it the direct cause and effect? Above all, how can this apparent causality be depicted?

Again, there is a whole series of oil paintings (1990–1991) on this entitled "missing link – imagined causality – FORM / DEFORMATION relativisation". In one of the paintings (fig. p. 46), the canvas is almost completely covered by an amorphous, black shape. Two simple white lines on the left seem to influence the form; since white and black have different spatial depths in relation to the surface of the picture, a spatial effect arises. The white lines in the foreground push the dark form backwards, deep into the space. At the same time, the surface area seems much too small for its volume, which is why it becomes deformed. The result is a strong overall impression, as if the form might tip over the edge at any moment. And yet it cannot defy spatial conditions. The picture remains two-dimensional.

Ennemoser's next step was to create two units within this group of works, which she placed on a plane of reference. Whereas the "deformed squares" had a "concrete form-condition"[15], there are now two (or three) parts – autonomous forms, each with its own dynamic force, which create a conceptual synthesis (fig. p. 47). As individual elements, the pictures are vital constituents: a large unframed canvas and a small framed picture are placed in relationship to one another. Once more, the canvas is filled with a dark, amorphous form.

The small image looks like a concentrated form of the large one. It creates an opposing force, which is actually the cause of movement in the larger image. This movement can be detected in the relationship between the two parts.[16] This gives rise to a complex and unstable perceived image, which constantly demands synthesis, yet this remains elusive: "What was important to me was relativisation: first of the square, in that I represented it as 'in motion'. But in this case the depiction is itself relativized. […] There are two ways of seeing, two perspectives. On the level of interpretation, 'depiction' demands 'uniqueness'. But when more than one possible form is highlighted, there is no 'uniqueness' or 'unique validity'. The possibility of identification or empathy with what exists on the level of depiction now becomes another way of seeing. The 'thingness' relates to the whole object, the object as thing, as matter, as three-dimensional body. The picture becomes a tangible physical object. This object is spatial and takes up space."[17] The objects represent a permanent challenge for the observer.[18] They require active looking in order to comprehend the ambivalent structures of the images.

Translation into sculptural form – spatial structures

Systematic experiments played a big part in Roswitha Ennemoser's work. In ever new variations, she tried out different methods of depiction. For her objects, she used a range of materials and worked with meticulous attention to detail. Her oeuvre proves to be an endless and "open" ongoing development of an idea – an imaginary modular system. In one experiment after another, she poses questions about space, time, movement, form and colour, and she also translates them into sculptural form (fig. p. 32, 38/39). Each new context emerges from the representational space. The positive-negative relationship is essential to her sculptures – their rhythmic quality is defined by what and how much is left out, or where something intrudes. Neither the pictures nor the sculptures are normal representational forms.

Sometimes Ennemoser constructs space playfully. The work "Scale 1:1" (fig. p. 104–107) is an art "play-set", consisting of 16 individual cardboard surfaces. She uses these to cut out a range of geometrical forms or for sticking on coloured paper shapes, and she lays transparent paper over them with similarly geometric cut-outs. The small pieces can be combined. By superimposing them on one another, new perspectives arise in relation to space. As the spectator changes position, each combination represents a momentary situation. In contrast with the cardboard and coloured shapes, the punched empty forms have depth and represent spatiality, while the transparent paper functions as a kind of "space-between". It seems ephemeral and it allows us to imagine the possibility of perceiving two spaces simultaneously. Through this "tipping point" effect, spatial stability is suspended and the never-ending "constructive moment" can be experienced in time. "That which is not claimed as space, which remains an unrestricted possibility, I experience as more spatial than space that has been claimed."[19] The idea of an imaginary wooden box, which is captured in the moment of opening, is developed further and formed into an object. This concept gave rise to yet another series, the so-called "blue/red boxes" (fig p. 100–103). The "fanning out" in space is transferred to a sculptural form and takes on a tactile character. The starting point for these works is again the square. This time, the object is spread across the space, and the form (Gestalt) arises out of the relation between form and colour, and also in this case through the contrast between two colours – red and blue or white and yellow.[20] Blue represents the "form-condition" – the colour takes on the form and physicality associated with the object. Red, on the other hand, is merely a flat surface, an independent element. The "empty" or "opened-up" spaces leave the sightline to the wall free and create a relationship with the surrounding space. The impression of a two-dimensional image, seen from the front, dissolves as we inevitably look at the object from various positions. Only then, as we perceive the physically structured space, does the object become an object. The distance to the object can only be reduced through "active perception".

Resumé

By adopting a reduced language of forms, Roswitha Ennemoser was looking for objectivity in her works. She didn't want them to offer any scope for subjective identification. "[…] [I think of] the situation regarding the objects rather like this: there is a level of empathy, but it is different. Objectivity always brings with it the opposite, namely 'distance'. The object, the thing, is something apart. We can perceive it but we cannot communicate."[21] The artist advocates a rational approach that, through experiment and reflection, leads to new insights. In this approach, form is not representative. Rather, it constitutes a functional element within a creative context. "Resisting symbolism is a way of 'concretising' inconstancy, of making the social real through fundamental questioning – where what is questioned is the notion of the capacity for insight being the basis of reason".[22] Concrete art does not reveal itself immediately. It demands interaction, immersion, dialogue and openness on the part of the spectator. We can therefore also speak of its "contemplative" character. Only when "our view is free [of symbolic meaning]" can we grasp the essential. "If I knew how the eye sees, I would want to paint like that / not how the head thinks."[23]

1. Roswitha Ennemoser after Georges Braque (1882-–1963), in: all of Ennemoser's quotes are taken from undated source material as part of the artist's estate, now to be found in the archives of the MUSA.

2. Siegfried Kracauer: Über Arbeitsnachweise, 1929, in: Martina Löw: Raumsoziologie, Frankfurt am Main: Suhrkamp 2001, 9.

3. Roswitha Ennemoser: undated source material.

4. Recalling the tree studies of Piet Mondrian (around 1910), where visible reality is reduced to its elemental forms: line, surface and primary colour become the materials of pure design.

5. Roswitha Ennemoser: undated source material.

6. For example, studio or museum space, or an abstract conceptual space.

7. Roswitha Ennemoser interviewed by Alexander Belobratow. See p.16 of this publication.

8. Roswitha Ennemoser: undated source material.

9. Ibid.

10. c.f. Eugen Gomringer: 100 Jahre Konkrete Kunst. Struktur und Wahrnehmung, Weitra: Verlag Bibliothek der Provinz, 2010, 27.

11. "With my deformed squares I wanted to create a relationship between the 'mental' and the 'physical' [...] Since my initial form – the square – was much more fixed in terms of symbolic meaning than was the 'bent line', the 'deformation' of these squares was also a relativisation of symbolic meaning." (Roswitha Ennemoser: undated source material). She is referring to symbolic values such as logic, infinity, metaphysics and technology.

12. Roswitha Ennemoser: undated source material.

13. Ibid.

14. Ibid.

15. Ibid.

16. Making reference to our convention of reading from left to right, objects on the left appear to "cause" the impression of movement. If they are on the right, it seems as though they are breaking away, or have broken away, from the picture.

17. Roswitha Ennemoser: undated source material.

18. Claudia Posca: Jean Mauboulès. Galerie Vayhinger, 20.10.–19.11.1989, in: Kunstforum International, Vol. 105 (January/February 1990), 356.

19. Roswitha Ennemoser: undated source material.

20. The colours white and yellow relate to the works from the same series, entitled "white/yellow box" (1995–1996). See Figure p. 98/99 in this publication.

21. Roswitha Ennemoser: undated source material.

22. Ibid.

23. Ibid.

Form. Raum. Farbe. *Form. Space. Colour.*

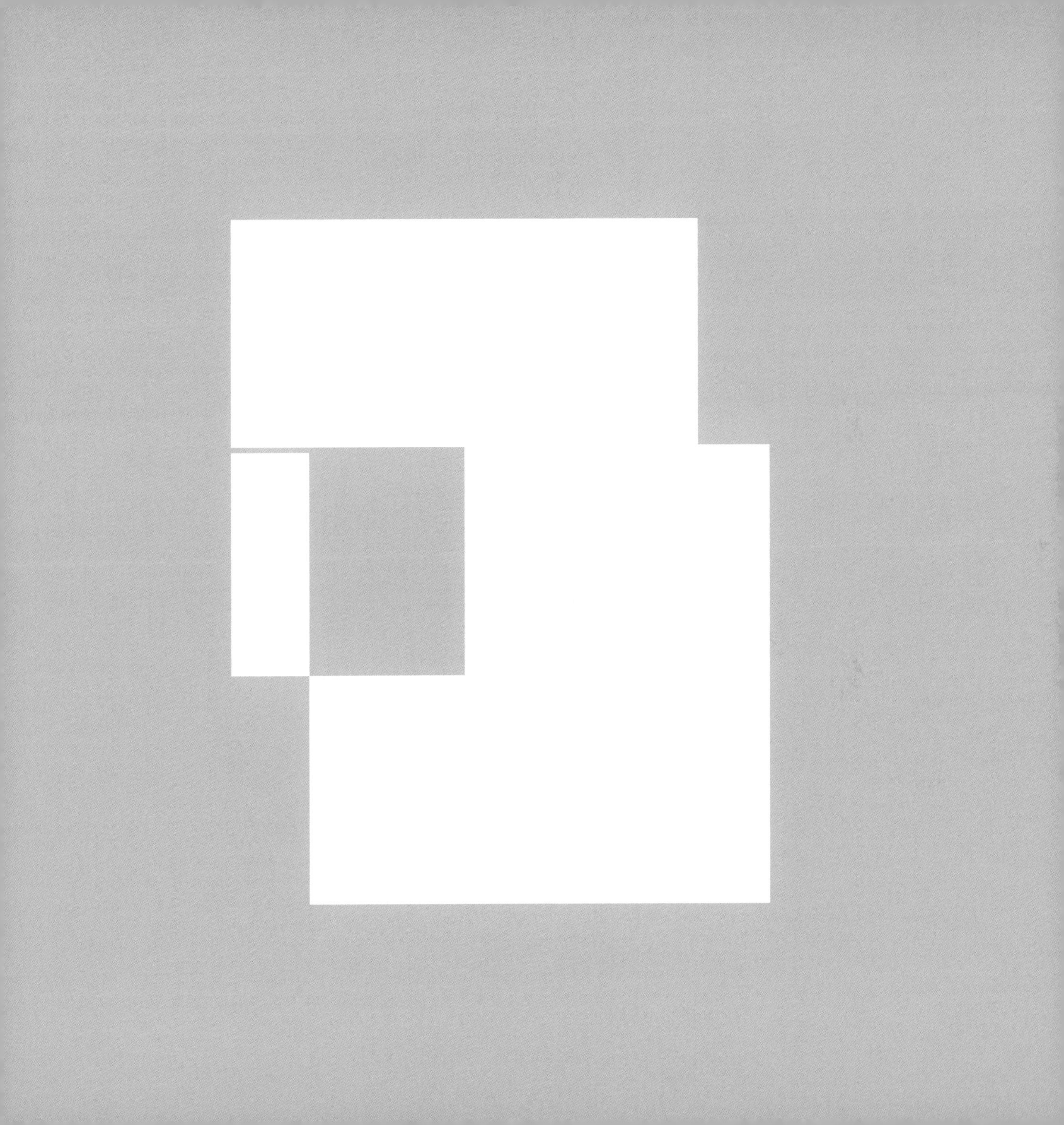

Werke / Works

SEITE / PAGE

74

O.T. / Untitled
1992
Leim/Ölgrundierung, Leinwand, Holz /
glue/oil primer, canvas, wood
3-teilig / three parts
160 × 130 cm, 110 × 20 cm, 118 × 55 cm

75

O.T. / Untitled
1993
Leim/Ölgrundierung, Leinwand, Holz /
glue/oil primer, canvas, wood
3-teilig / three parts
160 × 130 cm, 45 × 45 cm,
50 × 24 × 11,5 cm

76

O.T. / Untitled
1993
Leim/Ölgrundierung, Leinwand, Holz /
glue/oil primer, canvas, wood
3-teilig / three parts
160 × 130 cm, 50 × 50 cm, 160 × 20 cm

77

O.T. / Untitled
1994
Leim/Ölgrundierung, Leinwand, Holz /
glue/oil primer, canvas, wood
3-teilig / three parts
160 × 130 cm, 110 × 20 cm, 45 × 45 cm

78

O.T. / Untitled
1994
Leim/Ölgrundierung, Leinwand, Holz /
glue/oil primer, canvas, wood
3-teilig / three parts
160 × 130 cm, 41 × 41 cm,
40 × 38 × 12 cm

79

O.T. / Untitled
1994
Leim/Ölgrundierung, Leinwand, Holz /
glue/oil primer, canvas, wood
3-teilig / three parts
160 × 130 cm, 17 × 47 cm,
47 × 47 × 9 cm

80 / 81

O.T. / Untitled
1997
Dispersion auf Holz /
emulsion paint on wood
40 × 40 × 10 cm

82 / 83

r.ä.u.m.e. / s.p.a.c.e.s.
2000
Millimeterpapier, Karton /
graph paper, cardboard
14-teilig (7 Paare) / 14 parts (7 pairs)
je 8 × 8 × 8 cm / each

84–87

O.T. (Das Eigene / Das Fremde) /
Untitled (The familiar / The foreign)
1999
Papier, Holz
33-teilig / 33 parts
je 18 × 13 cm / each (Millimeterpapier-Collage / graph paper collage)
2-teilig / two parts
je 5 × 10 × 5 cm / each (Quader / cuboid)

88

r.ä.u.m.e. / s.p.a.c.e.s.
1998 / 1999 / 2000
Holz, Karton / wood, cardboard
6-teilig / six parts
2 × je 8 × 8 × 8 cm / each,
2 × je 21 × 2 × 2 cm / each,
4 × 9 × 3 cm, 21 × 21 × 2 cm

89

r.ä.u.m.e. / s.p.a.c.e.s.
2001
Papiermontagen / paper montage
18-teilig / 18 parts
je 18 × 13 cm / each (Grafik / graphic design)
2-teilig / two parts
je 8 × 8 × 8 cm / each (Würfel / cube)

90

Videostill aus *Der Bau* /
video still from *Construction*
1999
12' 30''
Regie / directed by: Roswitha Ennemoser
Kamera / camera: Getrude Moser-Wagner

91–93

FARB-RAUM-KONZEPT zu Kunst am Bau /
COLOUR-SPACE-CONCEPT for art-in-architecture (ausgeführt als Modell aus Beton / built as a concrete model)
1998
Beton, Dispersion / concrete, emulsion paint
10 Teile / ten parts
5 × je 21 × 21 × 3 cm / each
4 × je 21 × 6 × 6 cm / each
21 × 9 × 3 cm

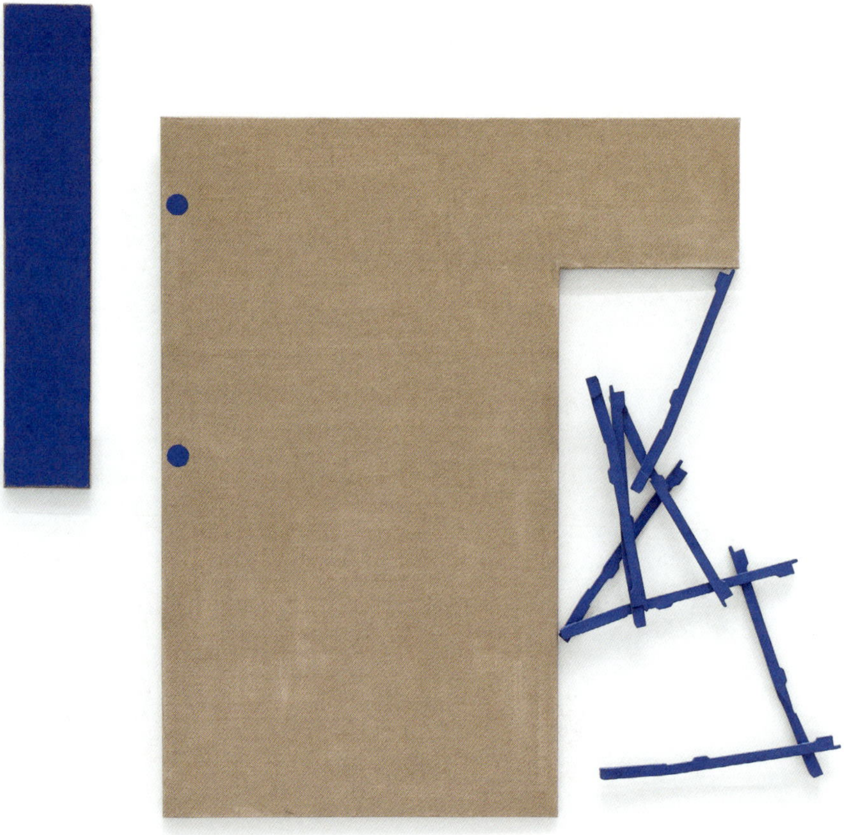

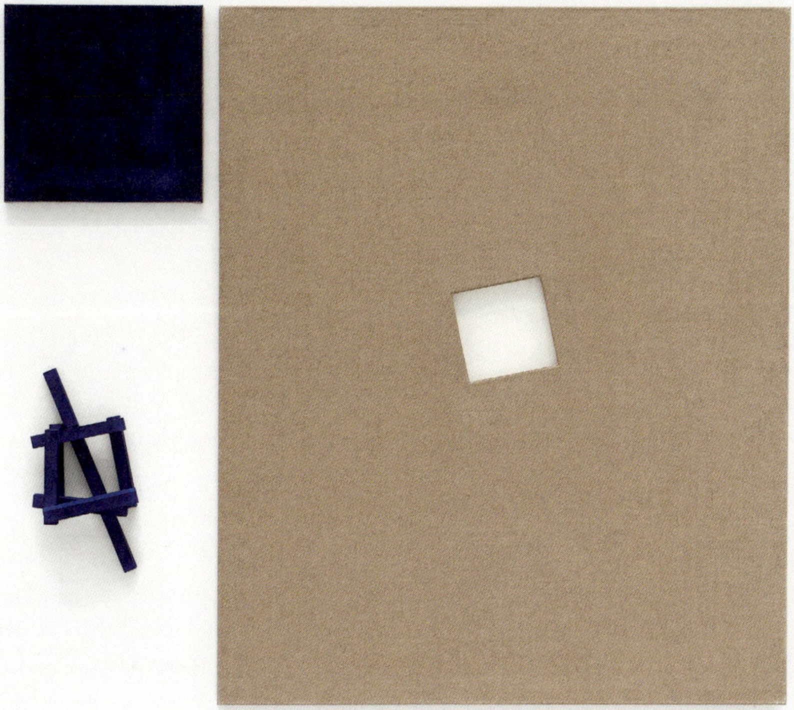

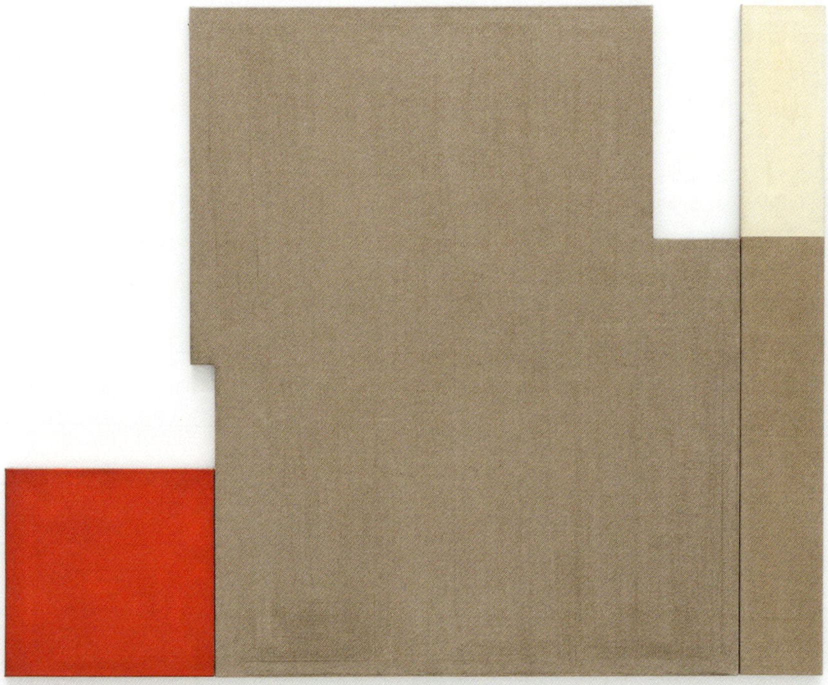

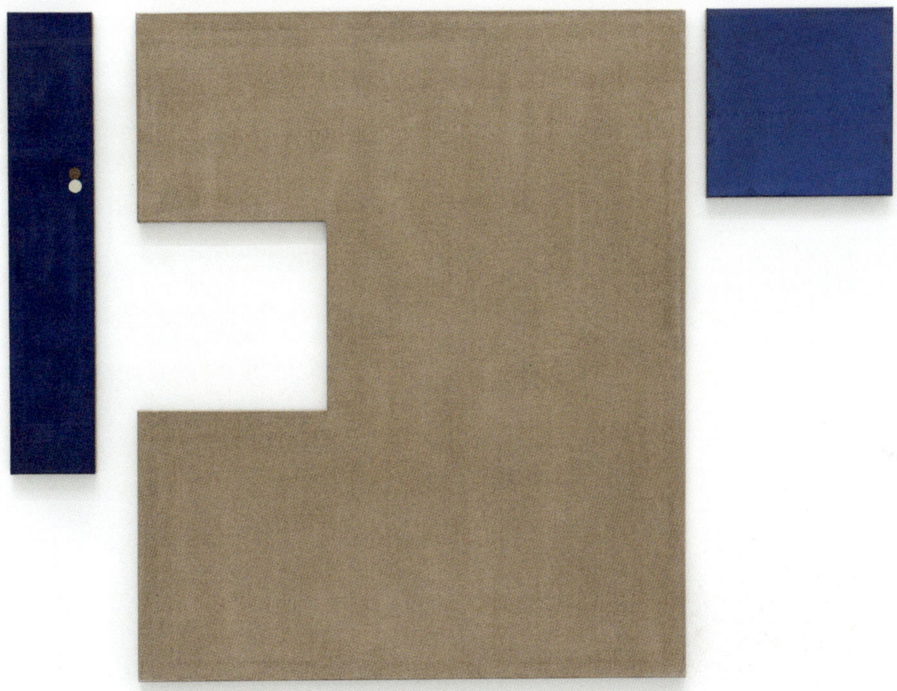

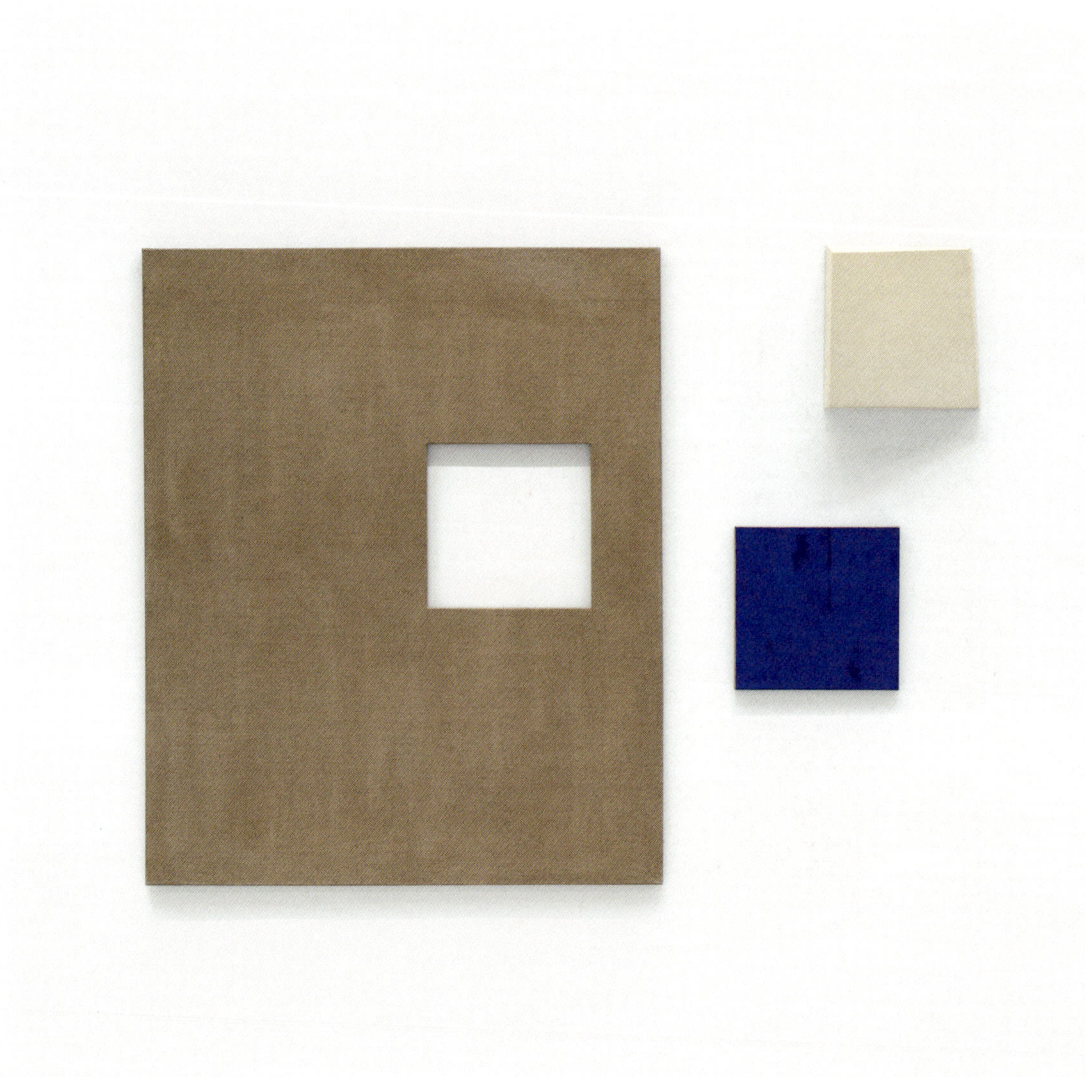

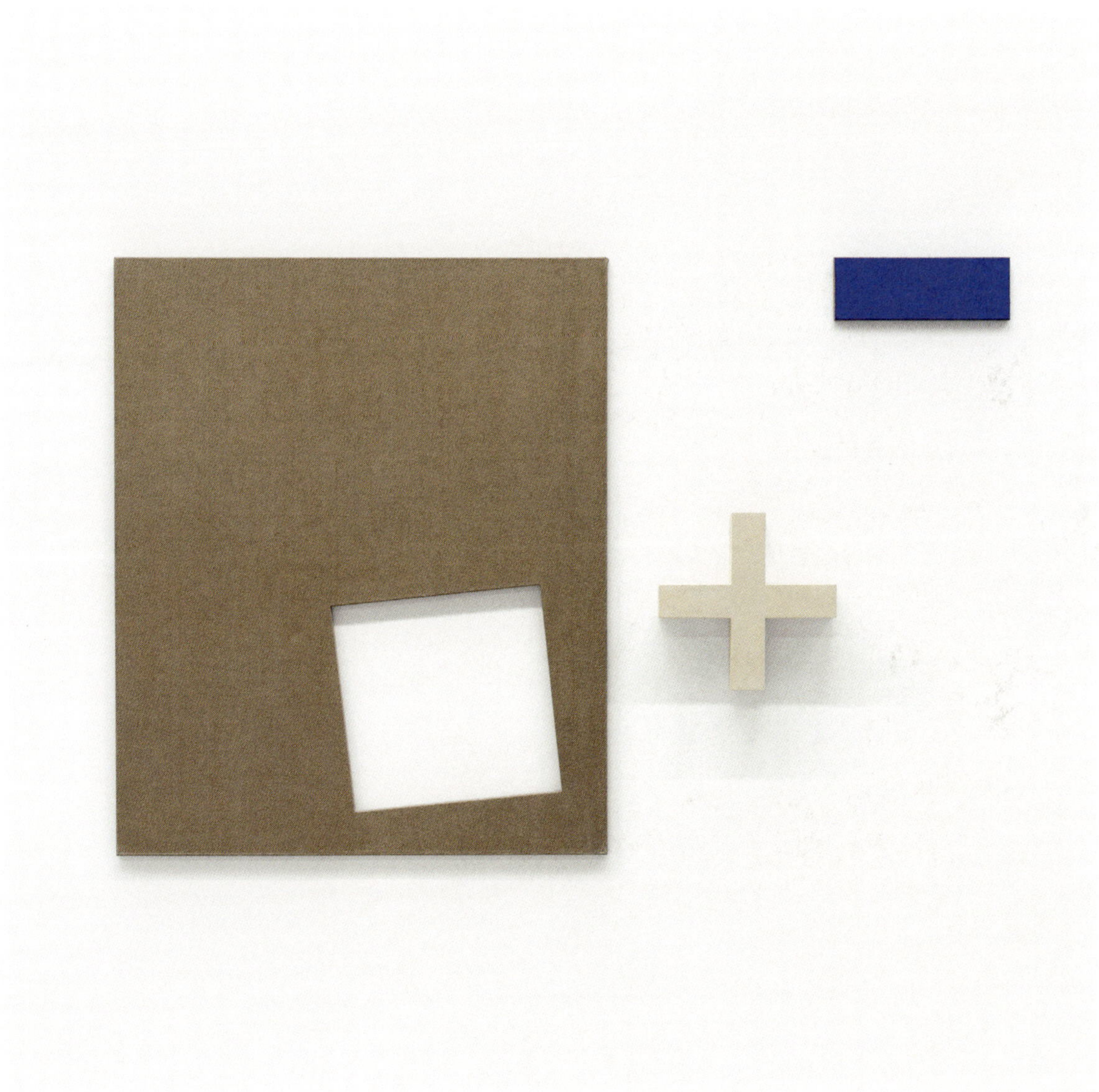

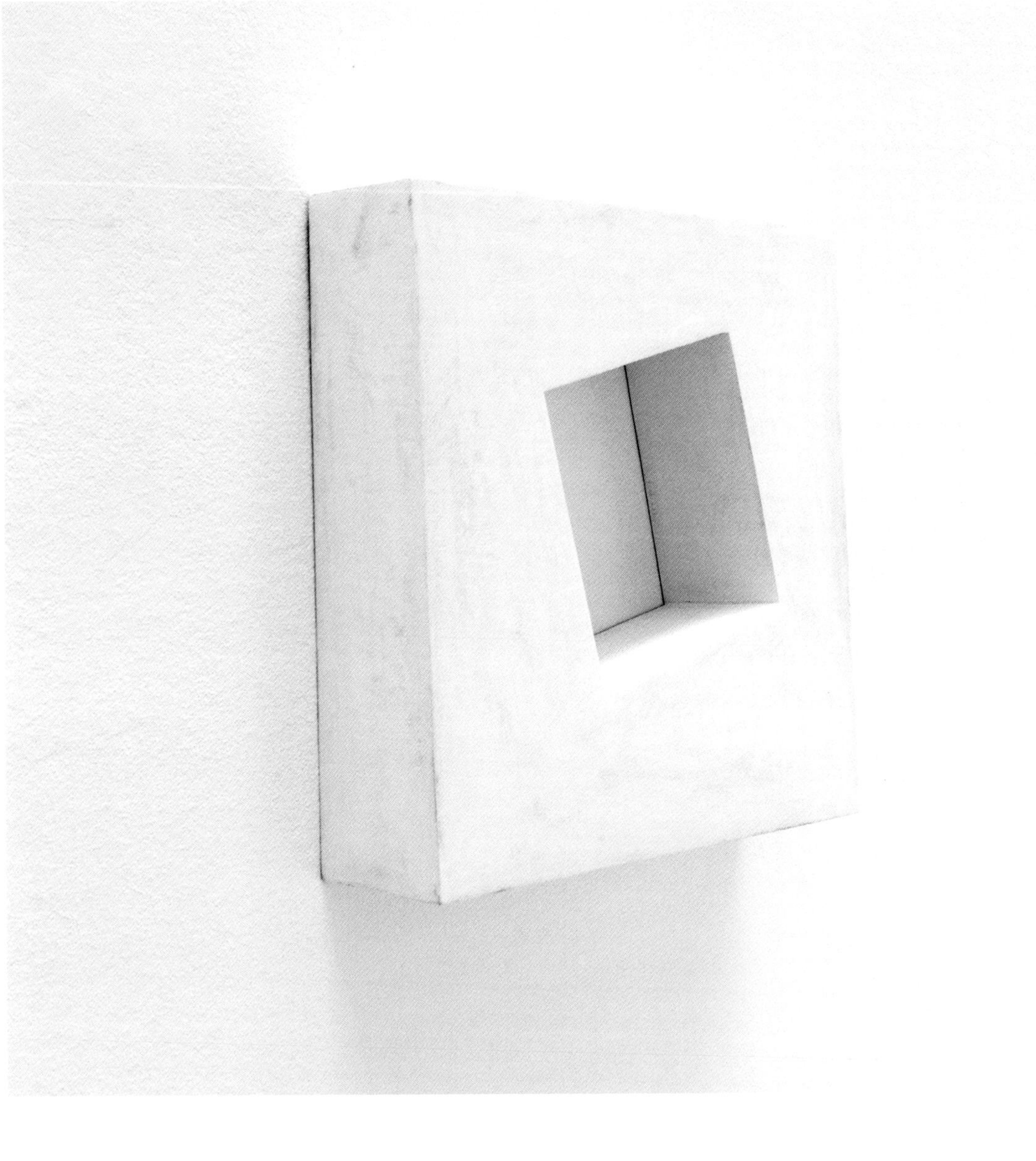

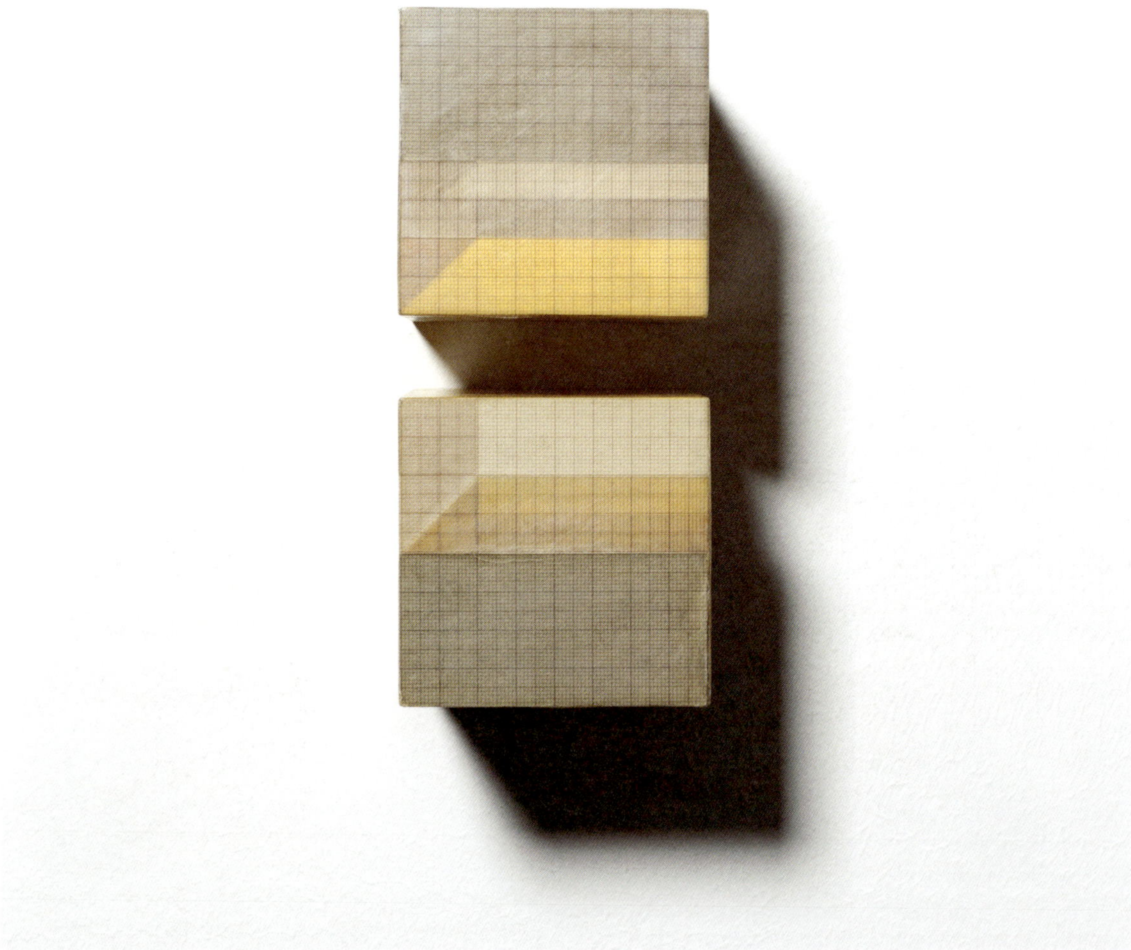

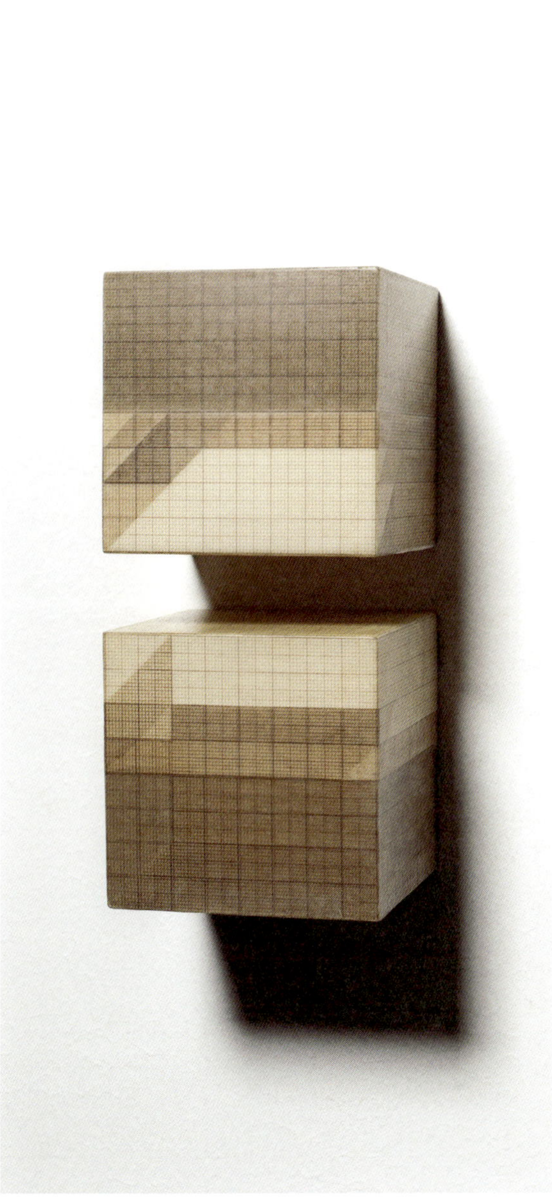

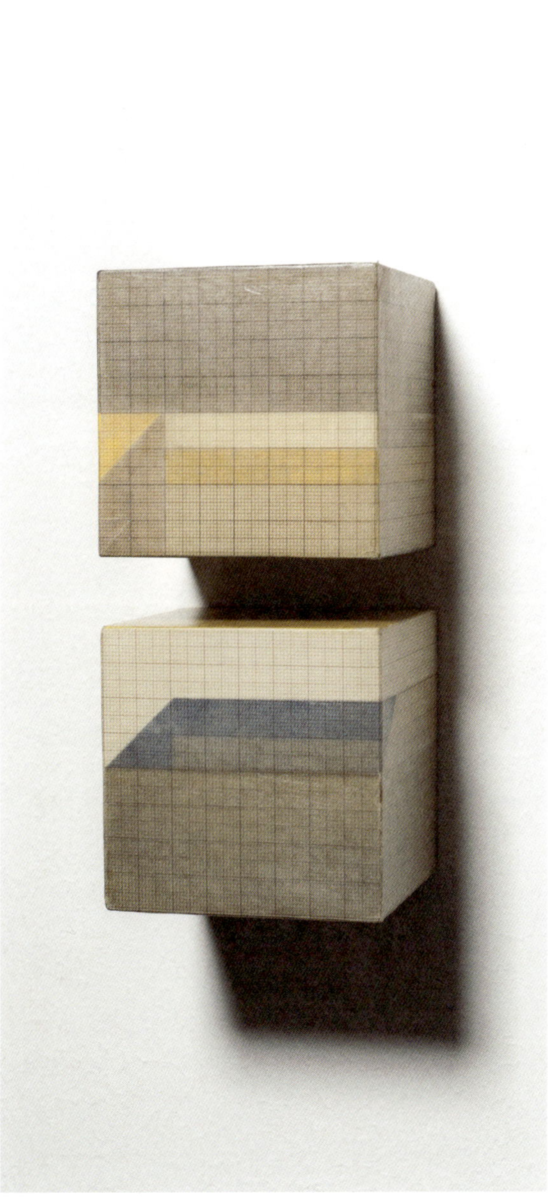

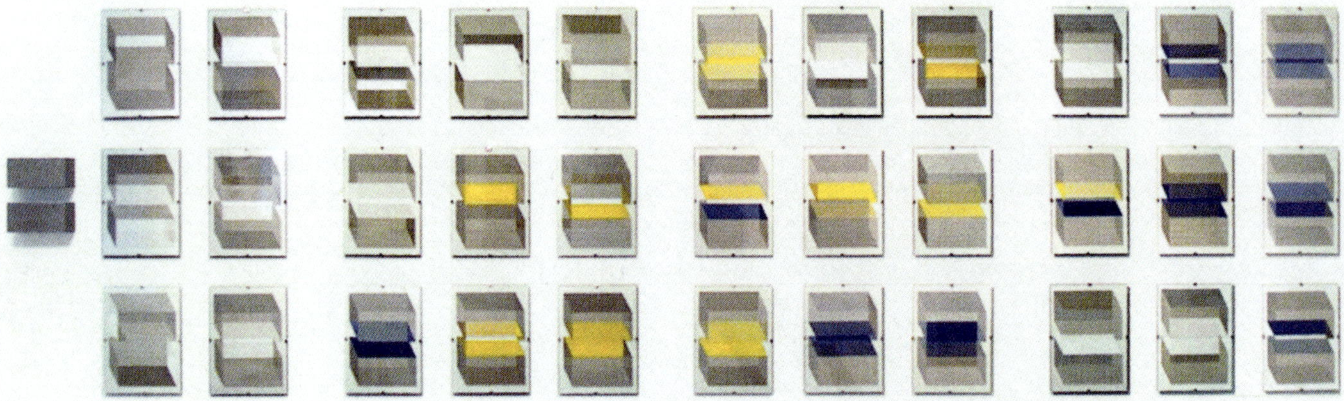

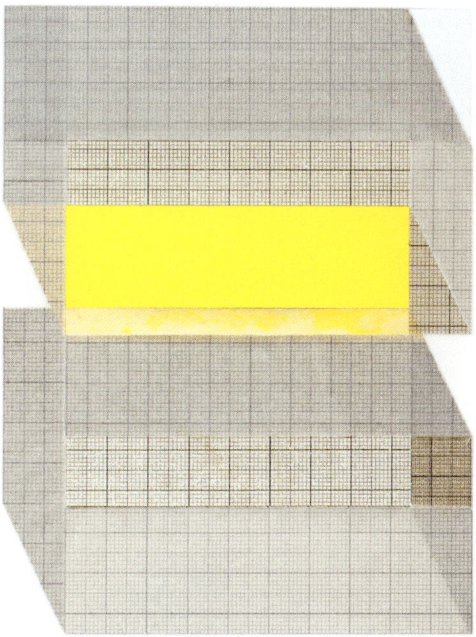

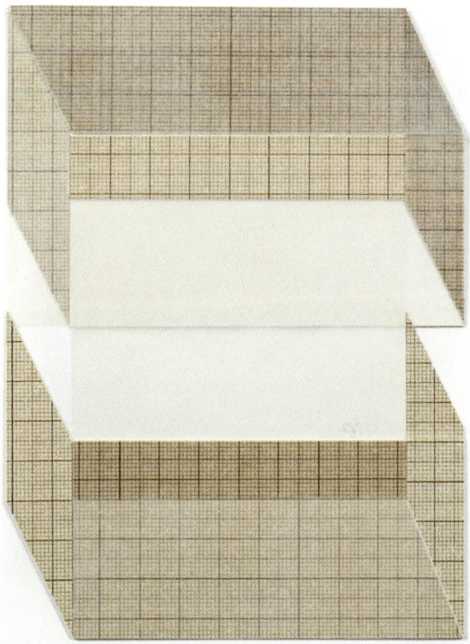

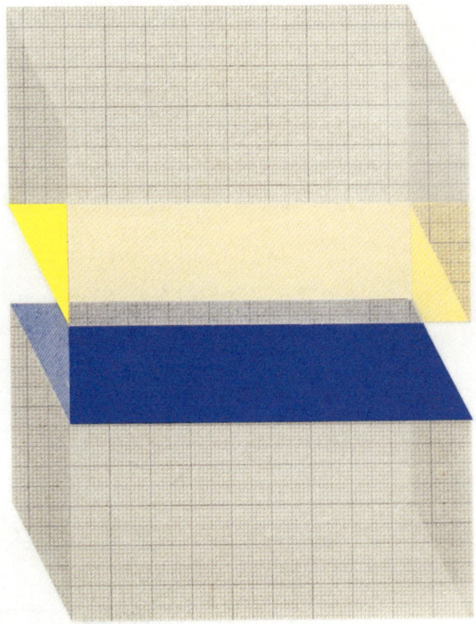

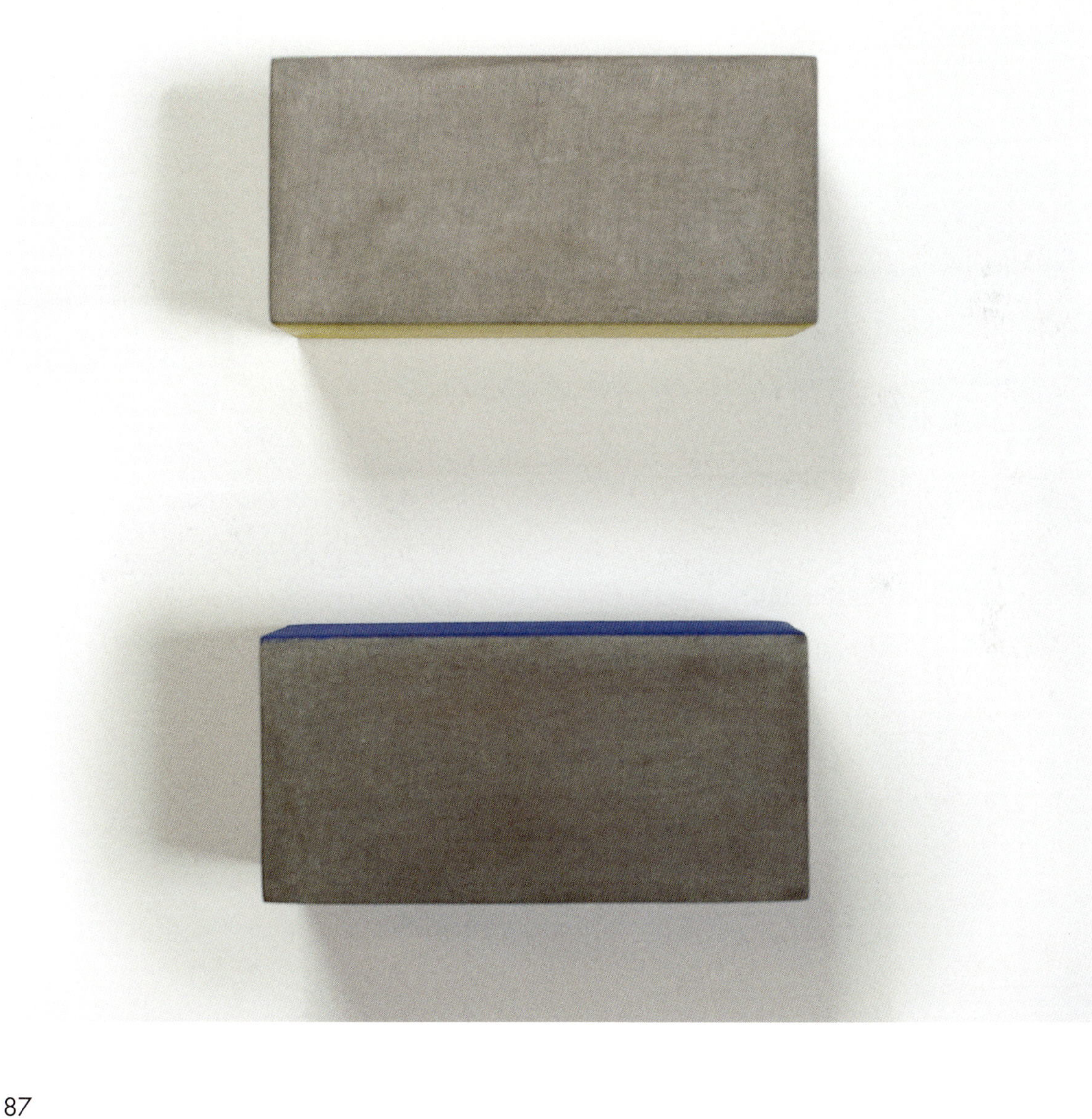

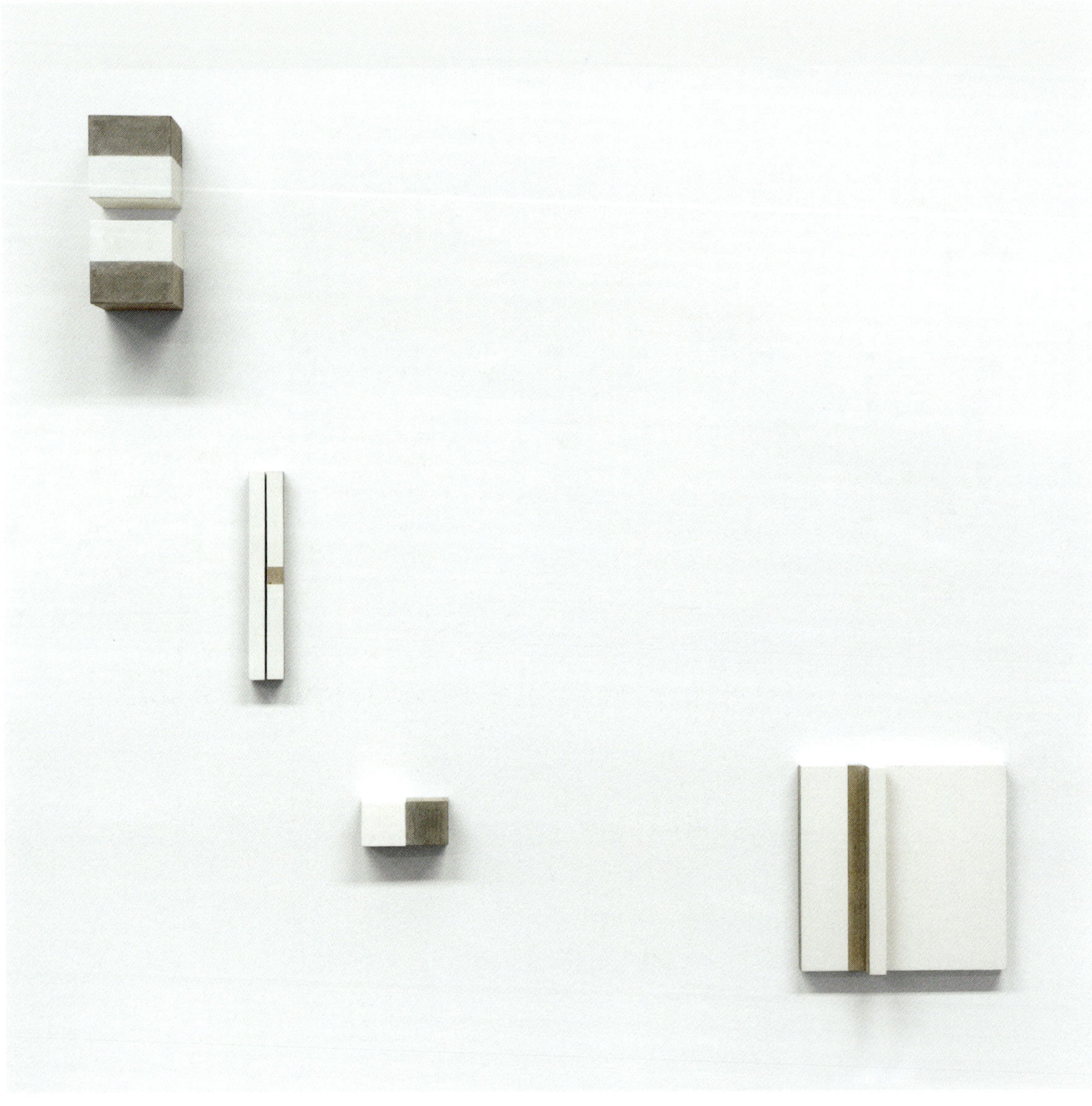

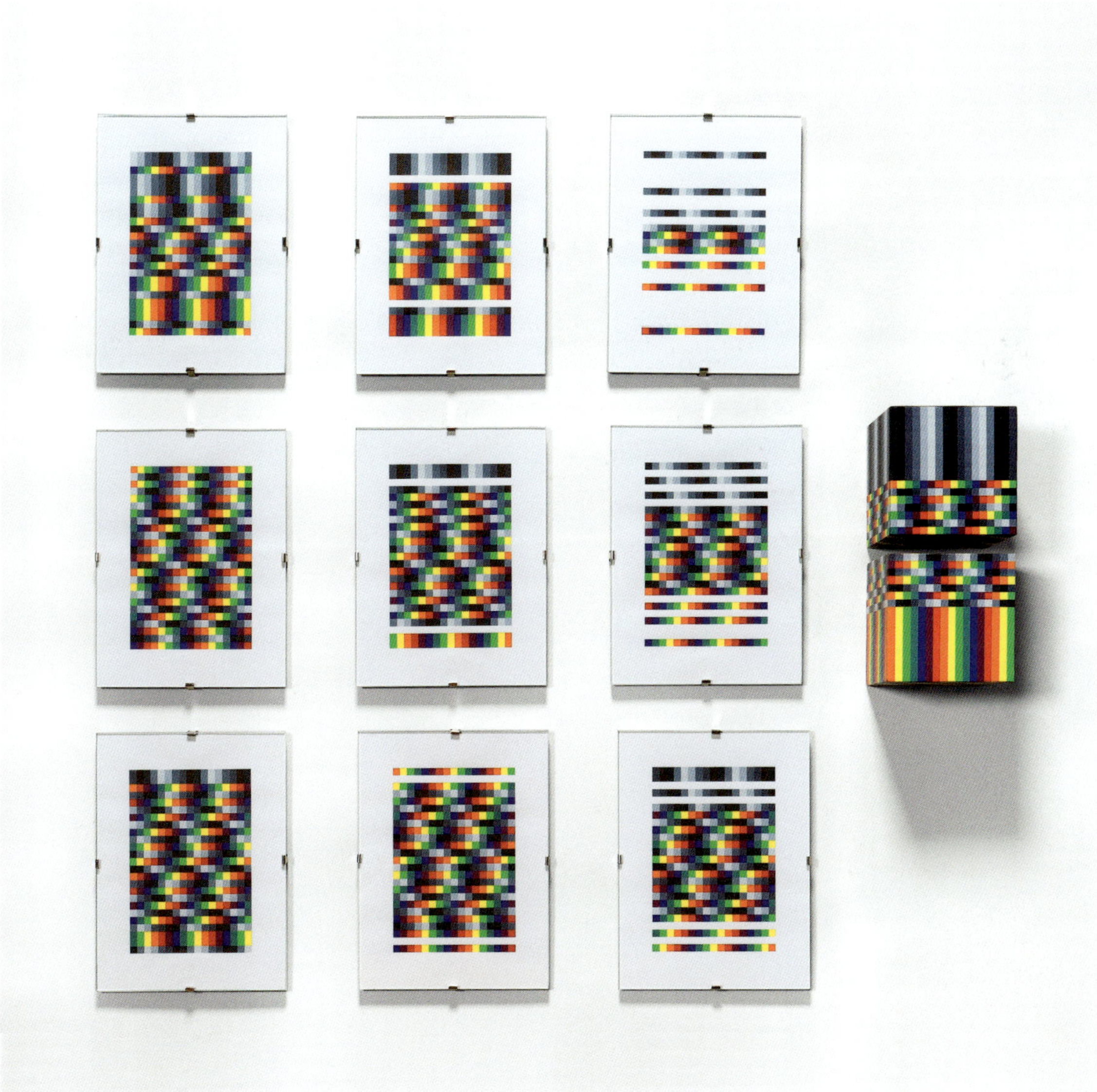

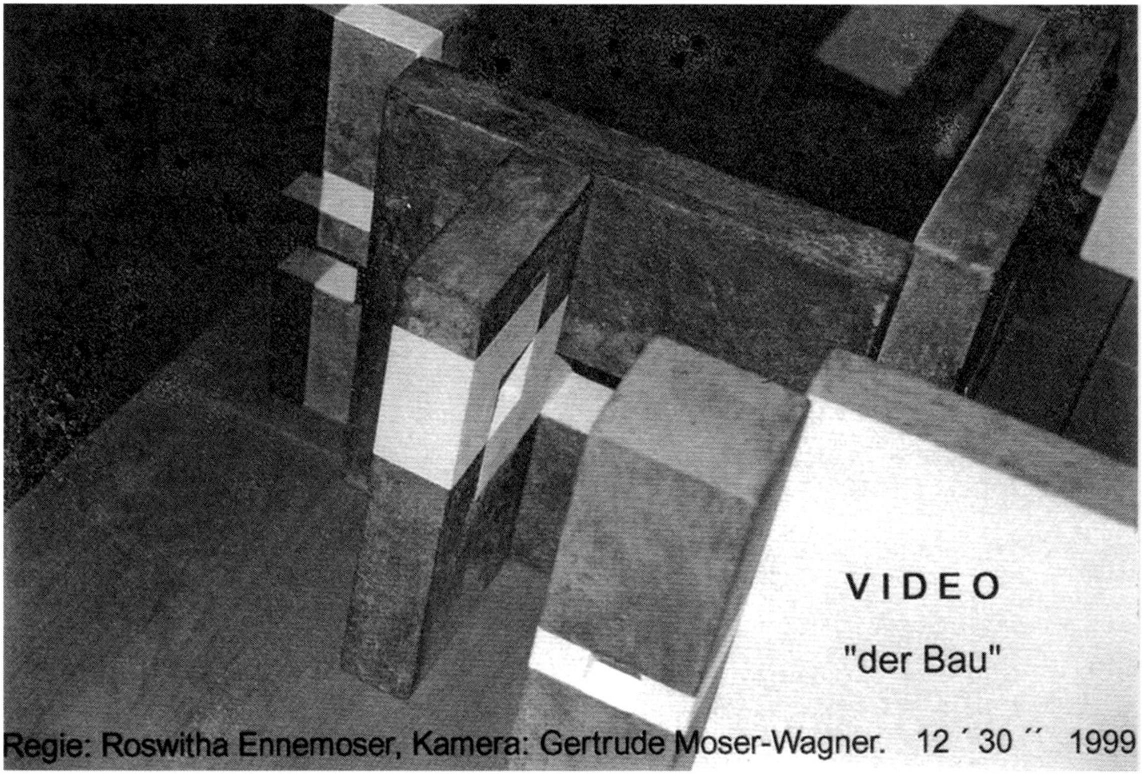
VIDEO
"der Bau"
Regie: Roswitha Ennemoser, Kamera: Gertrude Moser-Wagner. 12´30´´ 1999

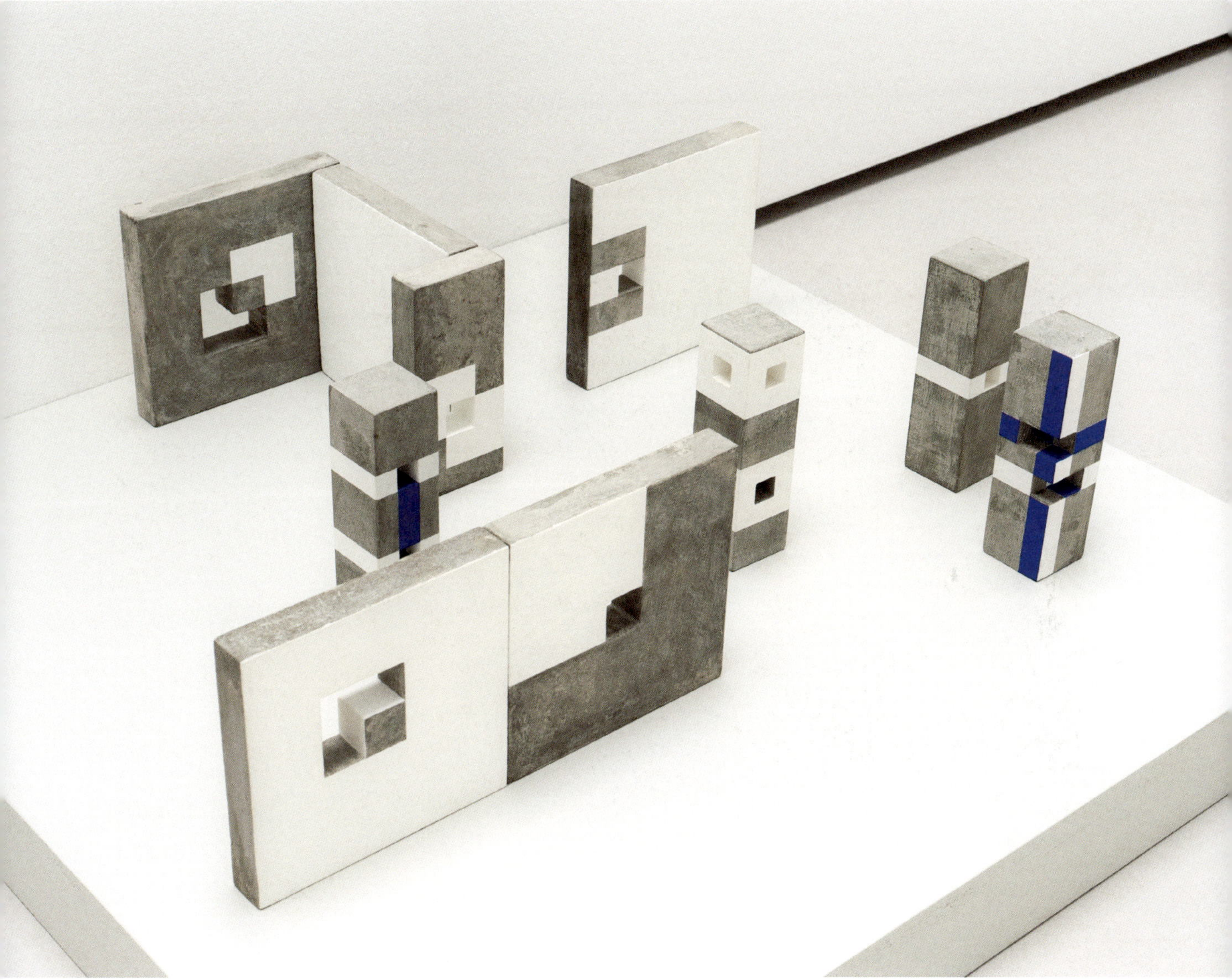

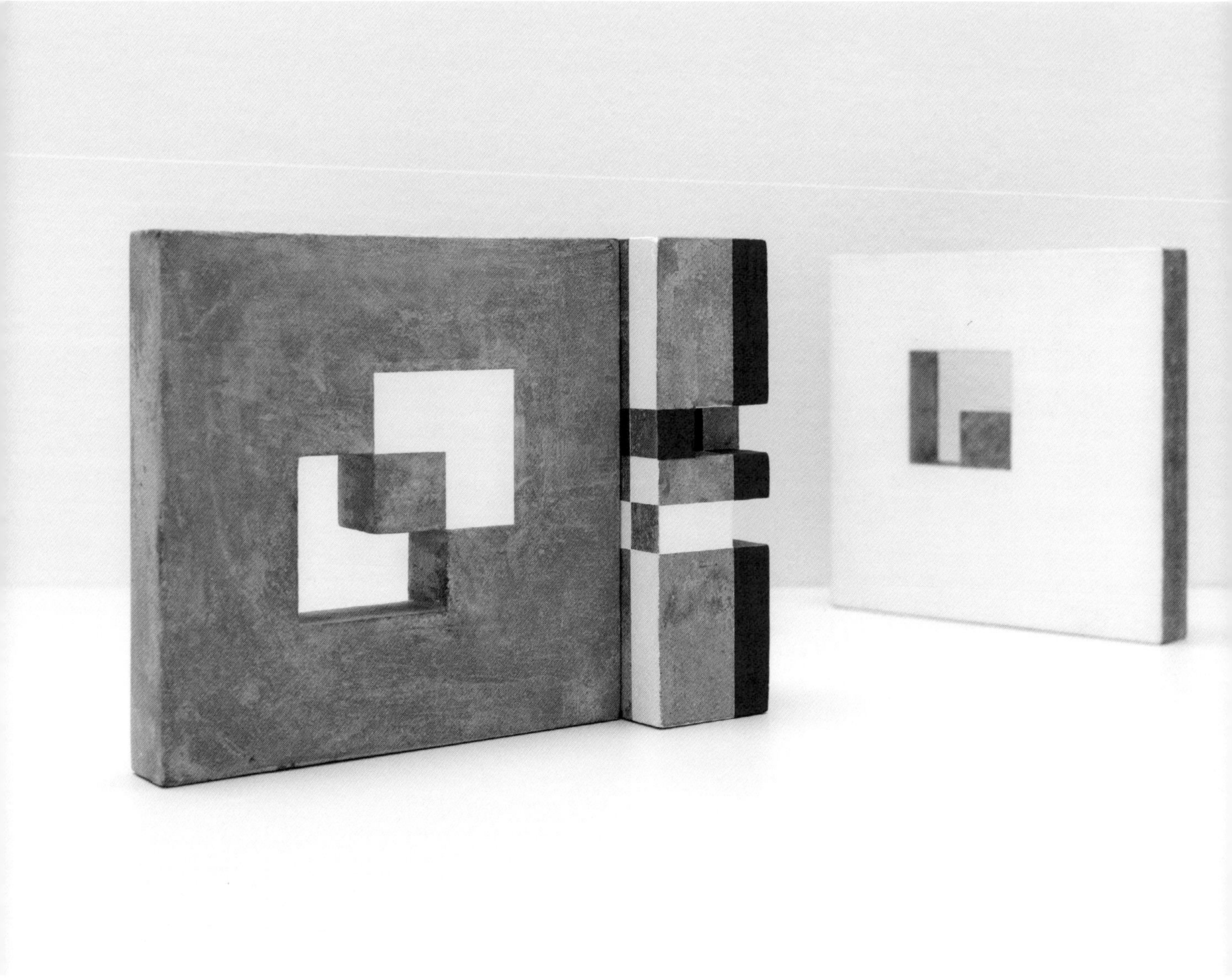

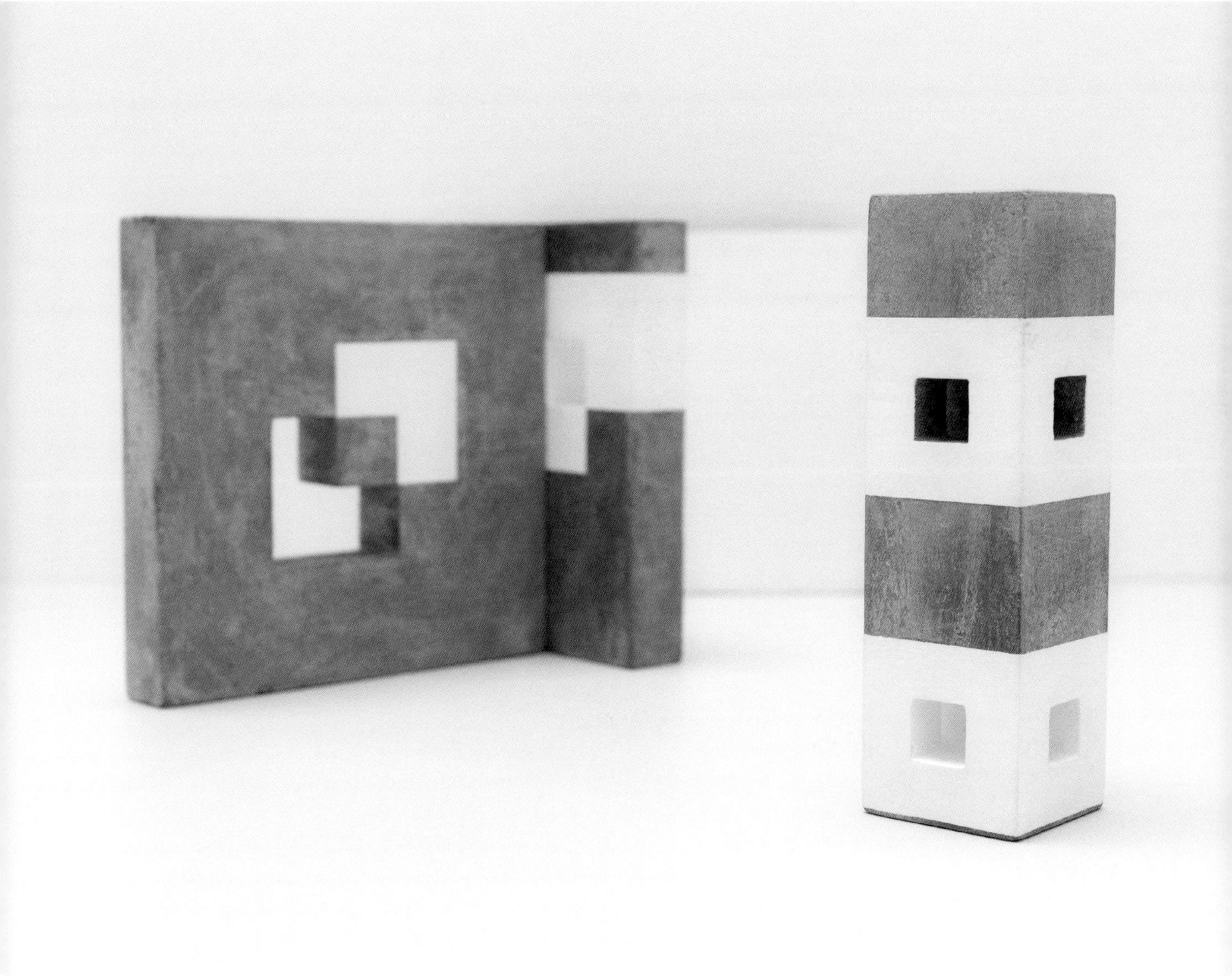

Raumstrukturen *Spatial structures*

Werke / Works

SEITE / PAGE

98

white / yellow box I
1995
Ölgrundierung auf Holz /
oil primer on wood
31 × 27 × 5 cm

99

white / yellow box II
1996
Ölgrundierung auf Holz /
oil primer on wood
24 × 26 × 4 cm

100 / 101

blue / red box IX
1995
Ölgrundierung auf Holz /
oil primer on wood
32 × 25 × 5 cm

102

blue / red box X
1997
Ölgrundierung auf Holz /
oil primer on wood
28 × 29 × 6 cm

103

blue / red box VIII
1995
Ölgrundierung auf Holz /
oil primer on wood
25 × 31 × 29 cm

104–107

Maßstab 1:1 / Scale 1:1
1997
Schnitte in Karton, Buntpapier,
Transparentpapier, Kassette /
cardboard with profile,
coloured paper, tracing paper, box
15 × 12 × 4 cm
19 Tafeln / 19 plates
je 14 × 10 cm / each

Cover / 108

O.T. / Untitled
1995
Karton, Dispersion /
cardboard, emulsion paint
45 × 45 cm

109

r.ä.u.m.e. / s.p.a.c.e.s.
1998 / 1999 / 2000
Beton / concrete
13 × 13 × 13 cm

110

O.T. / Untitled
1999
Sperrholz, Dispersion /
plywood, emulsion paint
2-teilig / two parts
je 60 × 60 × 60 / each

111

O.T. / Untitled
1998
Sperrholz, Glas, Dispersion /
plywood, glass, emulsion paint
2-teilig / two parts
je 58 × 88 × 1,5 cm / each

112

Raum als Prozess /
Space as a process
2001
MDF-Platte, Dispersion /
MDF-board, emulsion paint
3-teilig / three parts
je 60 × 60 × 20 cm / each

113

O.T. / Untitled
1997
Sperrholz / plywood
60 × 60 × 60 cm

114

r.ä.u.m.e. / s.p.a.c.e.s.
1998 / 1999 / 2000
Beton / concrete
11 × 11 × 11 cm

115

Mappe Transparenz / Portfolio transparency
1996
Karton, Farbpapier / cardboard, coloured paper
Mappe / portfolio: 41 × 31 × 3,5 cm,
14-teilig / 14 parts
je 40 × 30 cm / each

116

Kopien der Konstruktionszeichnung zu Zwischenraum-Projekt Nischni Nowgorod / Reproductions of construction drawing from Space-between Project Nizhny Novgorod
1997

117

Zwischenraum-Projekt Nischni Nowgorod / Space-between Project Nizhny Novgorod
1997
Beton, Dispersion / concrete, emulsion paint
2-teilig / two parts
je 60 × 60 × 60 cm / each

118

O.T. / Untitled
1997
Beton, Dispersion / concrete, emulsion paint
2-teilig / two parts
je 19 × 19 × 19 cm / each

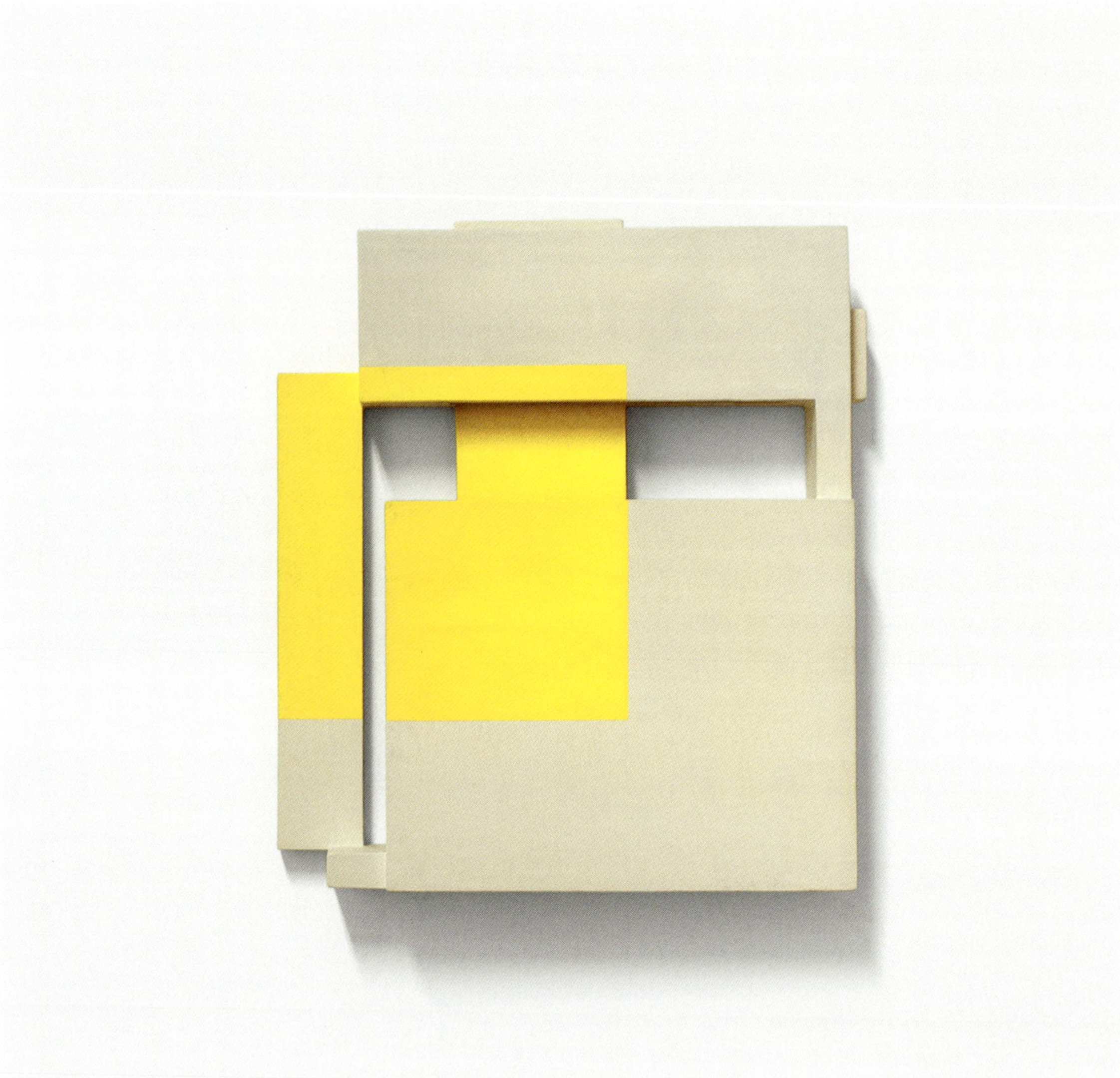

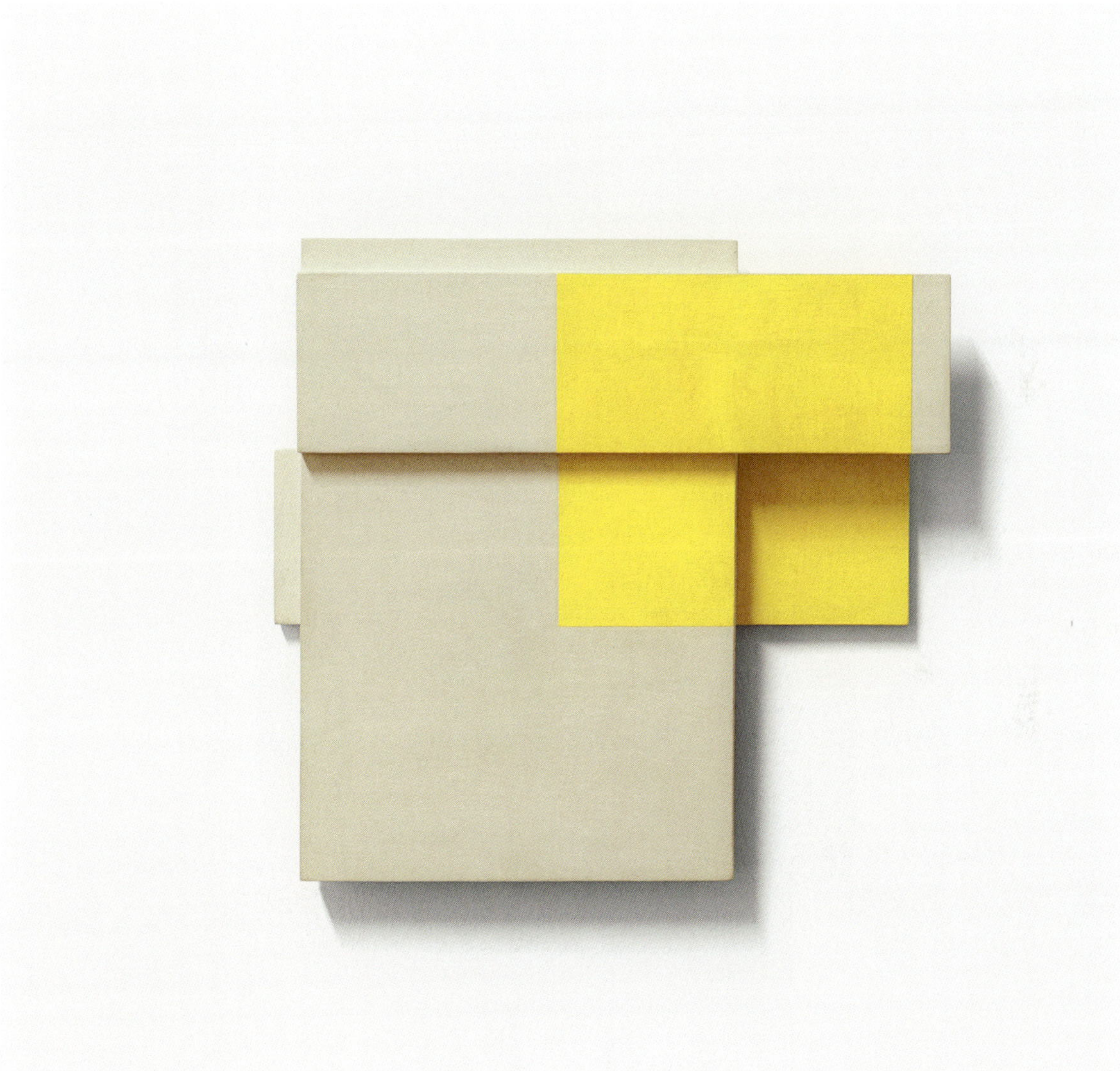

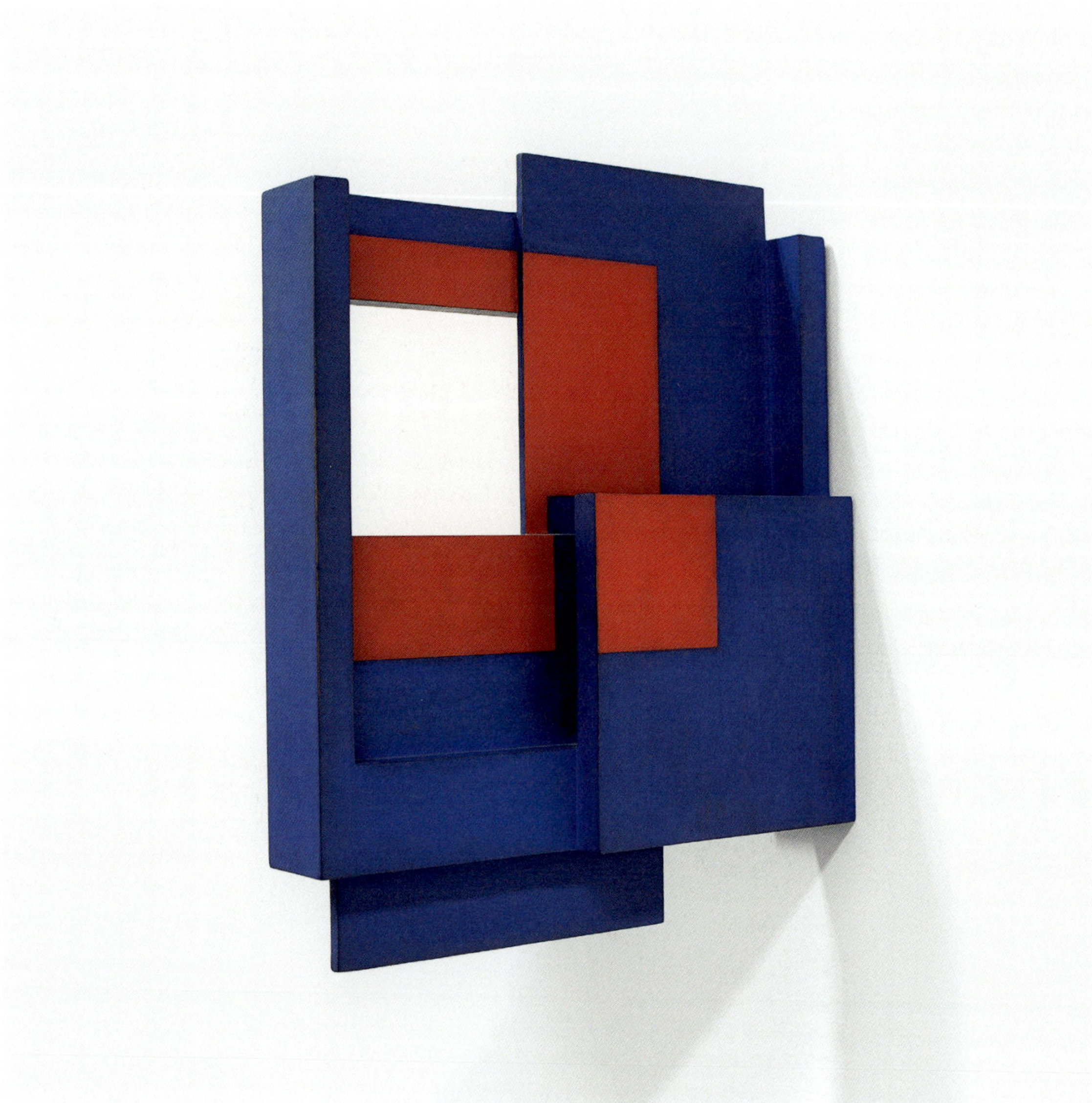

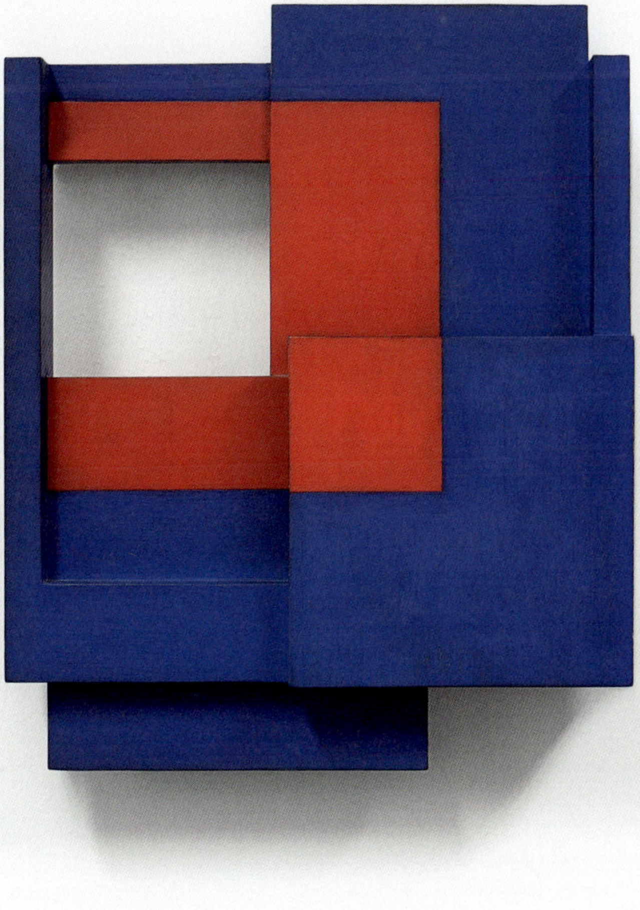

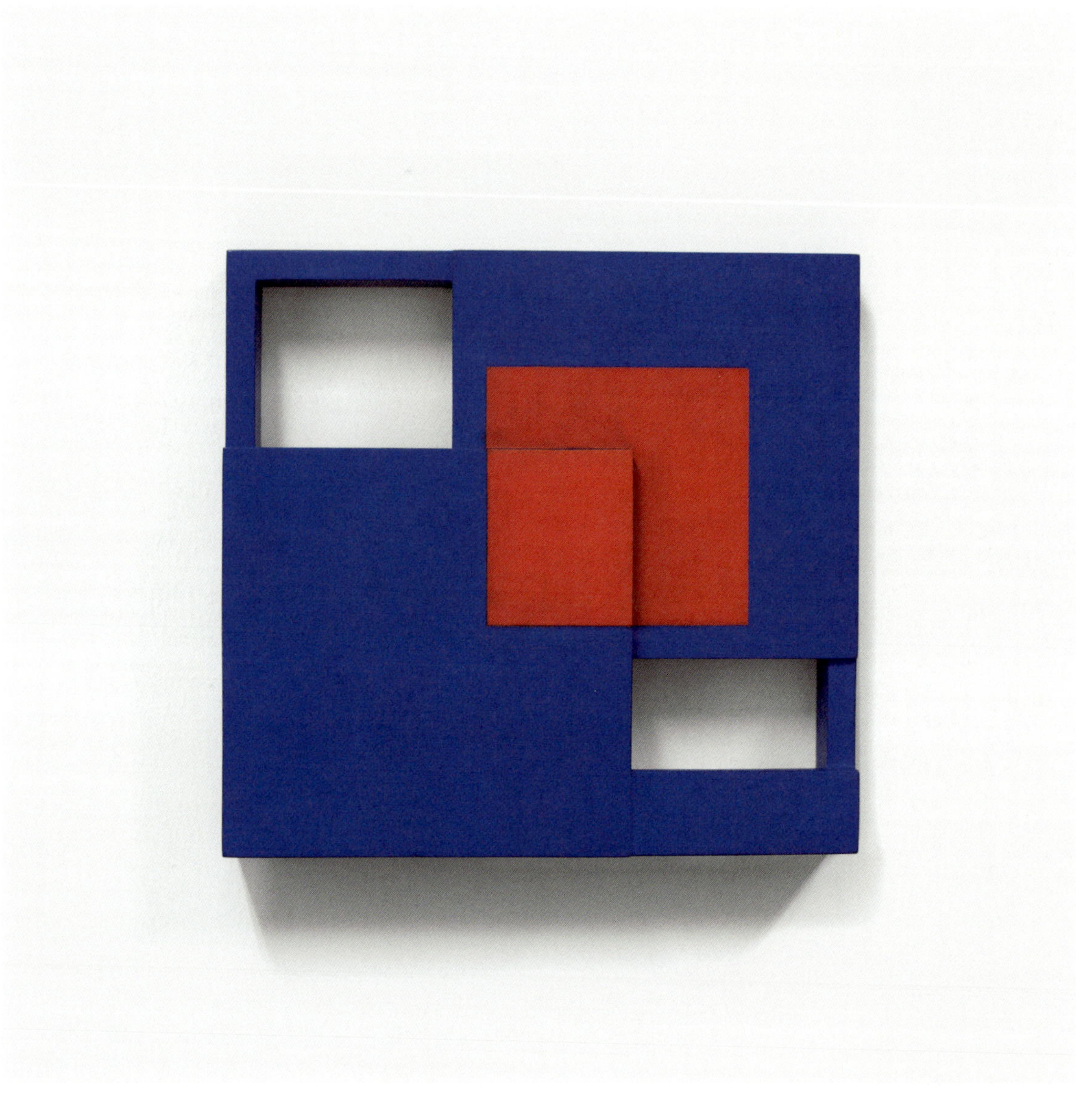

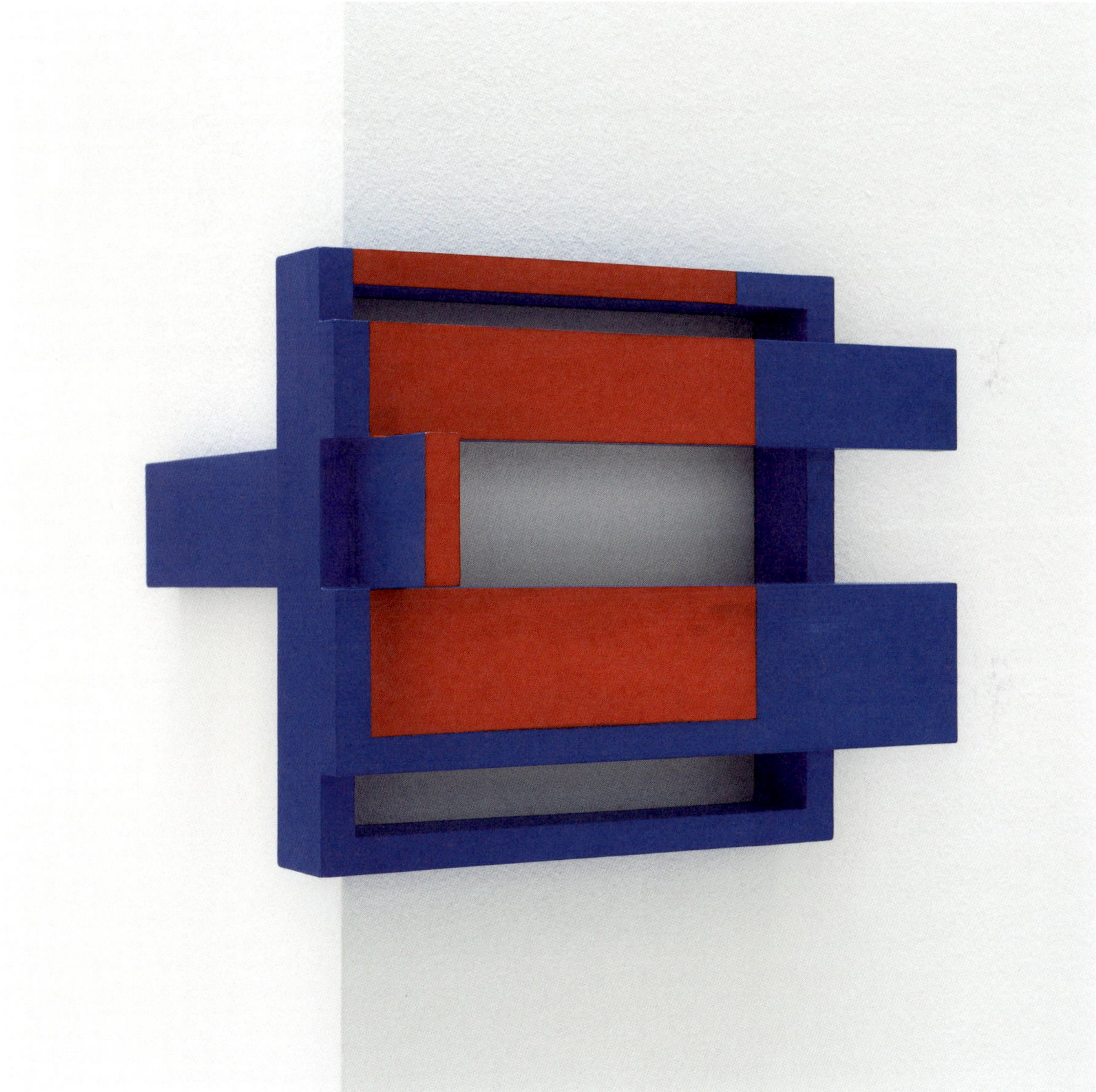

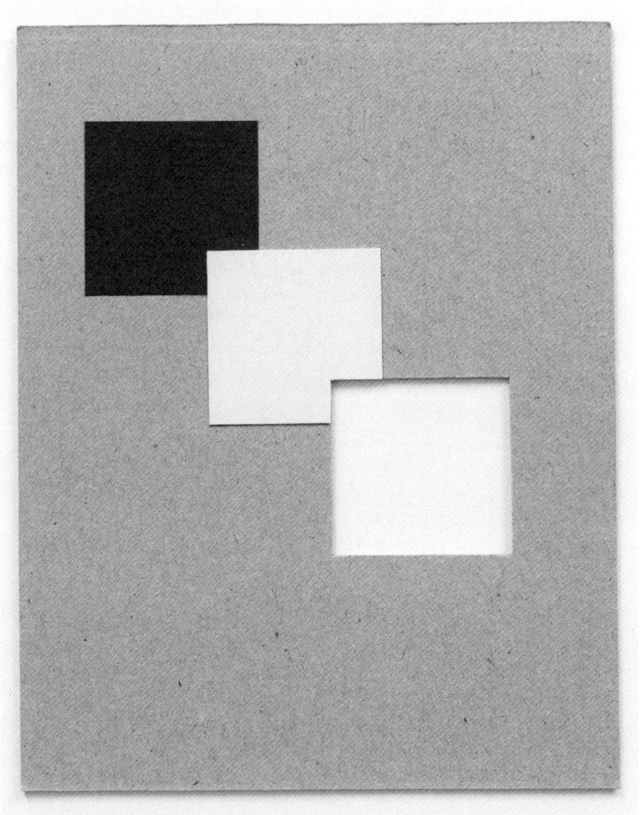

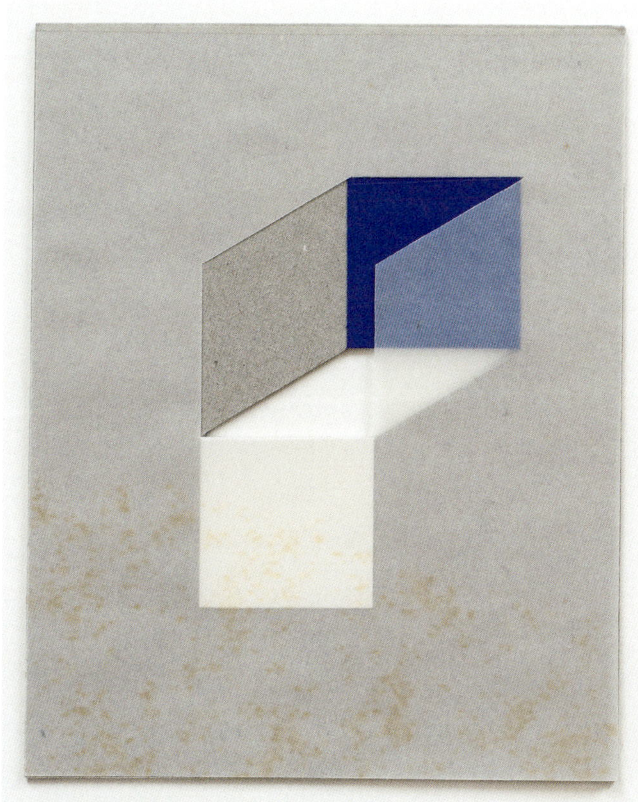

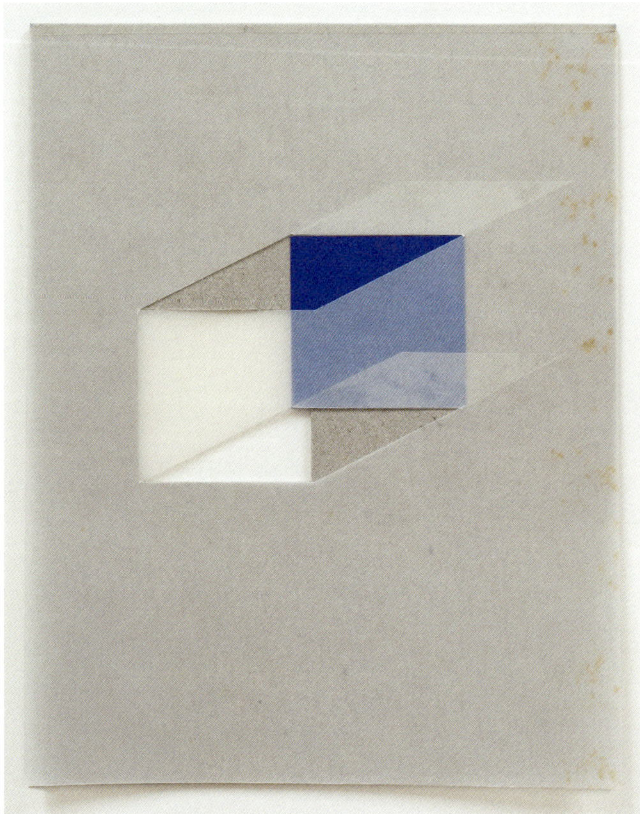

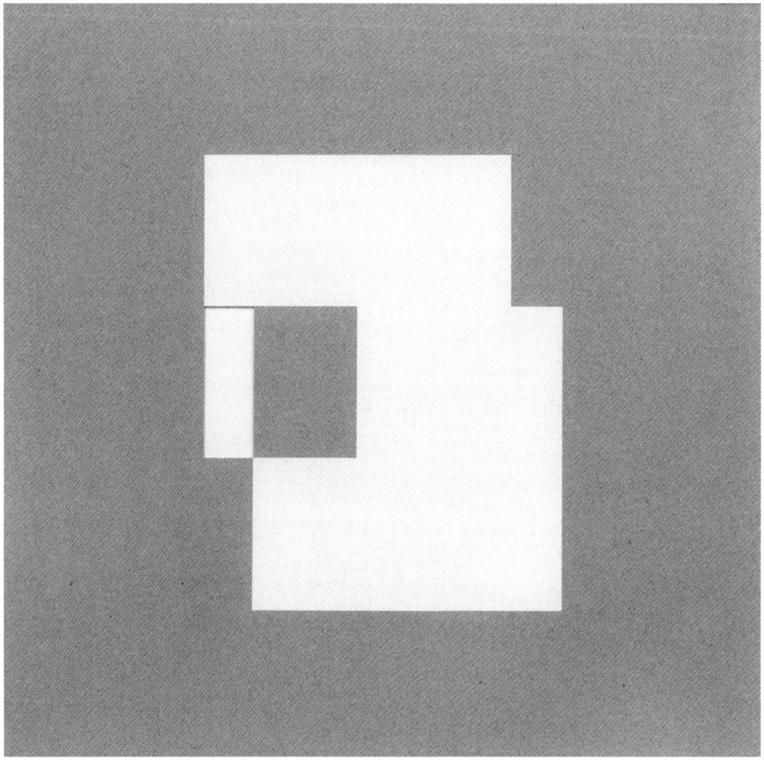

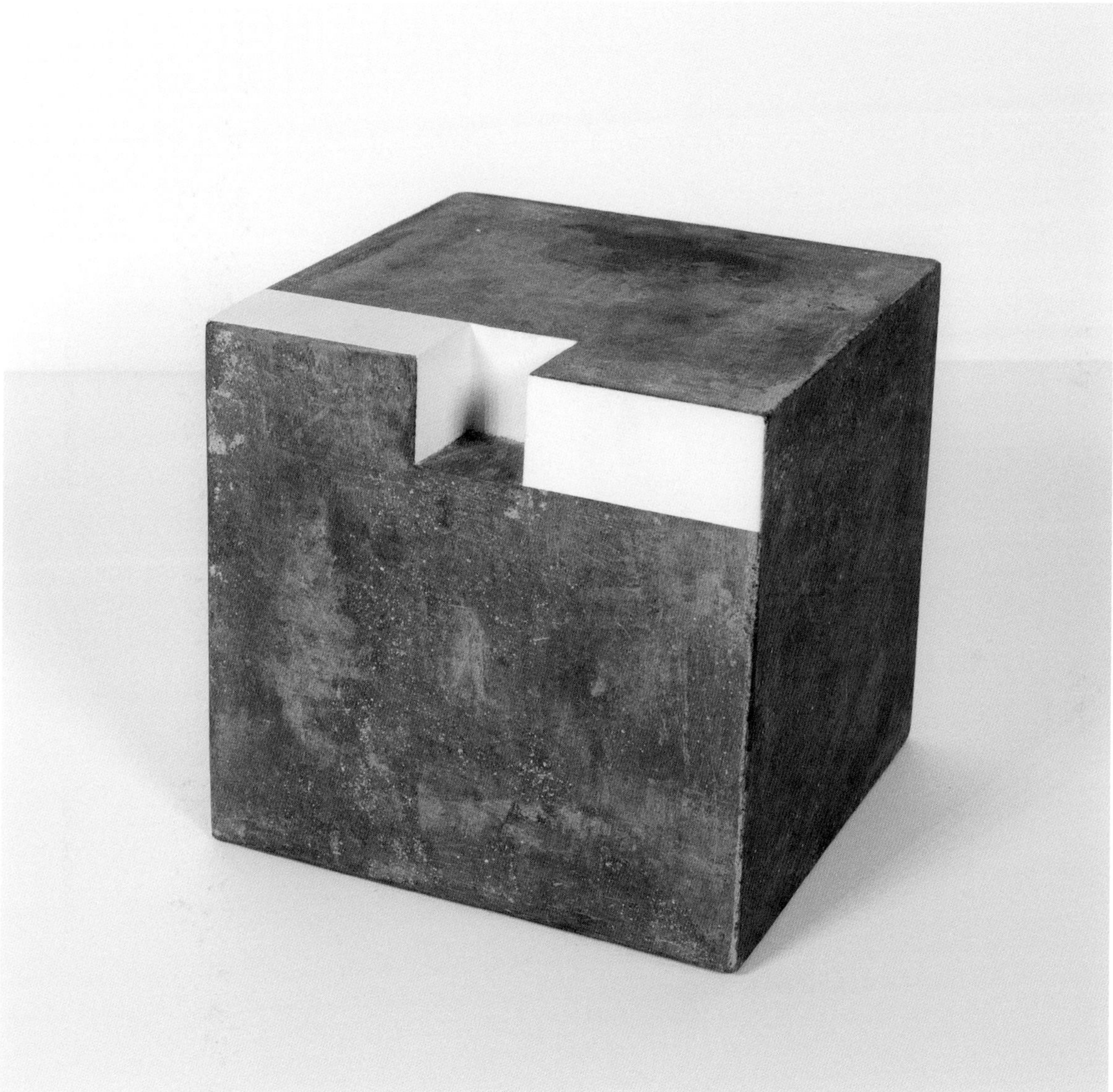

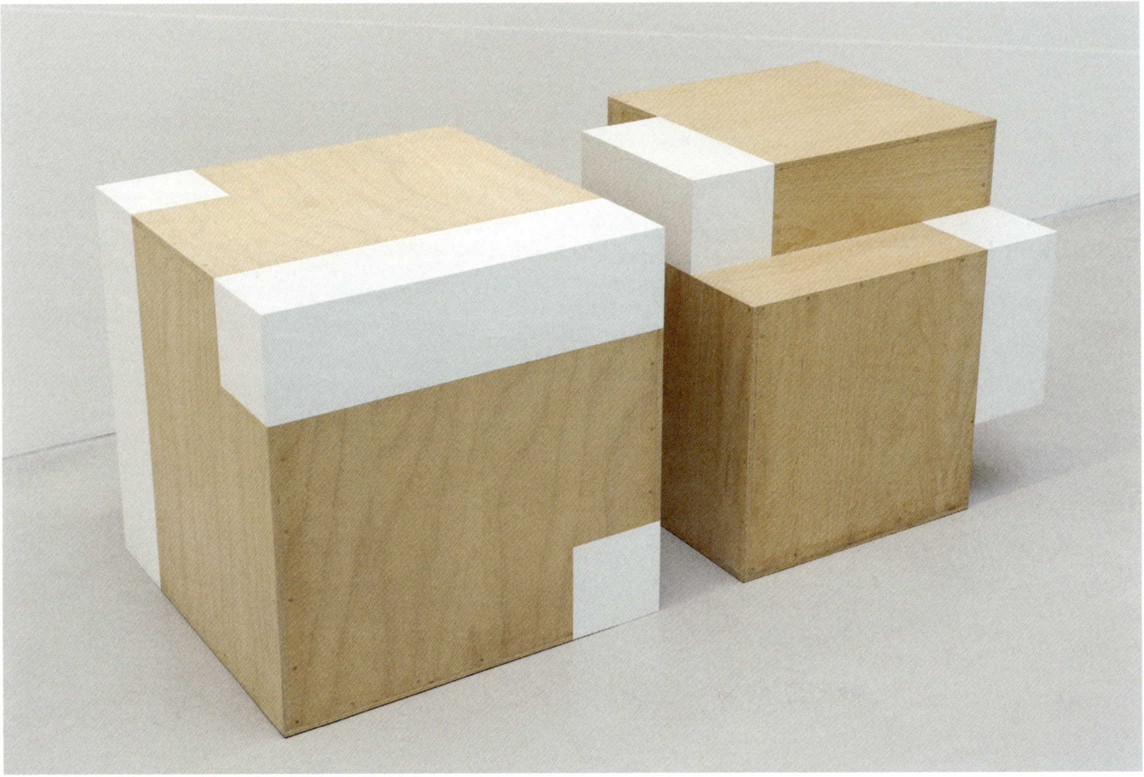

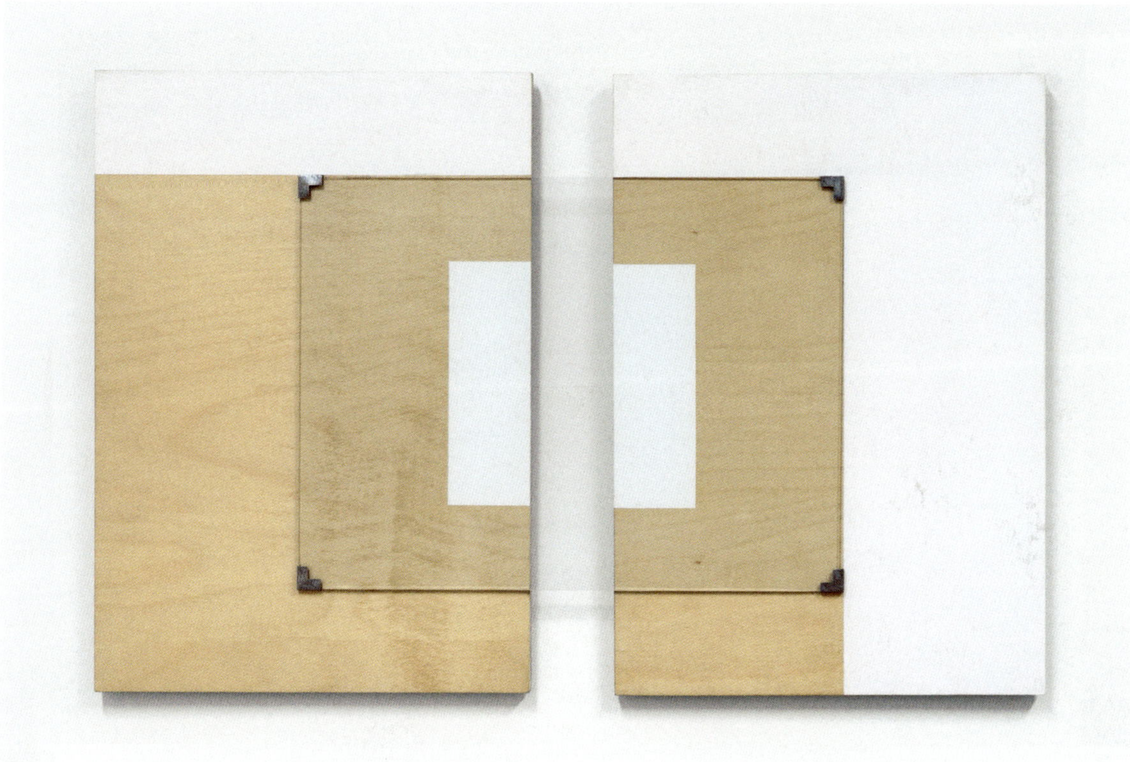

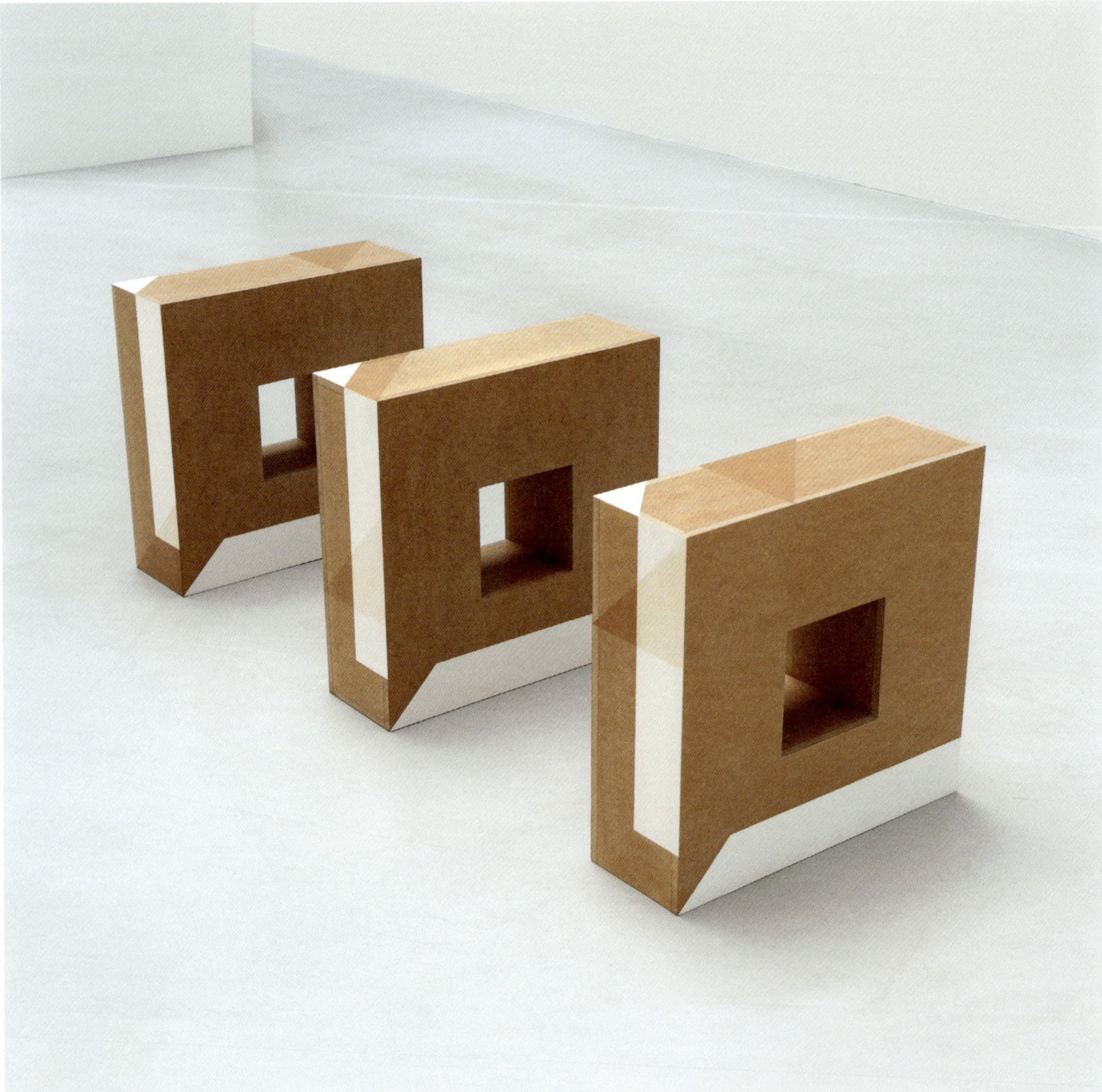

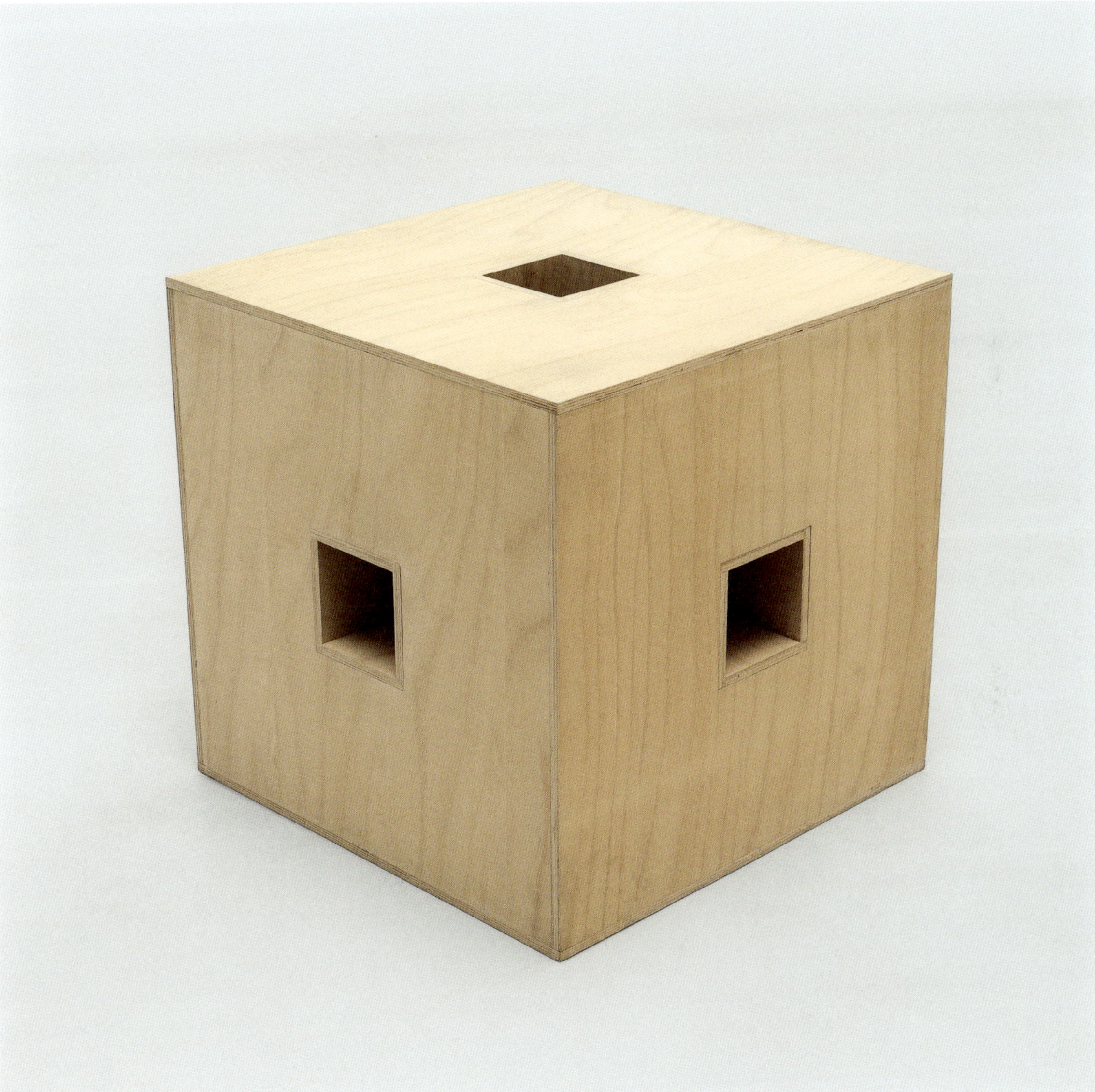

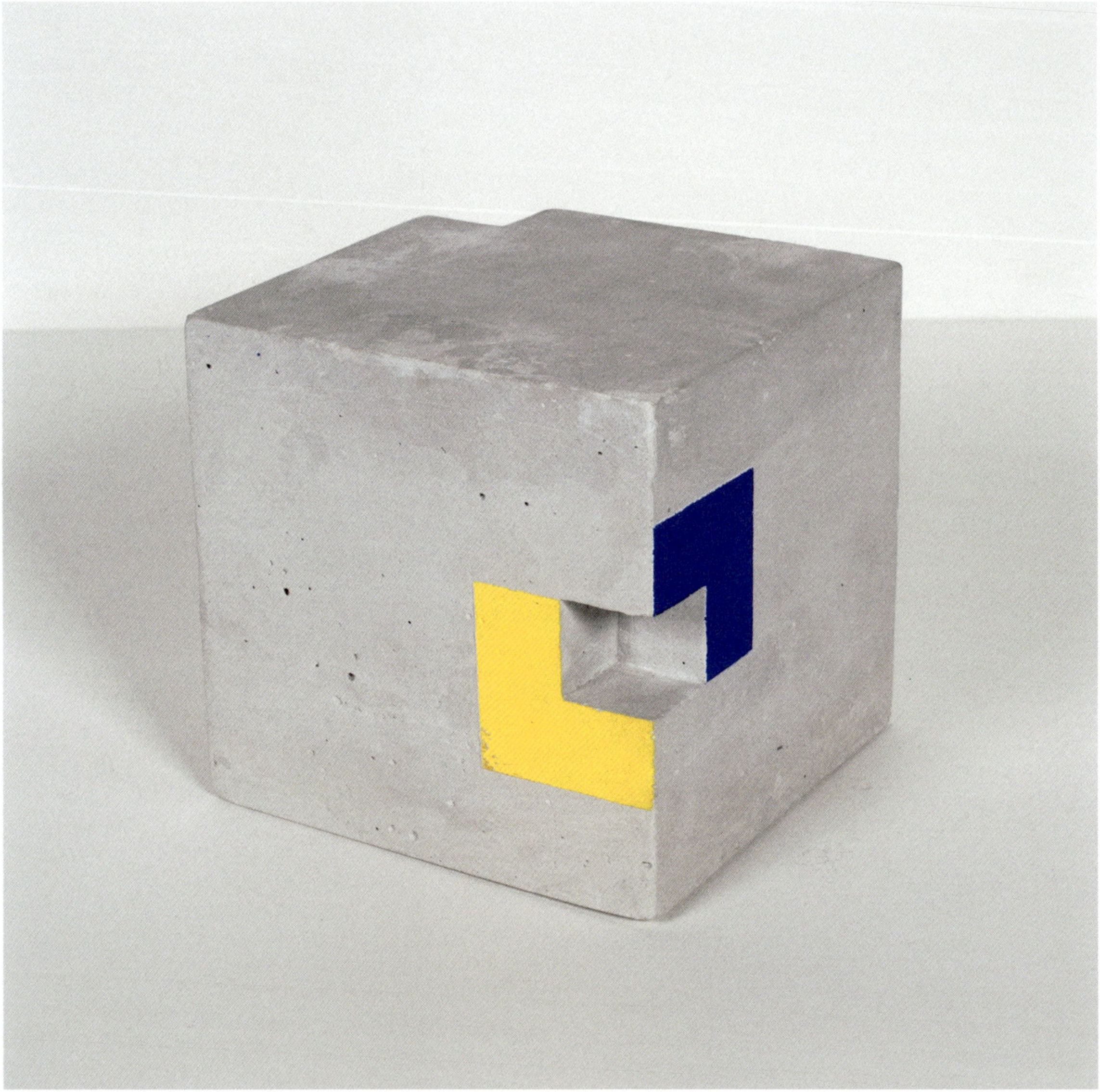

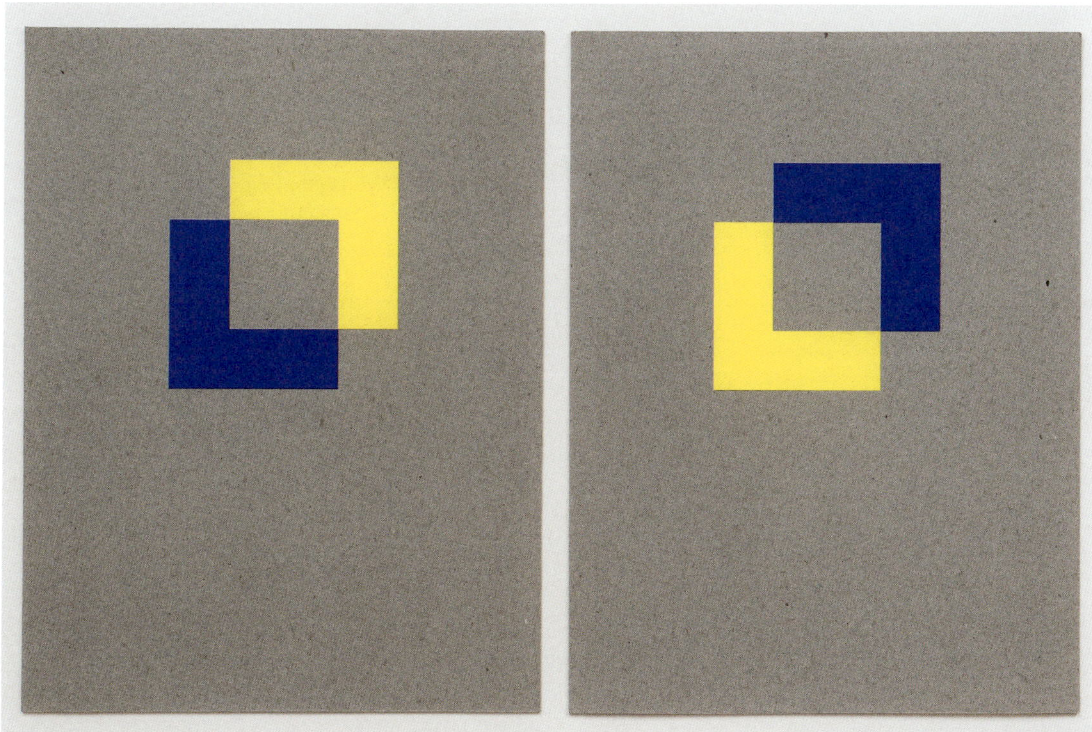

ROSWITHA ENNEMOSER
PROJEKT FÜR DAS FESTIVAL DER AVANTGARDE III IN NISCHNIJ NOWGOROD,
RUSSLAND, JUNI 1997

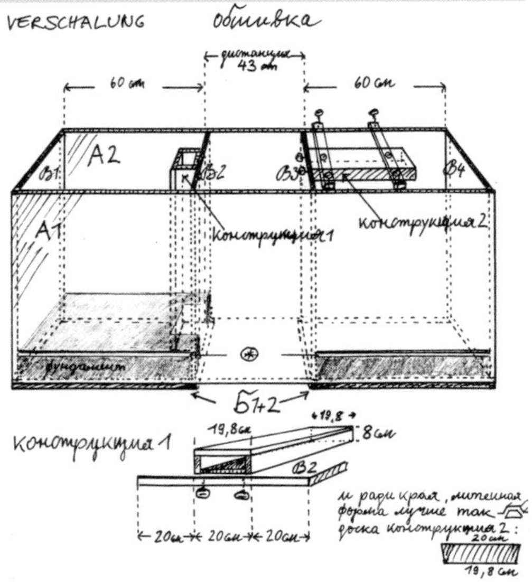

ROSWITHA ENNEMOSER
PROJEKT FÜR DAS FESTIVAL DER AVANTGARDE III IN NISCHNIJ NOWGOROD,
RUSSLAND, JUNI 1997

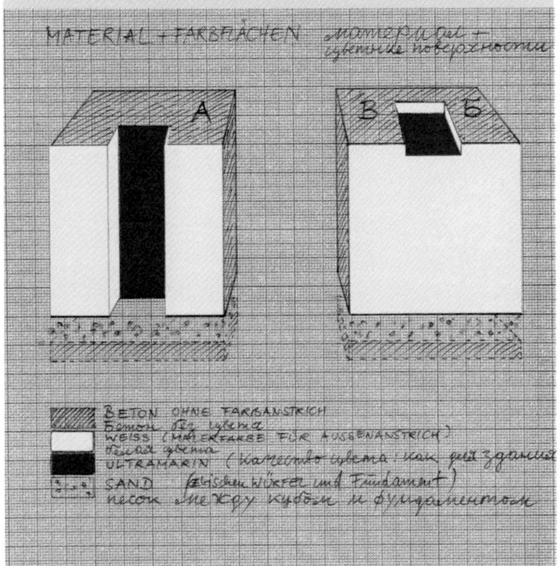

"Projekt Nischnij Nowgorod", 1997, Beton, Farbe für Fassadenanstrich, 2 Teile mit jeweils 60 x 60 x 60 cm.

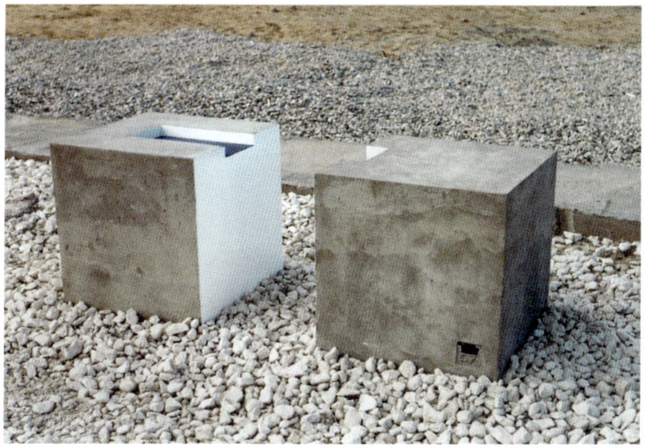

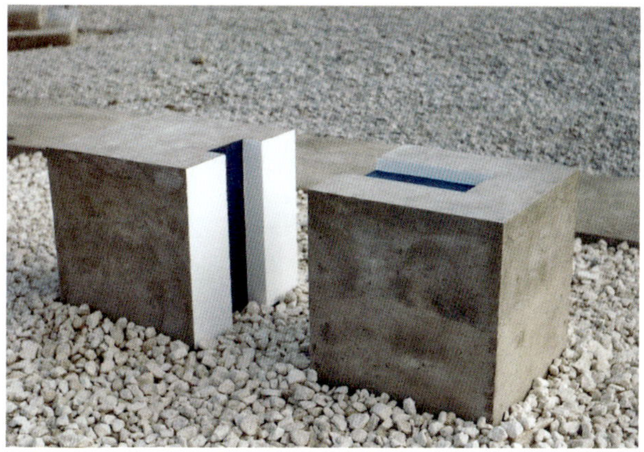

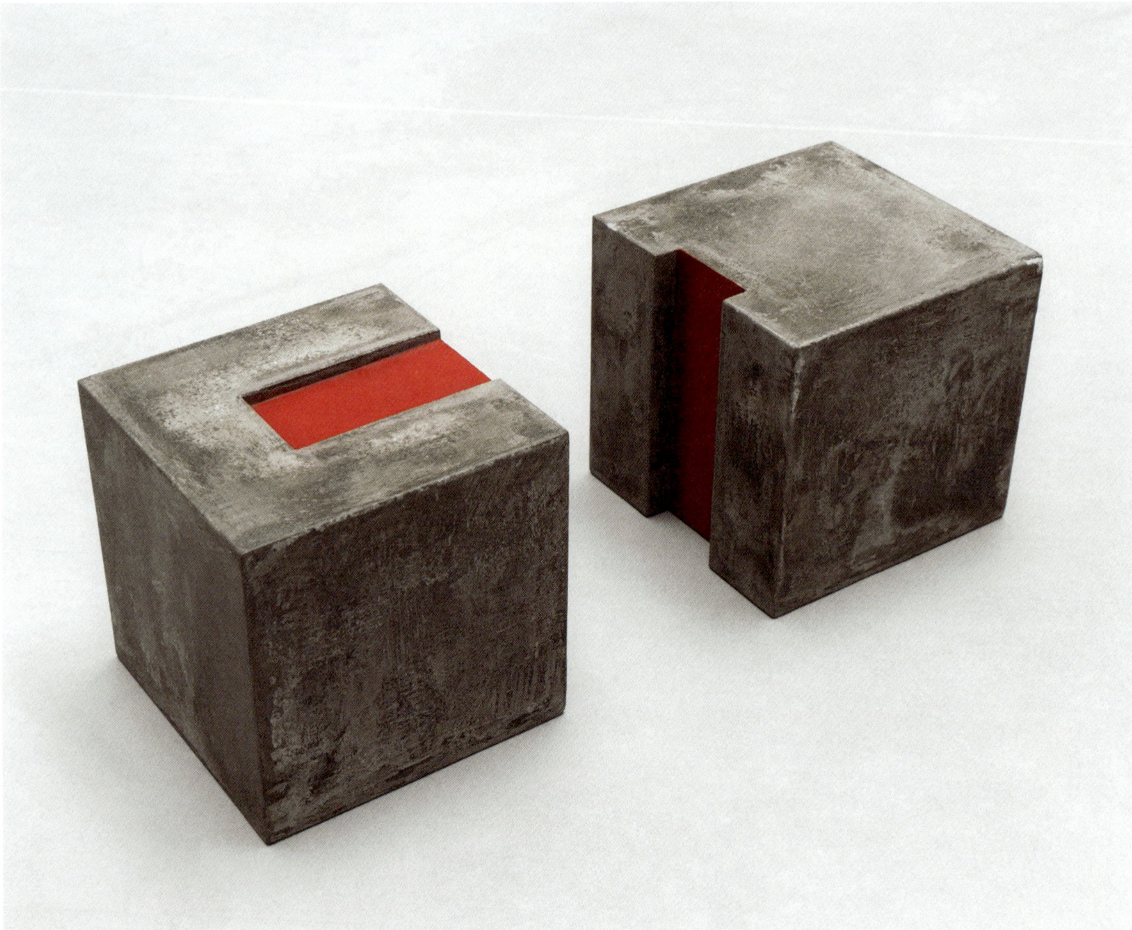

Innen Außen Raum   Inside Outside Space

Werke / Works

SEITE / PAGE

123

O.T. / Untitled
1996
Sperrholz, Ölgrundierung /
plywood, oil primer
35 × 13 × 35 cm

125

zehn / ten
2002
MDF-Platte, Folie, Computerprint,
Plexiglas / MDF-board, foil,
computer print, plexiglass
10-teilig / ten parts
je 20 × 20 × 20 cm / each

126

LÄNGE.BREITE.TIEFE. /
LENGTH.WIDTH.DEPTH.
1997
Sperrholz / plywood
3-teilig / three parts
je 25 × 11 × 25 cm / each

127

O.T. / Untitled
1996
Sperrholz / plywood
16 × 35 × 16 cm, 39 × 16 × 16 cm

128

O.T. / Untitled
1996
Leinwand, Ölgrundierung, Sperrholz /
canvas, oil primer, plywood
3-teilig / three parts
70 × 160 cm, 70 × 40 cm,
159 × 14 × 36 cm

129

O.T. / Untitled
1996
Leinwand, Sperrholz /
canvas, plywood
5-teilig / five parts
160 × 125 cm, 16 × 70 × 16 cm, 3 Teile je /
three parts 38 × 12 × 38 cm / each

130 / 131 (Detail)

O.T. / Untitled
1996
Glas, Aluminium, Spanplatte /
glass, aluminium, press board
50 × 39 × 6 cm

132

O.T. / Untitled
1996
Glas, Aluminium, Spanplatte /
glass, aluminium, press board
50 × 39 × 6 cm

133

O.T. / Untitled
1996
Glas, Aluminium, Spanplatte /
glass, aluminium, press board
50 × 39 × 6 cm

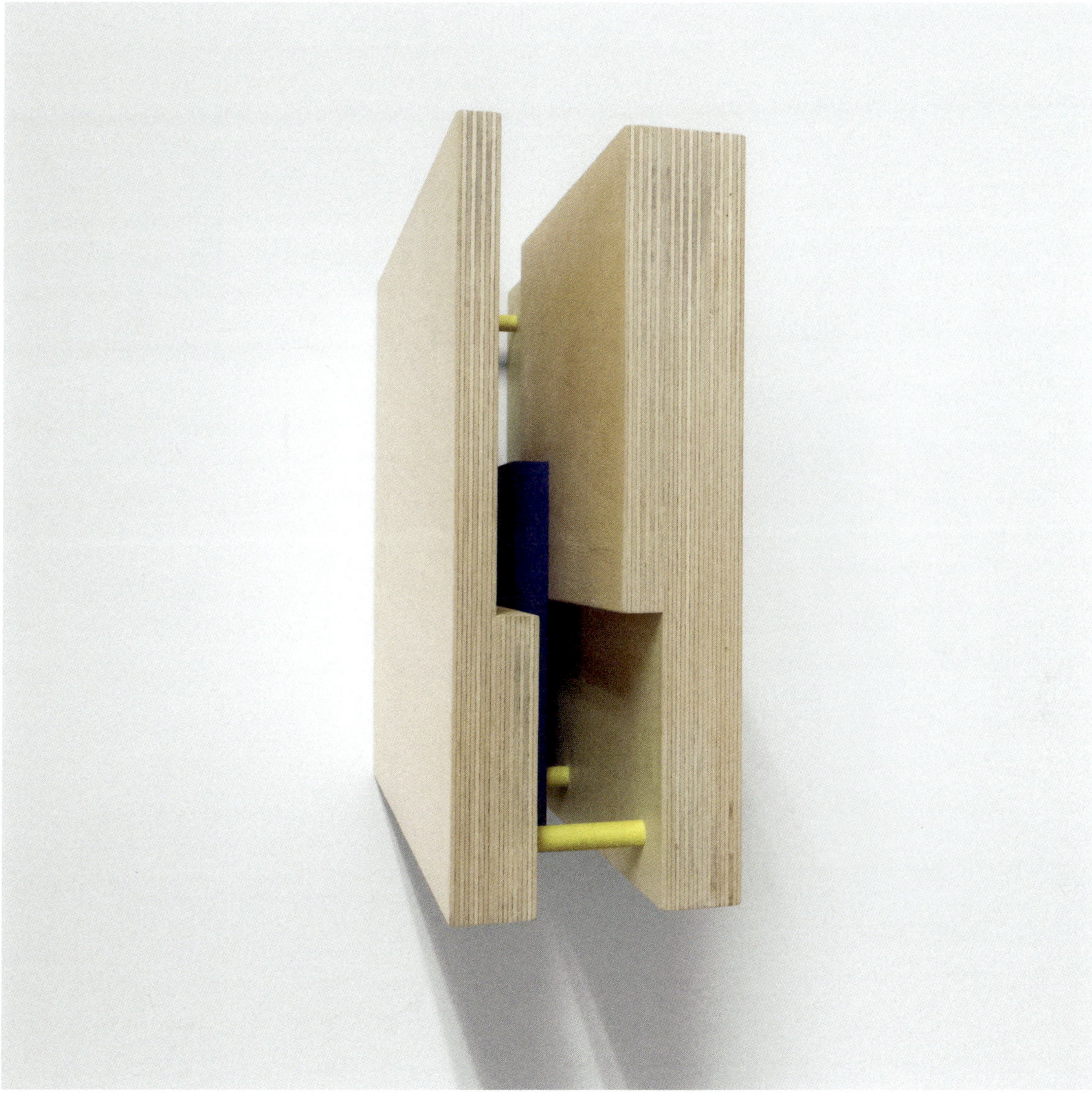

„zehn" ist hier eine Sequenz von räumlichen Zuständen zwischen Öffnung und Geschlossenheit, Helligkeit und Dunkelheit. Beim geöffneten Kubus wird die Bodenfläche WEISS zum Inhalt der Wahrnehmung. Diese ändert sich schrittweise mit jedem Kubus, in Richtung Dunkelheit, Geschlossenheit. Mit kleiner werdender Raumöffnung nimmt die Menge des einfallenden Lichts ab. Zudem nimmt aber auch die Helligkeit der Bodenfläche ab. Indem Helligkeit/Dunkelheit der Bodenflächen mit Öffnung/Geschlossenheit der Kuben in gleiche Richtung laufen – so als ließe sich damit der Sinneseindruck zunehmende Dunkelheit bzw. zunehmende Helligkeit verdoppeln –, wird die Wechselwirkung zum Eigentlichen. Der geschlossene Kubus beinhaltet SCHWARZ nur noch gedanklich.

"ten" is a sequence of spatial conditions moving between open and closed cubes, lightness and darkness. When we look at an open cube, we perceive the WHITE base. This changes gradually, as darkness increases and cubes become more closed. As the opening gets smaller, the amount of light entering diminishes. At the same time, the base becomes less light. Thus, lightness/darkness of the base and openness/closedness of the cubes change in the same direction. It is as if we perceive increasing darkness (or lightness) twice – the interplay of these two effects is the essence of this piece. The space inside the closed cube is only BLACK in in theory.

Roswitha Ennemoser

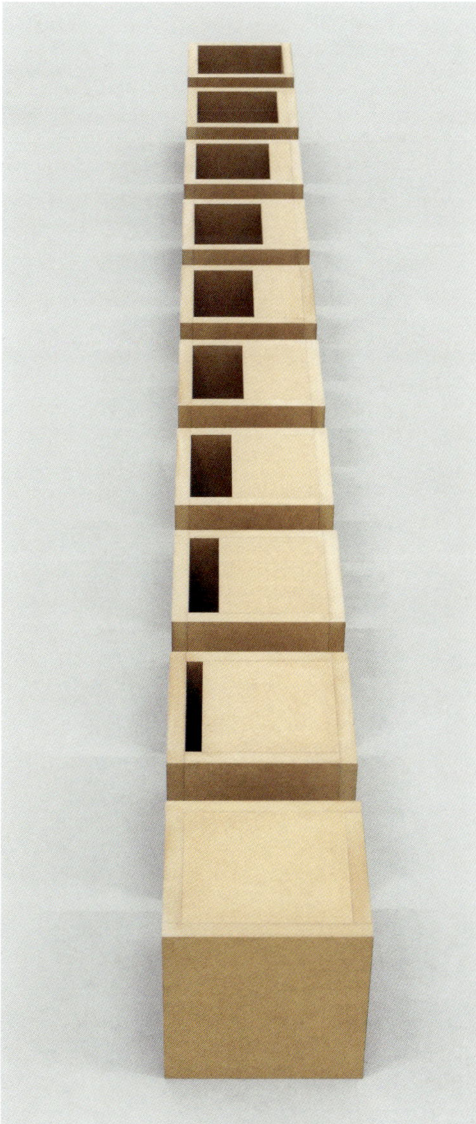

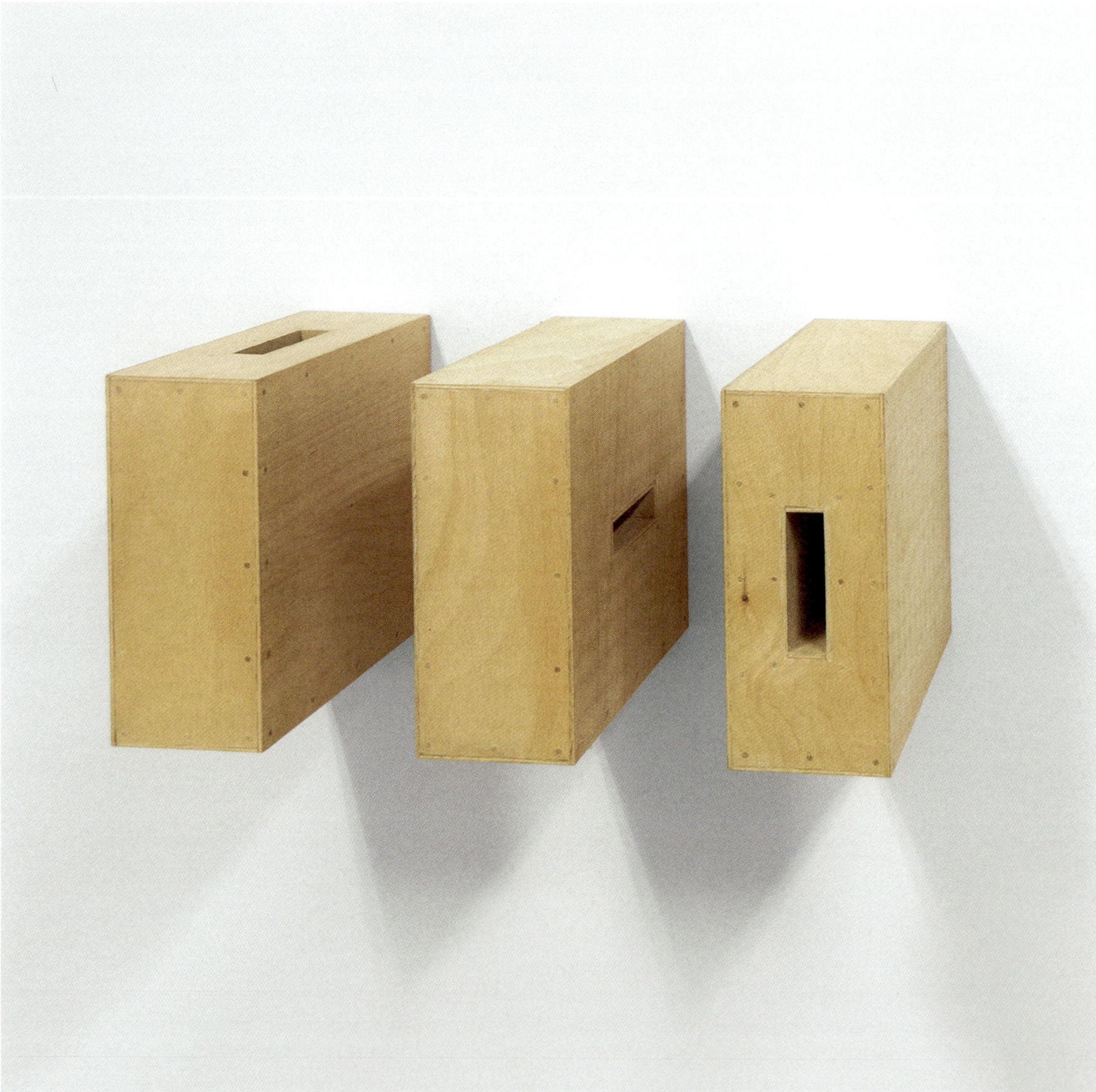

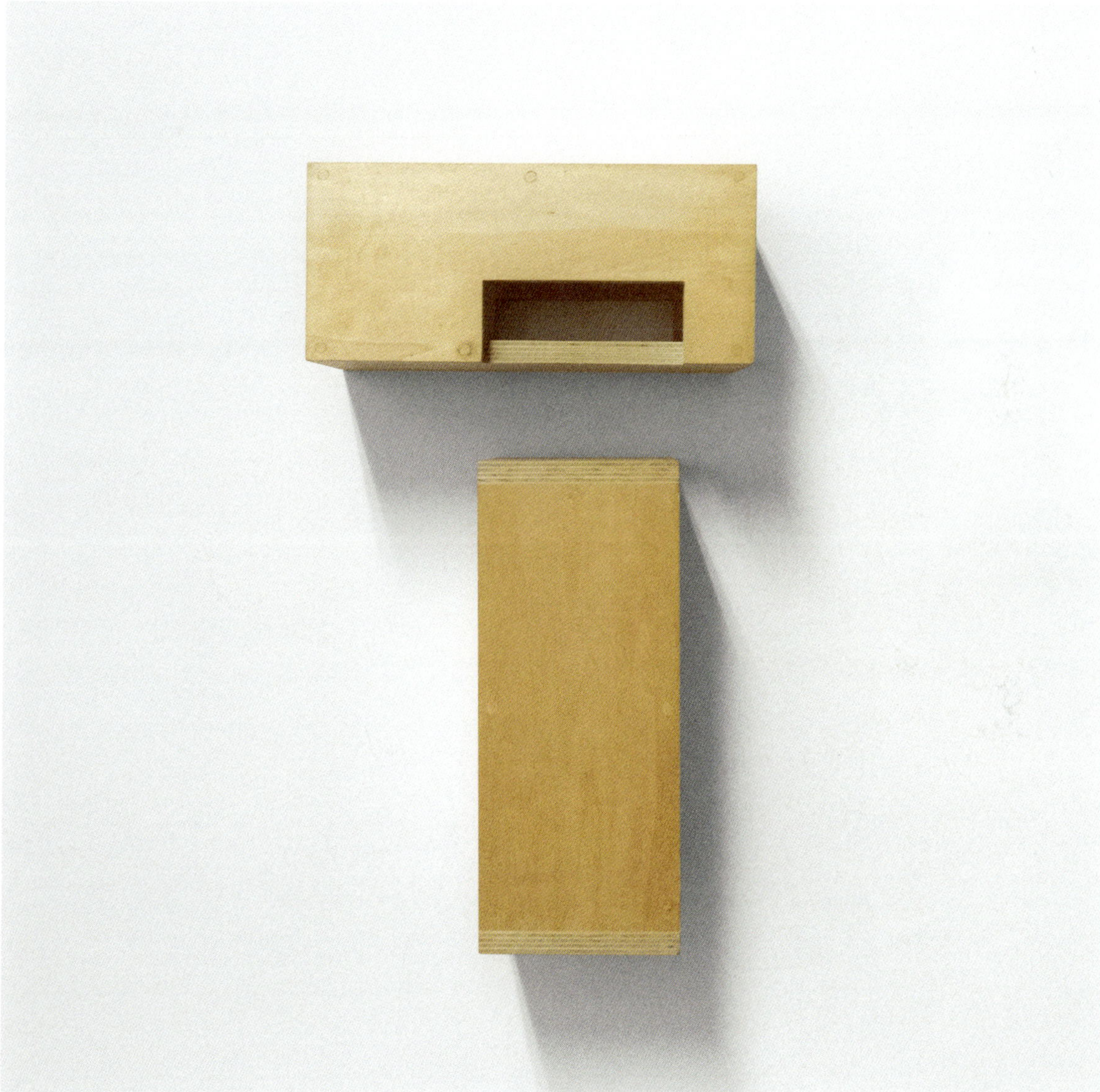

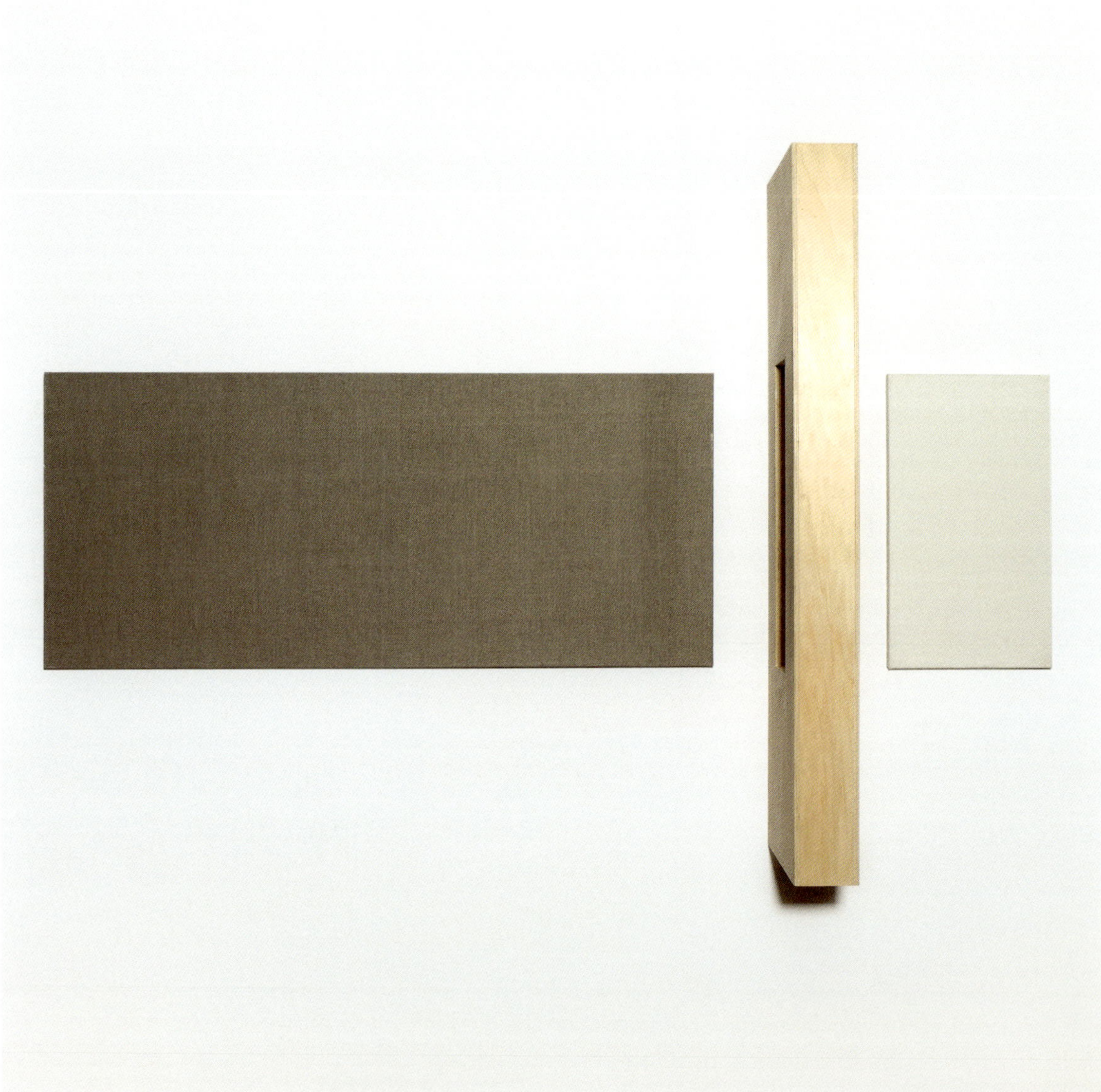

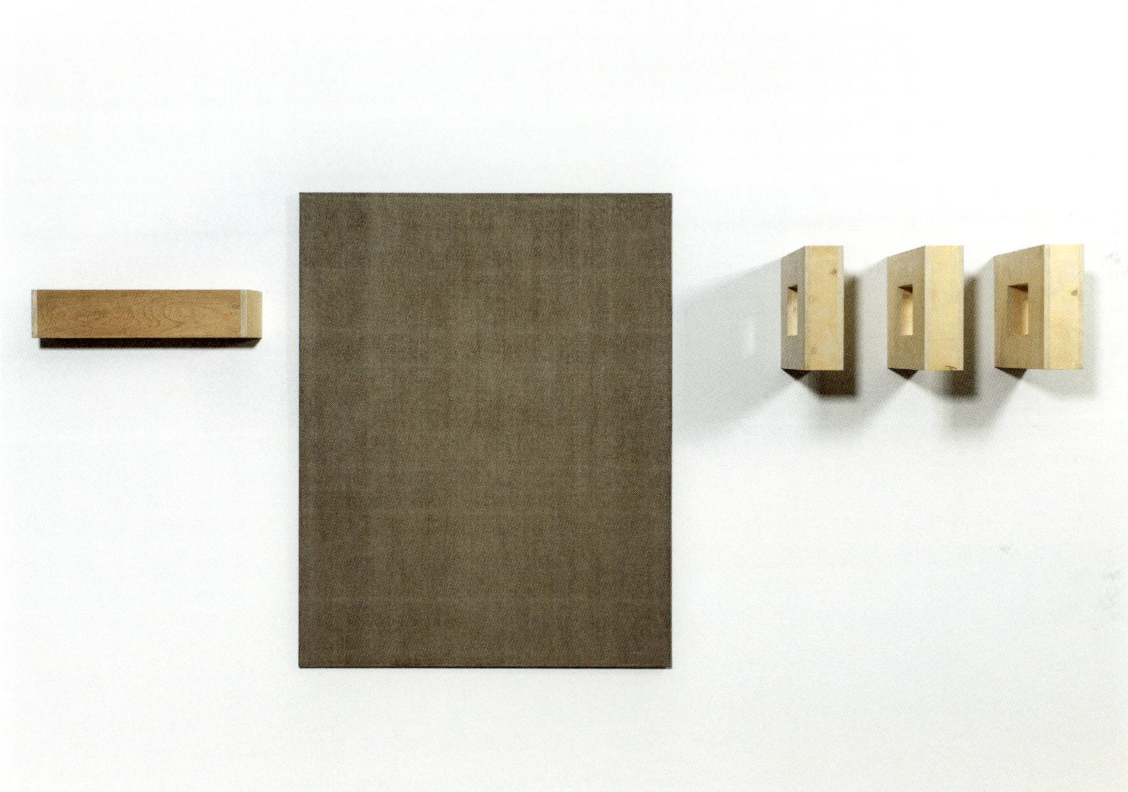

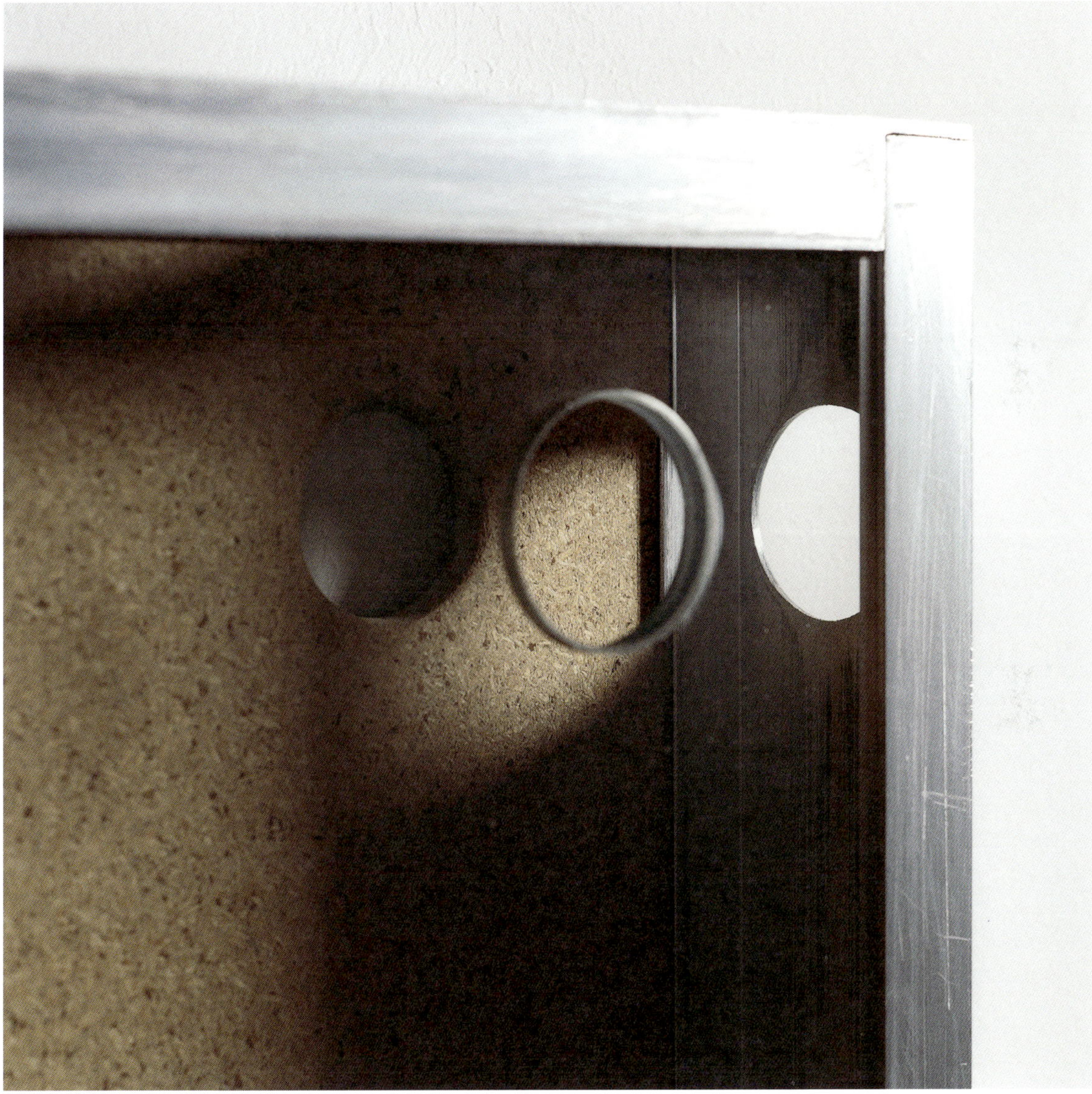

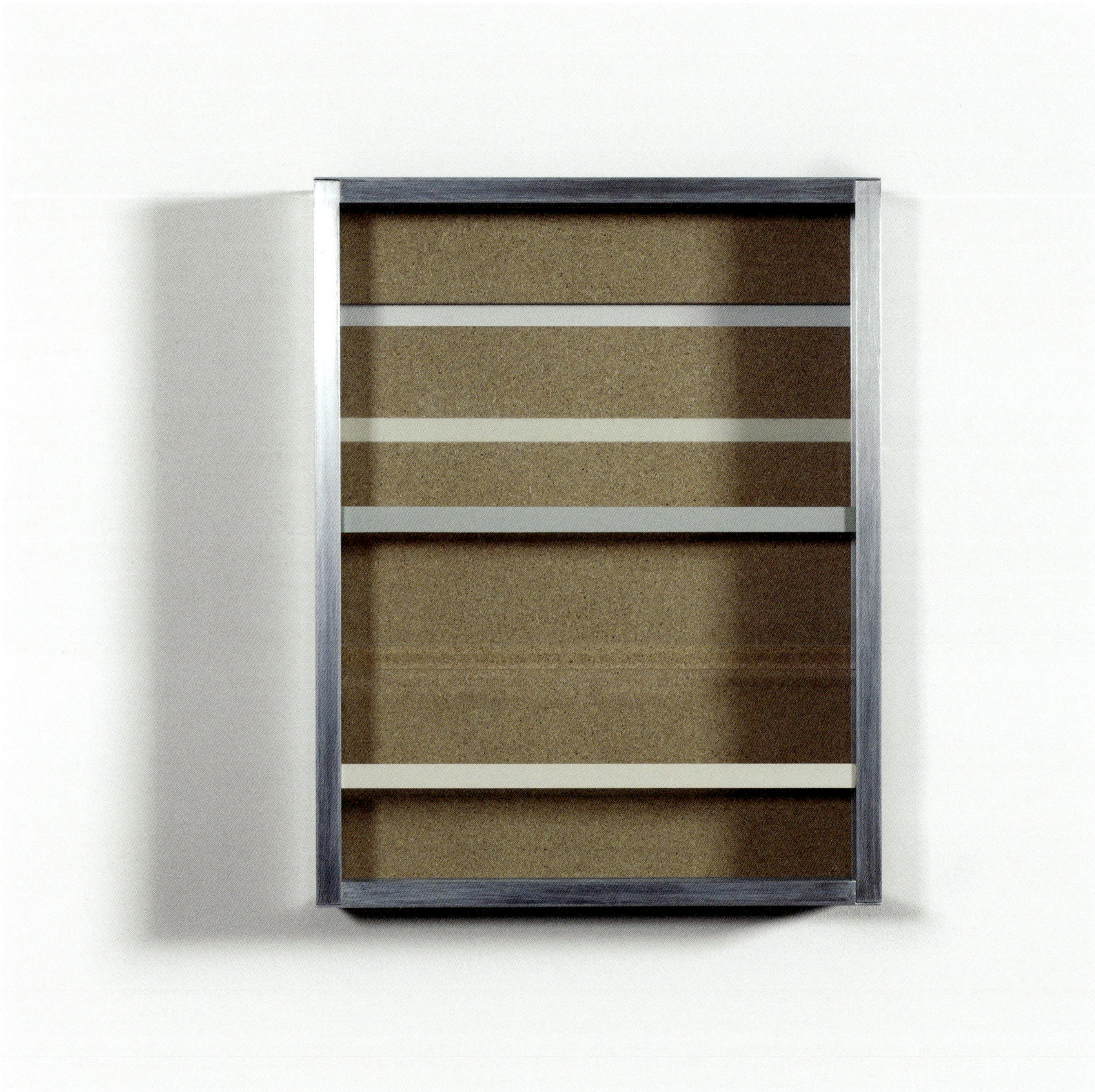

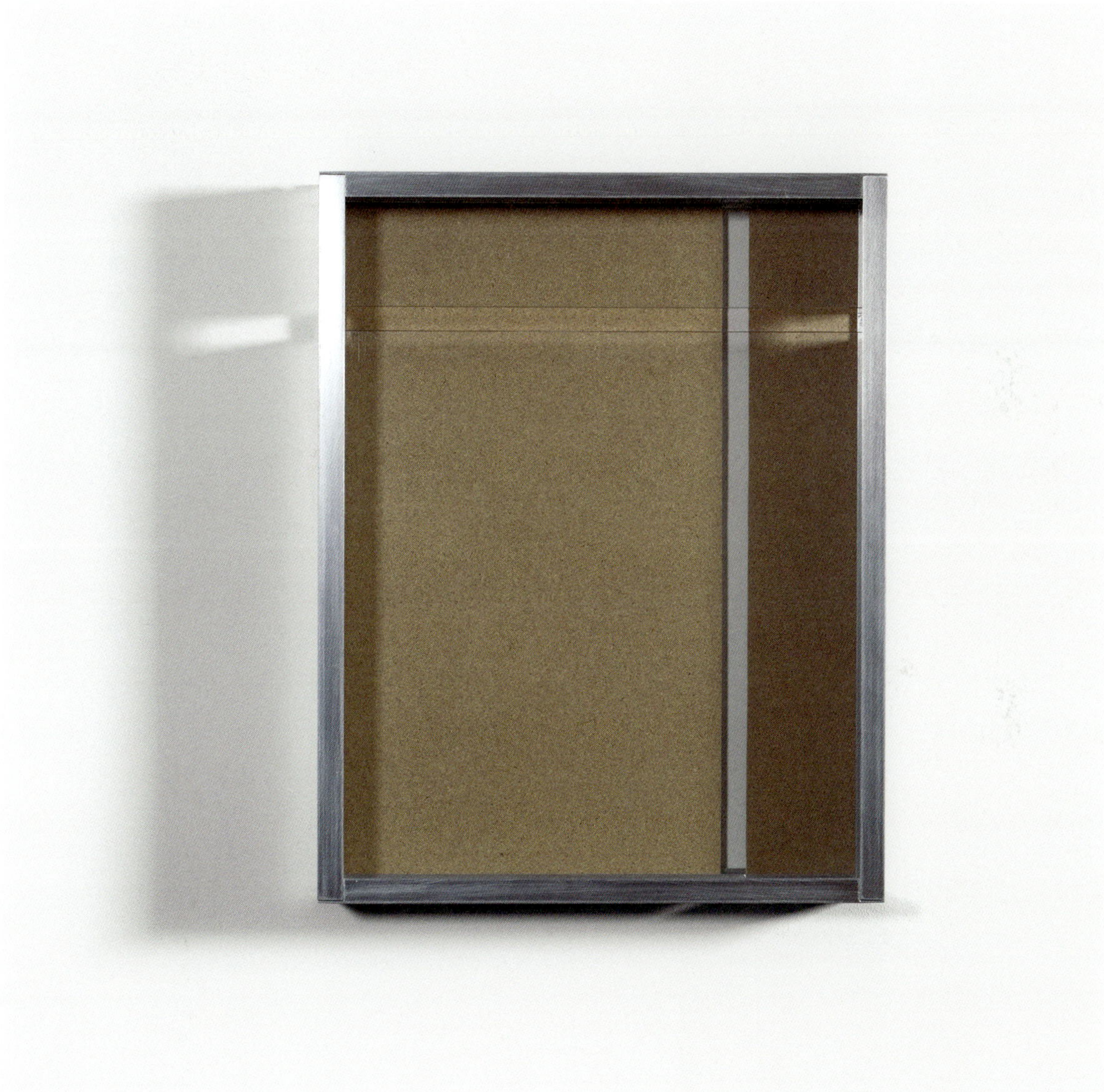

De/konstruktion

De/construction

Werke / Works

SEITE / PAGE

137

schwarz-weiß-räume / black-white-spaces
2000
Karton (verleimt), Folie, Plexiglas /
bonded cardboard, foil, plexiglass
6-teilig / six parts
je 15 × 15 × 4 cm / each

139

O.T. / Untitled
2003
Platte, Dispersion / board, emulsion paint
5-teilig / five parts
je 20 × 20 × 20 cm / each

141–147

O.T. (zu PLAN) / Untitled (for Plan)
2004
28-teilig / 28 parts
Computerprints auf Papier und Folie,
MDF-Platte, Plexiglas / computer prints on
paper and foil, MDF-board, plexiglass
24 Teile / 24 parts
je 16 × 16 × 2 cm / each
Eitempera, MDF-Platte /
egg tempera, MDF-board
vier Teile / four parts
je 20 × 20 × 20 cm / each

149

O.T. (=L) / Untitled (=L)
2005
Karton vielschichtig verleimt /
bonded cardboard with multiple layers
8 Teile auf 2 Lagen montiert /
eight parts mounted in two layers
je 50 × 50 × 1,3 cm / each

150

O.T. (=A) / Untitled (=A)
1999
Karton vielschichtig verleimt /
bonded cardboard with multiple layers
19 Teile auf 3 Lagen montiert /
19 parts mounted in three layers
je 28 × 83 × 1,2 cm / each

151

O.T. (=B) / Untitled (=B)
1999
Karton vielschichtig verleimt /
bonded cardboard with multiple layers
20 Teile auf 3 Lagen montiert /
20 parts mounted in three layers
je 28 × 82 × 1,2 cm / each

152 / 153 (Detail)

O.T. (=G,H,I,J) / Untitled (=G,H,I,J)
2001
Karton vielschichtig verleimt /
bonded cardboard with multiple layers
63 Teile auf 12 Lagen montiert /
63 parts mounted in twelve layers
166 × 166 × 1,5 cm

154 / 155

Plan 2, Plan 3, Plan 4, Plan 5
2003
Computerprints auf Papier montiert /
computer prints mounted on paper
4-teilig / four parts
je 127 × 116 cm / each

156

O.T. / Untitled
2002
Karton vielschichtig verleimt /
bonded cardboard with multiple layers
2-teilig / two parts
je 36 × 36 × 6 cm / each

157

O.T. / Untitled
2007
Dispersion auf Holz /
emulsion paint on wood
58 × 44 × 15 cm, 28 × 44 × 15 cm

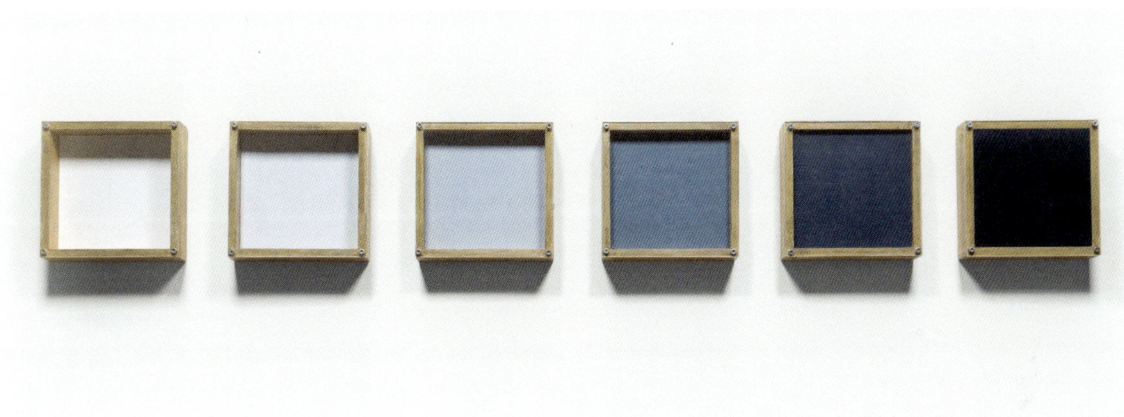

Der INNENRAUM mit seinen unterschiedlichen Tiefen wird hier durch GRAU / WEISS mitstrukturiert. Die tief liegenden Flächen sind heller als die Vorsprünge. Durch diese Umkehrung der Erfahrungswerte (der Lichteinfall ist in der Tiefe geringer) werden die Unterschiede des Niveaus vermindert, aufgehoben oder auch in Gegenposition zur Raumlage gebracht. So wird das Objekt 4 primär in seiner horizontalen Lage wahrgenommen, obwohl der Innnenraum in der Senkrechten geteilt ist.

The INTERNAL SPACE varies in depth but is also structured through shading (GREY / WHITE). Deep surfaces are lighter than parts that jut out. This reversal contradicts our experience (less light reaching the back) and reduces or removes the differences in level. We may even see "the opposite" of what is actually there. For example, we tend to perceive object 4 as horizontal, even though the internal space is in fact divided vertically.

Schema GRAU / WEISS:
GREY / WHITE structure:

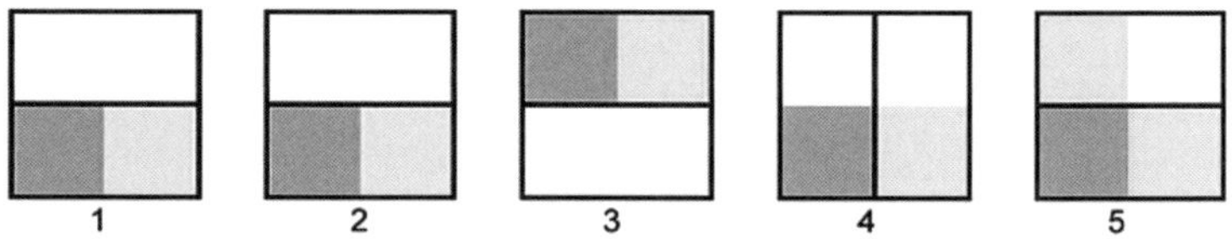

Betonung der horizontalen Achsen.
Horizontal axes emphasised.

Schema Innenraum:
Structure of the internal space:

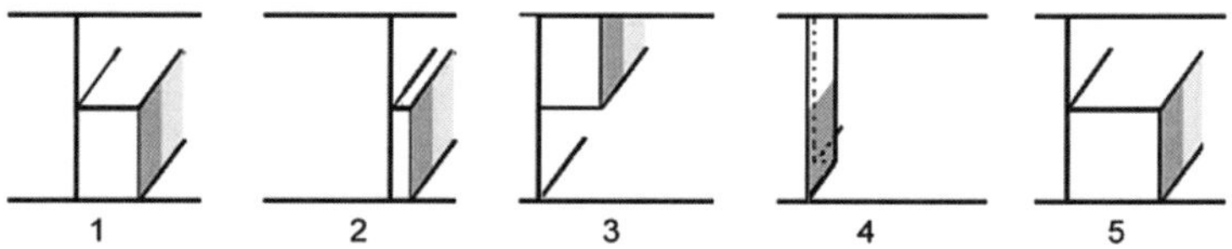

Unterschiedliches Niveau bei wechselnder Raumtiefe. Teil 4 hat die Raumteilung in 90-Grad-Drehung zu den anderen.
Various levels with changing depth. The inner structure of part 4 is at 90 degrees to the others.

Roswitha Ennemoser

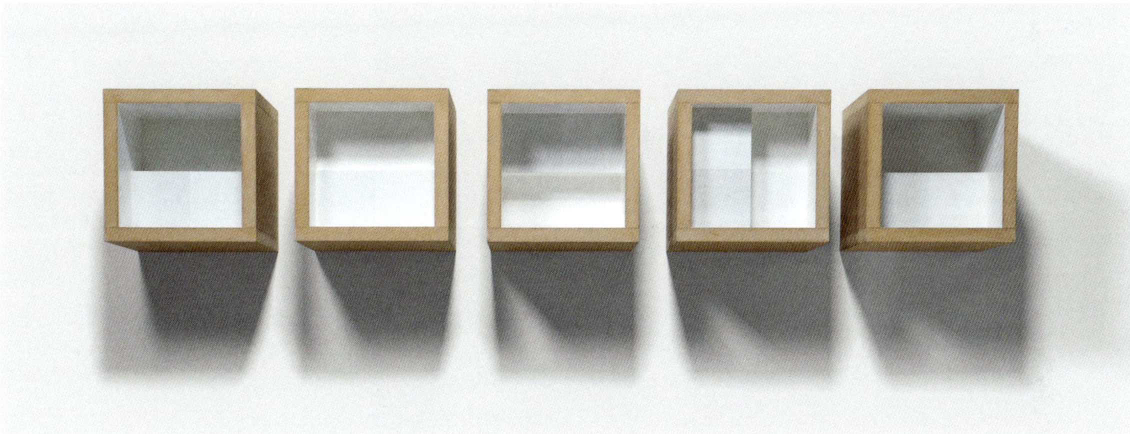

Jene 8 grafischen Objekte (Computerprints) sind Bearbeitungen von Fotos, aufgenommen in Russland, die in mehrfacher Schichtung (Papier und Folie) übereinander montiert wurden. Die Farbinformationen, ursprünglich den abgelichteten Fassaden entnommen, sind damit teilweise isoliert von der architektonischen Struktur.

Auf den 16 Farb-Platten sind in Vierteilung insgesamt 64 Farben (Eitempera). Dem Gelb, Rot, Blau und Grün, die direkten Bezug zum Ausgangsmaterial haben (Fotos von Fassaden) sind Mischfarben komplementärer Varianten entgegengesetzt. An den Farbtafeln, zur Hälfte flach, zur Hälfte mit Profil, wird die Schwierigkeit von Farbanalyse in Zusammenhang mit RAUM sichtbar: „räumlich" orientiert man sich an den Werten von Helligkeit und Dunkelheit.

Der Innenraum mit seinen unterschiedlichen Tiefen wird bei diesen Kuben durch Primär- und Mischfarben geteilt. Die Position Helligkeit / Dunkelheit der Farbe steht dabei im Widerspruch zur Erfahrungssituation von Wahrnehmung im praktischen Leben. Das Tiefe ist hell, das Vorgelagerte dunkel.

The 8 graphic objects (computer print-outs) are photographs taken in Russia and then edited and mounted in several superimposed layers (paper and plastic). The colours, which she originally took from the photographed facades, thus became to some extent detached from the architectural structure.

Each of the 16 square shapes is divided into four different colours, producing a total of 64 colours (egg tempera). The yellow, red, blue and green, which are directly related to the original material (photos of facades), are contrasted with complementary secondary colours. When we look at the coloured boards (half of which are flat, half have a profile), what becomes clear is how difficult it is to analyse colour and SPACE at the same time: we use lightness and darkness to orientate ourselves "spatially".

In these cubes, the internal space of varying depth is divided into primary or secondary colours. The lightness/darkness of the colour contradicts our normal everyday experience and perception. The deeper parts are light, the raised parts dark.

Roswitha Ennemoser

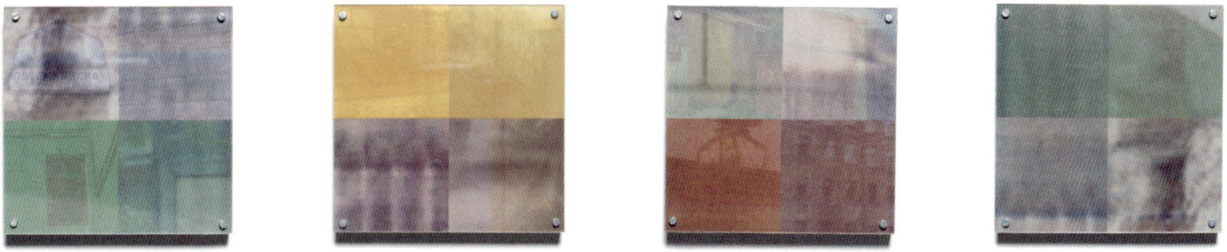

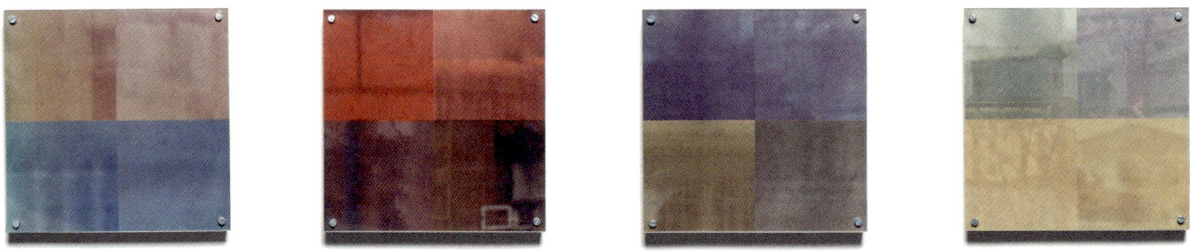

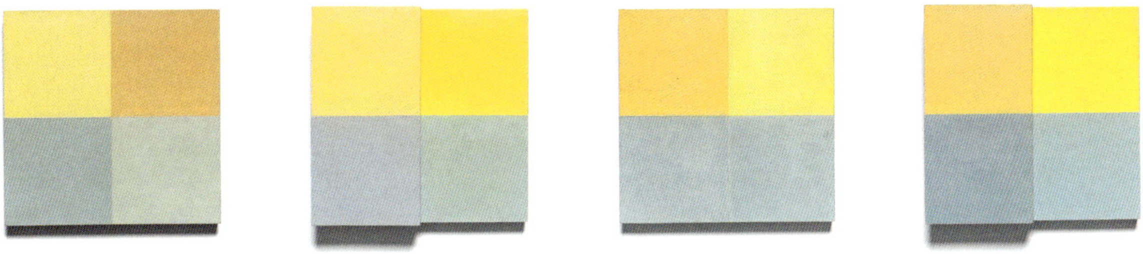

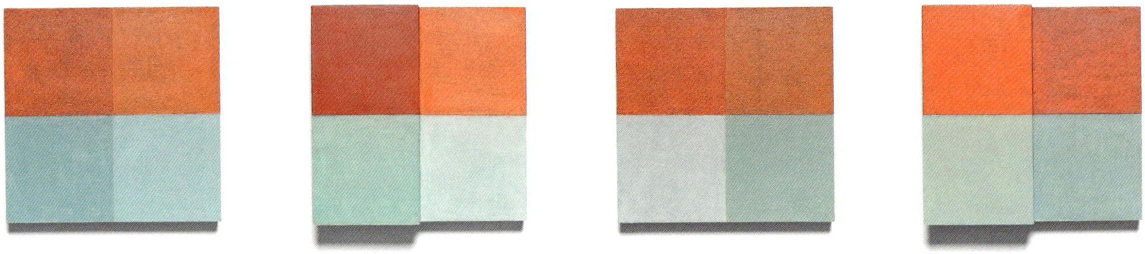

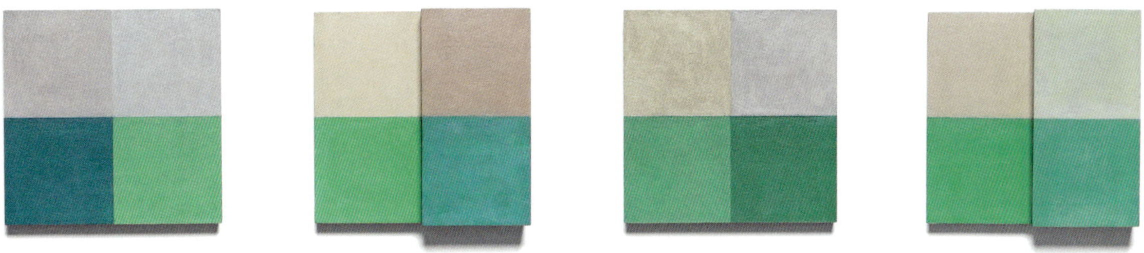

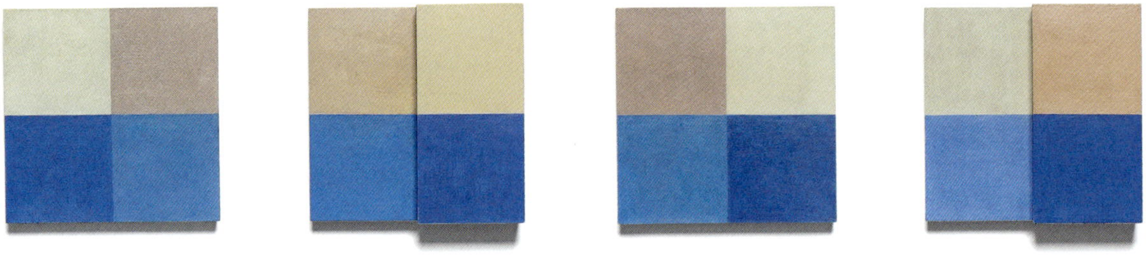

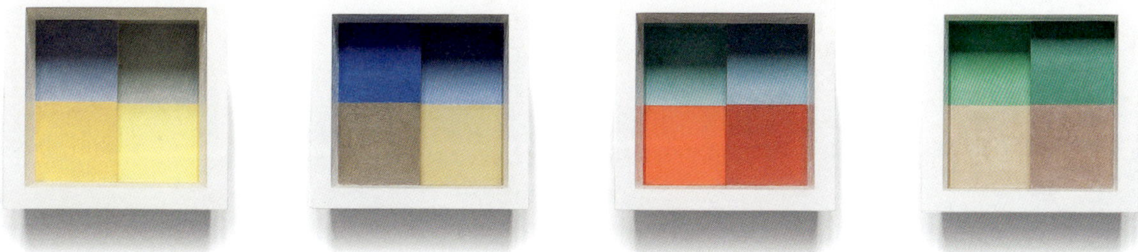

Zu den O.T.-Karton-Arbeiten 6.3.2001
ein Modell zur DIALEKTIK von AUF- und ABBAU
ein mobiles Quartier aus geschichtetem KARTON
Freilegung und Verdeckung der Textur MAUER
Reduktion der Häuslichkeit, ironische Distanz
Überlegungen zum Bau der Chinesischen Mauer
Strategien des Schutzes, eigene Klagemauer
Bau als gedankliche Schichtung, Geschichte
Mauern im Kopf, Haus im Haus, Hirnkammern
Sand. Zeilen. Alphabet. Marimba. Widmungsplan:
dem Fürsten Potjomkin Grigori Alexandrowitsch

Untitled-cardboard-works March 6, 2001
a model: the DIALECTIC of CONSTRUCTION
and DECONSTRUCTION
a mobile area of layered CARDBOARD
Revealing and concealing texture WALL
Reduced homeliness, ironic distance
Reflections on the construction of the Great Wall of China
Strategies for protection, my own Wailing Wall
Construction as conceptual layering, history
Walls inside head, house inside house, brain cavities
Sand. Lines. Alphabet. Marimba. Dedication:
to Prince Potjomkin Grigory Alexandrovits

Roswitha Ennemoser

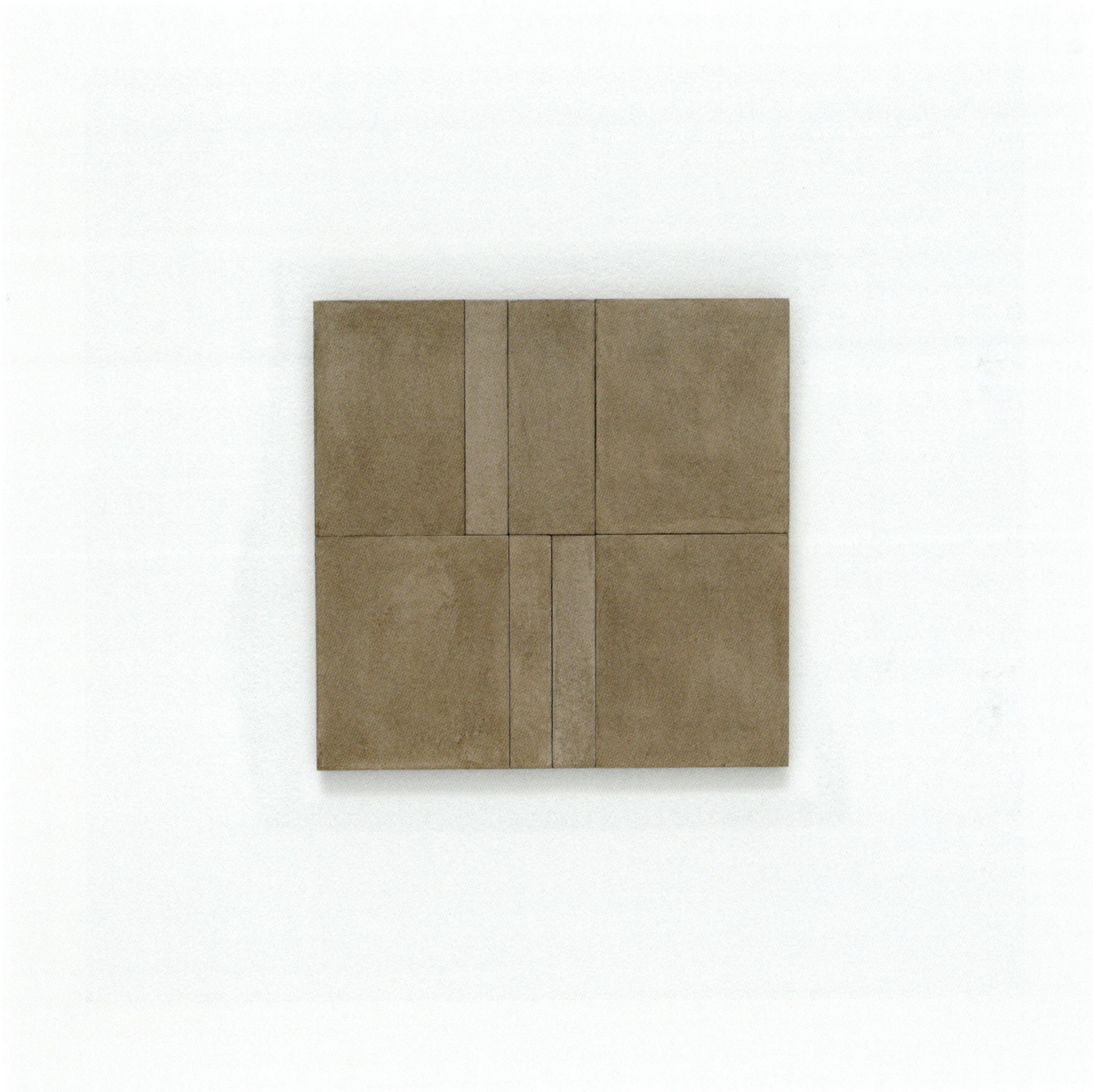

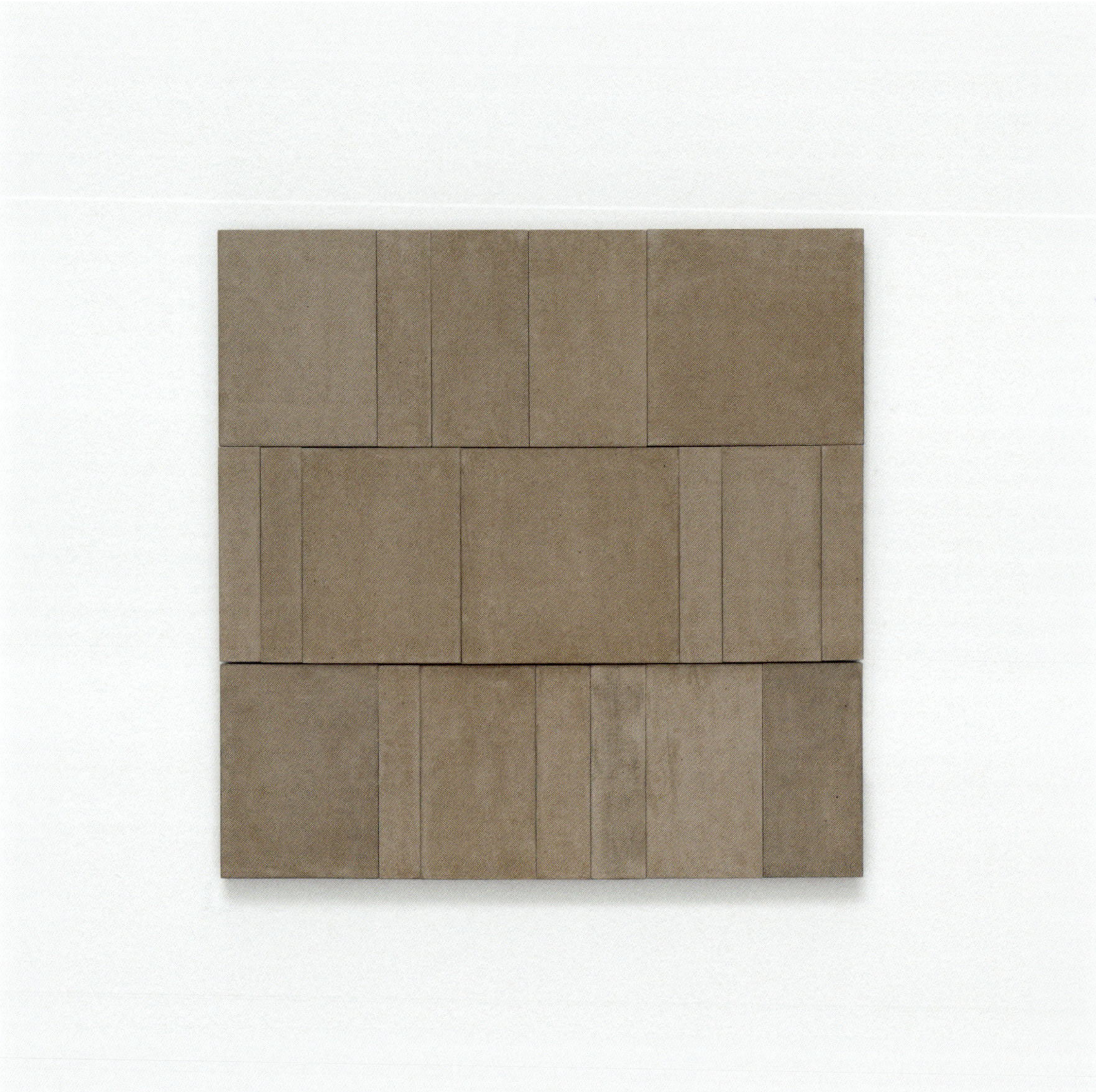

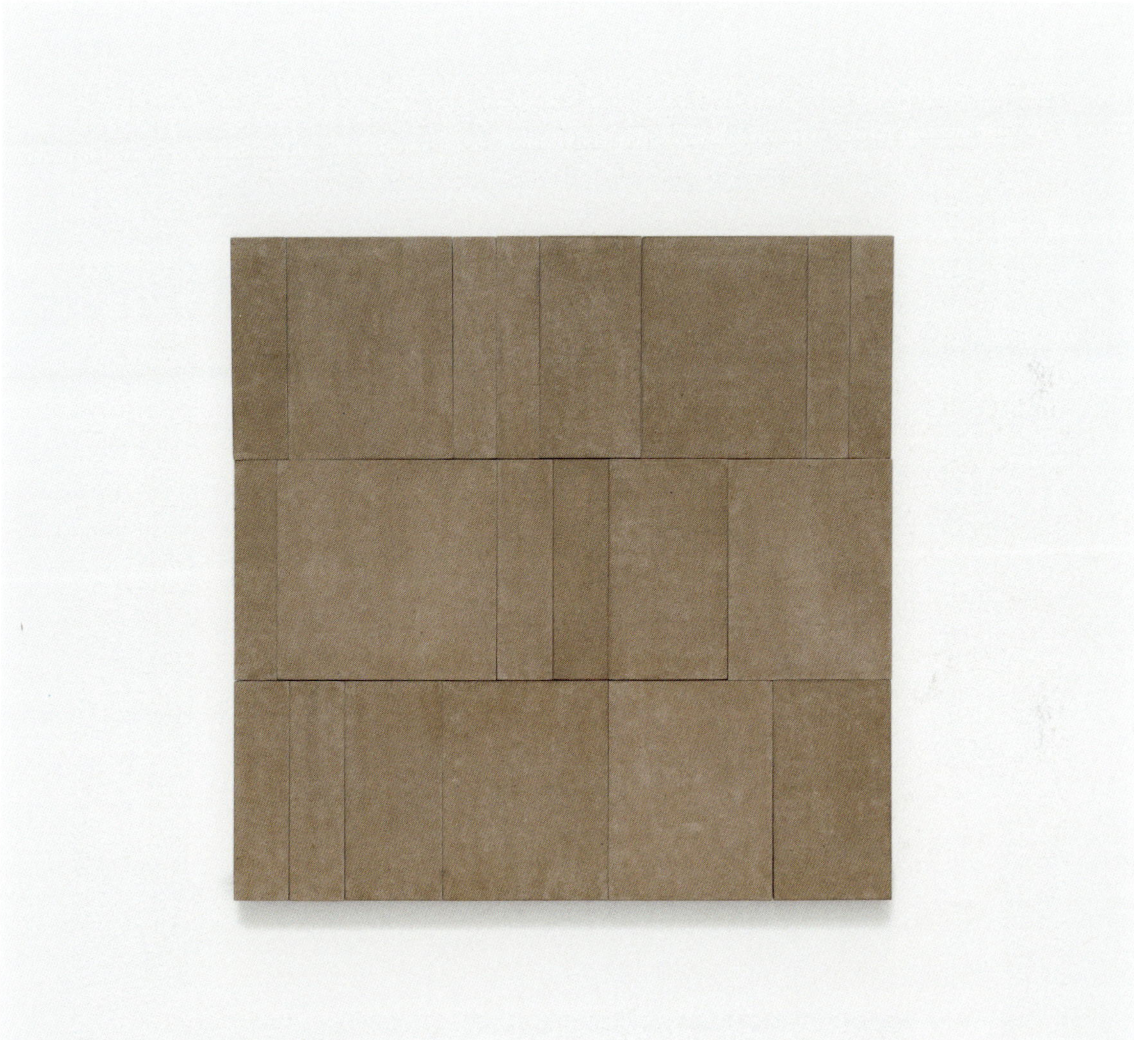

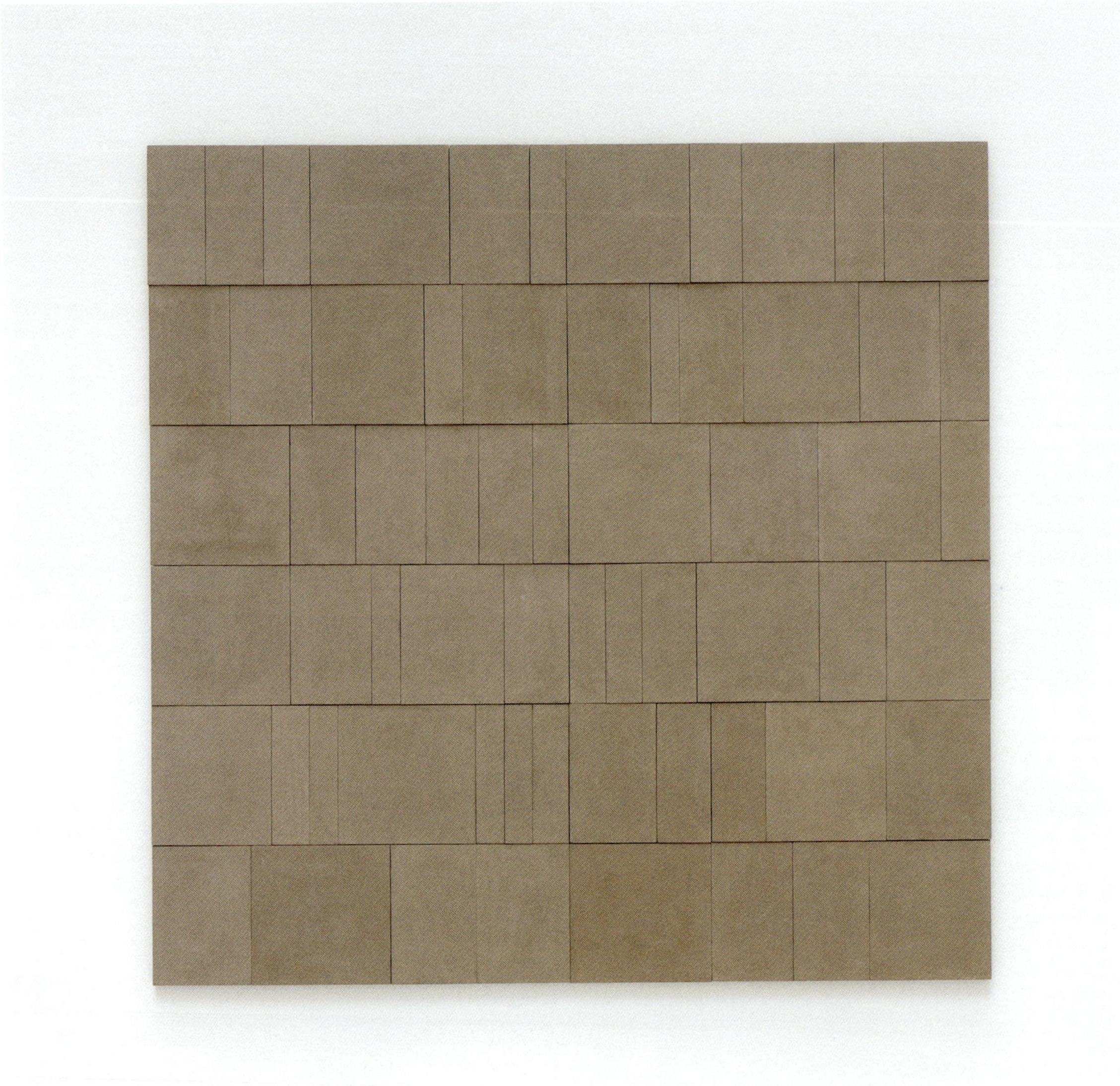

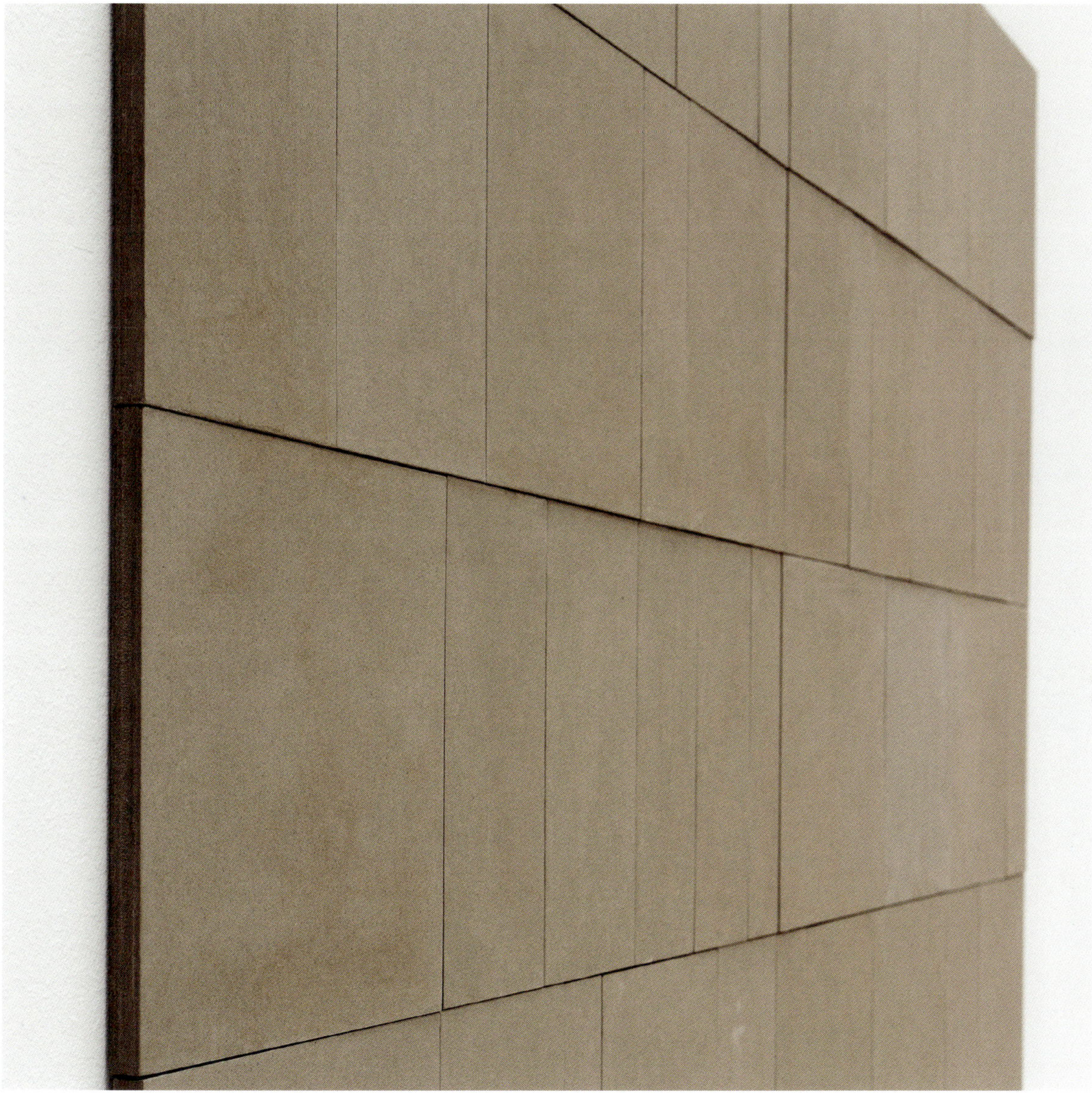

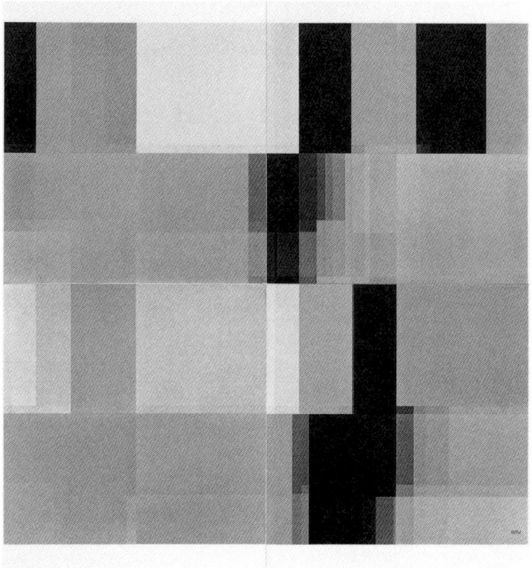

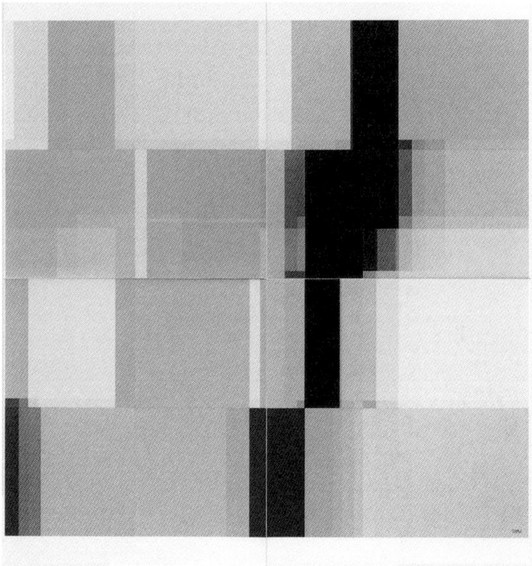

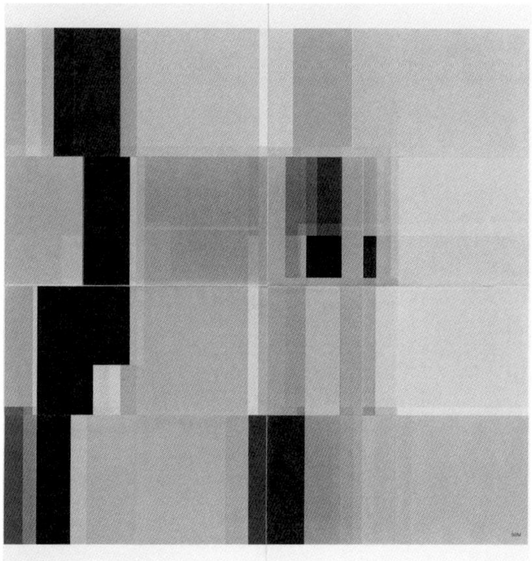

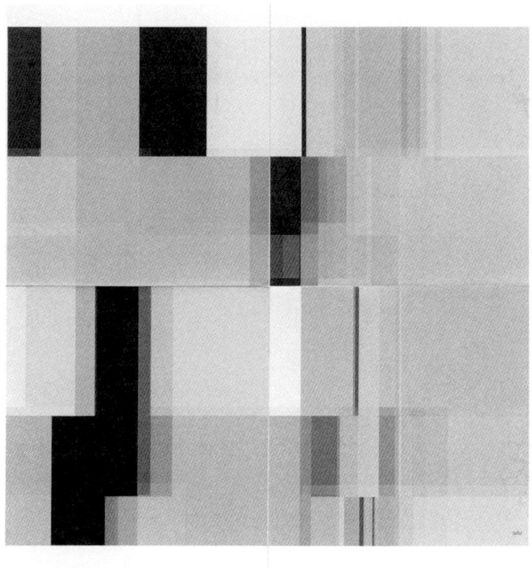

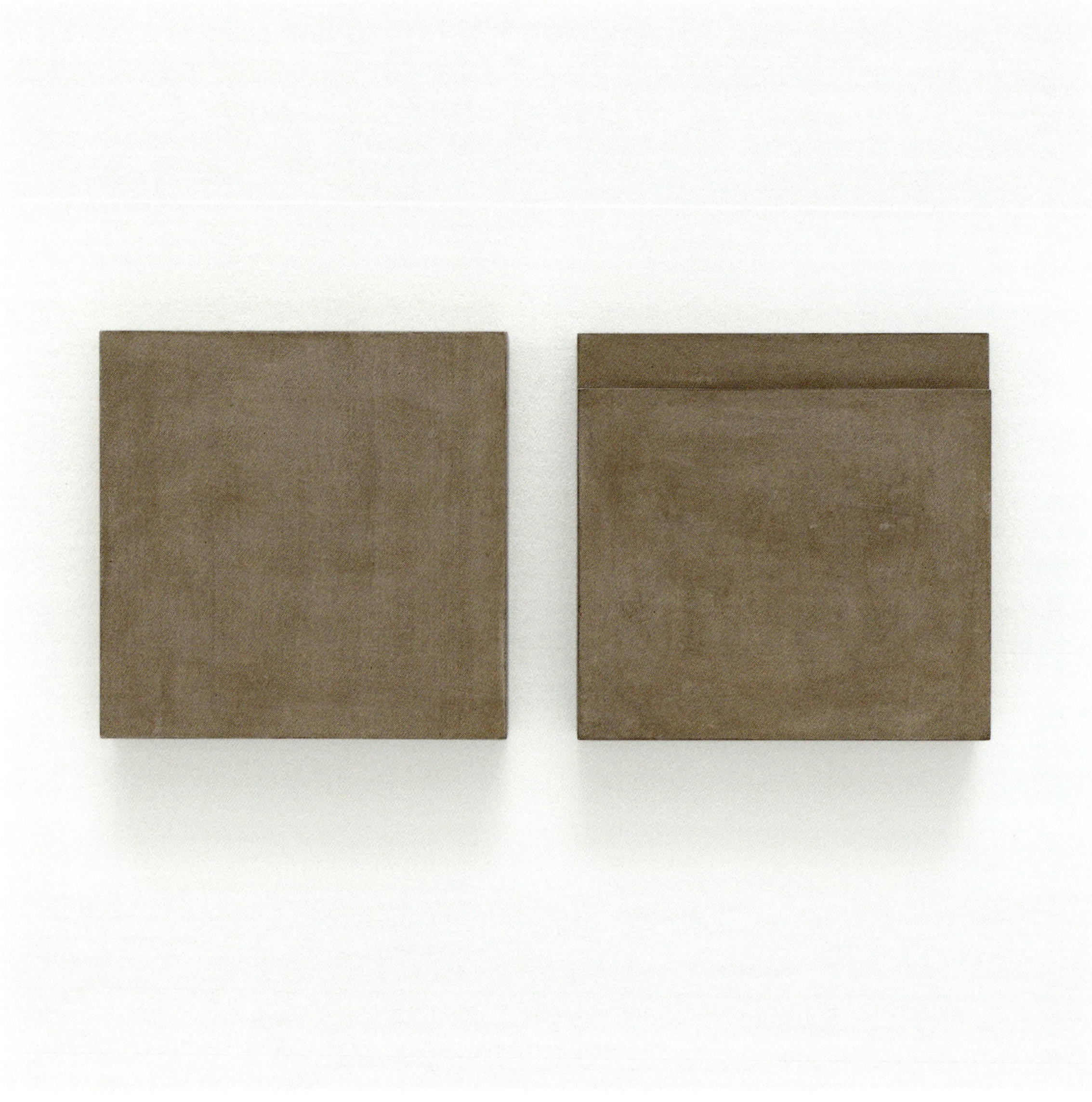

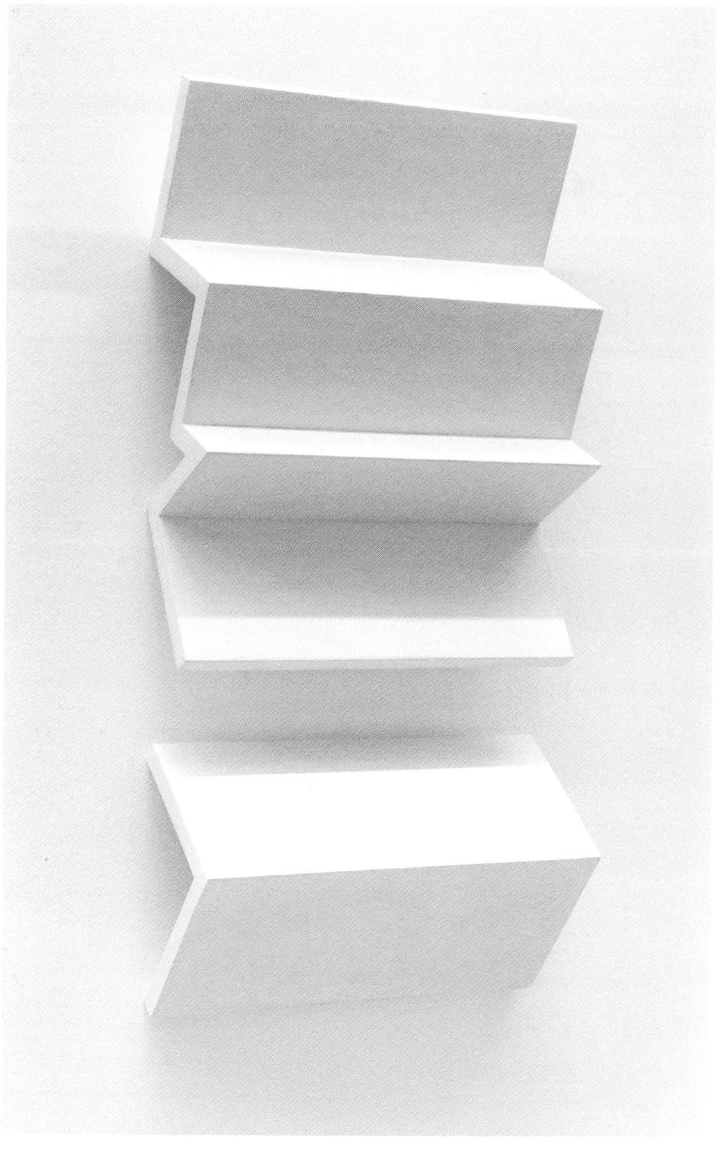

Das Eigene und das nicht Eigene – Roswitha Ennemoser und Russland

Sonja Gruber

„Mir geht es nicht um den Raum als solchen, sondern um die Beziehungsebene von RAUM zu RAUM“ — Roswitha Ennemoser

Anfang 1999 reicht Roswitha Ennemoser einen Vorschlag für den Wettbewerb „Mondsee Land Art" ein, eine Ausschreibung zur künstlerischen Gestaltung der Landschaft rund um den See. Bei ihrem „Zwischenraum-Projekt Mondsee – Nischni Nowgorod" handelt es sich um eine Kontextualisierung eines bereits bestehenden zweiteiligen Objekts, zwei Jahre zuvor aufgestellt in der russischen Stadt Nischni Nowgorod.[1] In ihrer Einreichung fasst sie den Begriff „Land-Art" sehr weit, setzt „Land" in Kontext zu einem anderen Land, einem anderen Kulturraum.

Für diesen Wettbewerb zieht sie erstmals eine direkte Verbindungslinie zwischen Österreich und Russland. Eine Verbindung mit Russland besteht für sie bereits seit 1995, deren Ursprung geht aber zweifellos noch weiter zurück.

Das Mondsee-Projekt wurde nicht realisiert, aber in Nischni Nowgorod stehen die beiden Betonwürfel noch heute am Ufer eines kleinen Seitenarms des Flusses Oka (Abb. S. 117).[2] Sie wurden 1997 für das III. Festival der Avantgarde in Nischni Nowgorod[3] von Ennemoser geplant und ausgeführt. Für die Künstlerin waren der Abstand zwischen den gleich großen Würfeln und der sich daraus bildende Raum entscheidend:

> Mein Ausgangspunkt war, den Raum zwischen zwei Würfeln als abstrakten Konstruktionsraum aufzufassen und durch Schnitt am Volumen der beiden Würfel eine Negativform als Kontext zu setzen. Diese Negativform markiert jeweils eine Raumlage und wird mir, den Zwischenraum überbrückend, zum blauen Winkel. Bei der ansonsten unbelassenen Betonoberfläche sehe ich auch das Weiß an den Schnitt- und Innenflächen als Verbindungsmoment. Der Zwischenraum ist konkreter und abstrakter Raum meiner Wahrnehmung, Denkraum möglicher Konstruktion, Bewegungsraum. Den Abstand zwischen den Würfelformen habe ich so fixiert, dass er mir ein Spannungsmaximum vermittelt: NÄHE UND DISTANZ. Da sich dieses Spannungsfeld durch die Gesamtstruktur RAUM / FARBE / FORM ergibt und durch Witterung zuerst die Farbe angegriffen wird, wird sich die Empfindung Nähe / Distanz ändern. Nicht nur Räume, auch Zwischenräume sind veränderbare Größen auf Zeit.[4]

In dieser Gedankenfolge zu Raum, Denkraum, Zwischenraum, Bewegungsraum komprimiert sie die Ergebnisse ihrer Überlegungen und Experimente, Ergebnisse, die auch in zukünftige Werke einfließen werden.

Durch die parallele Ausführung des Objekts in Österreich soll der gedankliche Konstruktionsraum um eine zusätzliche Strecke von rund 2.500 Kilometern erweitert werden. Die zwei Würfel werden zum Grenzpunkt eines sehr großen „Zwischenraums", der vor Ort nicht mehr nachvollziehbar ist. Er wird zur Hypothese und stellt Fragen nach der Interpretation von Zusammengehörendem, von Distanz und deren Dehnbarkeit. Indem Ennemoser eine Zusammengehörigkeit mit einer identen Installation in großer Entfernung deklariert, hebt sie theoretisch die Distanzen auf und setzt die Standorte in einen Kontext. Der eine, konkret wahrnehmbare Standort und die das Würfelpaar umgebende Landschaft werden zum Eigentlichen, sind das Authentische. Nicht die Objekte sind das Unverwechselbare, sondern die Orte ihrer Aufstellung.

Überträgt man die Theorie des Zwischenraum-Projekts auf das künstlerische Dasein Roswitha Ennemosers, so erkennt man die wichtige Rolle Russlands in ihrem Leben und ihren Arbeiten. Der Grundstein wird 1995 gelegt: In einer Einzelausstellung präsentiert Ennemoser auf Initiative von Valeri Susmann, Leiter der Österreich-Bibliothek an der Linguistischen Universität Nischni Nowgorod, erstmals ihre Werke in Russland.[5] Der Ort ist prominent gewählt, am Schnittpunkt der Flüsse Wolga und Oka steht „ein Bau aus dem Bilderbuch", der Messepalast von Nischni Nowgorod. Unter dem Titel „FORM. RAUM.FARBE." subsumiert Ennemoser die Serie der dreiteiligen Werke „O.T." (Abb. S. 74–79) und Beispiele der „blue/red box"-Reihe (Abb. S. 100–103). Diese aktuellen Arbeiten, 1993 bis 1994 entstanden, kombiniert sie mit früheren Malereien, die exemplarisch die Entwicklung sowie ihren Dialog mit Malewitschs Quadrat verdeutlichen sollen.

Wenn Roswitha Ennemoser sich mit dem Quadrat von Malewitsch auseinandersetzt, so geschieht dies aus einer anderen Motivation heraus als bei ihren russischen KünstlerkollegInnen.[6] Wie wichtig ihr ein Dialog mit den KünstlerInnen vor Ort war, zeigen die präzise ausgearbeiteten Manuskripte und Übersetzungen ihrer Vorträge.

Dass ihre Ausstellung auf großes Interesse stößt, ist naheliegend: Die Kunst des Landes ist Mitte der 90er Jahre überwiegend akademisch, die Ausbildung beschränkt sich auf das Erlernen traditioneller Maltechniken und auf akademisches Zeichnen, alle anderen Techniken und Technologien und auch Ideologien erarbeiten sich die Künstlerinnen und Künstler in einem langwierigen Prozess jeweils selbständig. All dies schafft eine Offenheit und Neugierde für die Werke einer westlichen Künstlerin. Dass in diesen die Beschäftigung mit dem russischen Suprematismus und Konstruktivismus erkennbar ist, ruft Erstaunen hervor.

Innenraum / Außenraum

Andrei Ryschow war einer jener KünstlerInnen, die mit Roswitha Ennemoser in einem über viele Jahre andauernden Dialog standen.[7] Gemeinsam nehmen sie am II. Festival der Avantgarde 1996 in Nischni Nowgorod teil und realisieren ein „Projekt an der Wolga": Mit Hilfe von vier

Metallstangen und einer langen Schnur steckt Roswitha Ennemoser einen 15,6 × 1 Meter großen Bereich halb im Fluss, halb am Land ab. Nur aus Luft und Kanten geformt, ist die Skulptur in ihrer Erscheinungsform minimalistisch, auch hinsichtlich Materialität, Gewicht und Masse. Die konkrete Form wird durch die Schnur im realen Raum definiert, aber die Masse eines berührbaren Objekts ist nicht vorhanden – „ein großer Block Luft".[8] Die räumliche Skizze lässt offen, ob der Raum als Innen- oder Außenraum zu verstehen ist: Die ephemere Konstruktion ist hinsichtlich ihrer „Räumlichkeit" mehrdeutig, sie ist konkret und abstrakt zugleich.

Die Wahrnehmung als abstrakter Raum endet in dem Moment, in dem Andrei Ryschow darin auf einem Stuhl sitzend Akkordeon spielt. Die temporär gebildeten Grenzen zwischen Wasser und Erde, zwischen Luft und Wasser lösen sich nun nicht mehr auf, ihre Stofflichkeit und die Wahrnehmung als Innenraum dominieren. Die Seitenbegrenzungen und der Boden wirken undurchlässig.

Das Eigene / das Fremde

1999 wird Roswitha Ennemoser erneut nach Nischni Nowgorod eingeladen. Im Kontext des Symposiums „Das Eigene und das Fremde in der kulturellen Tradition Europas"[9] initiiert sie zwei „Parallelprojekte": eine Ausstellung mit Arbeiten österreichischer Künstlerinnen und Künstler[10] sowie eine Präsentation ihrer Installation „Das Eigene / das Fremde". In der Eröffnungsrede spricht sie von ihrer „OST-Praxis", und in der Tat stehen die Parallelprojekte exemplarisch für ihr intensives Bemühen um den Austausch zwischen Österreich und Russland, für einen Austausch von Eigenem und nicht Eigenem.

In ihrem „Parallelprojekt 2" nimmt sie das Konzept des Symposiums von der „Sicht des jeweils anderen" in ihre theoretischen Überlegungen zum abstrakten Raum und dessen Konkretisierung auf und transferiert diese in zwei Quader und 33 kleine Konstruktionen aus Millimeterpapier (Abb. S. 84). Die Begriffe „Das Eigene" und „Das Fremde" werden durch die Körper zu visuell wahrnehmbaren Räumen, sie sind Übersetzungen dieser Räume sowie des dynamischen Prozesses zwischen ihnen. Die entstehenden perspektivischen „Baupläne" (Abb. S. 85–86) sind, laut Ennemoser, „für das Auge sehr irritierend. Die Irritation war für mich nicht ästhetisches Ziel, sondern ist das räumliche Resultat meiner ‚Übersetzung', deshalb fügte ich dem RAUM-Schema auf Papier das kleine zweiteilige Objekt hinzu: an ihm lässt sich die optische Wahrnehmung stabilisieren, ‚objektivieren'."[11]

Diese beiden Quader hängen übereinander und stehen ebenfalls miteinander in Verbindung. Die gelbe Fläche des oberen korrespondiert mit der blauen Fläche des unteren Quaders (Abb. S. 87).[12]

Wenn ich mir die Sicht des jeweils anderen als ‚Prozess im RAUM' vorstelle, versagt die Zentralperspektive als Mittel zur Abbildung. Bei einem 3-dimensionalen Raummodell ‚kommunizieren' bei der Zweiteilung nur jeweils die Flächen, ‚wahrnehmbar' sind vom jeweils anderen nur die Oberflächen: BLAU sieht GELB. GELB sieht BLAU. So entstand die Serie aus Papier. Die Räume sind sowohl voneinander getrennt als auch miteinander verbunden. Indem die Räume ihre jeweils eigenen Perspektiven haben, stehen sie zueinander in einer Dynamik, die für das wahrnehmende Auge nicht sehr angenehm ist – denn das Auge möchte ‚klare', ‚eindeutige' Angaben, in welcher Perspektive der Raum zu strukturieren ist. Innerhalb dieser Sequenz, die aber keinen zeitlichen Ablauf hat, gibt es Konstruktionen, wo ich den Überschneidungsraum zwischen den beiden Räumen akzentuiere. Dieser dritte Raum kann zu Raum 1 oder zu Raum 2 hin interpretiert werden: er ist sowohl Raum 1 als auch Raum 2. Es ist nicht immer einfach, in solchen Räumen zu leben.[13]

So weit die Betrachtung, die Bedeutung jedoch ist vielschichtig, ist es doch gerade der Bereich „des Dazwischen", der Zwischenraum, den Roswitha Ennemoser immer wieder thematisiert und dessen Bedeutung über die visuelle Ebene hinausgeht. Wenn sie erklärt: „RÄUME sind in Wechselwirkung. Keiner steht ‚für sich allein'"[14], dann überträgt sie dies auf Sprachräume, Kulturräume, Wirtschaftsräume, auf Staaten. „Alles Eigene ist Teil FREMDER Geschichte und Gegenwart. Geschichte und Gegenwart des FREMDEN ist Teil unserer EIGENEN."[15]

Und weiter: „Um innerhalb der wechselwirkenden Bedingungen EIGENES / FREMDES ident zu bleiben, entwickelt jeder Einzelne, jedes Kollektiv Strategien. Damit das FREMDE im EIGENEN zum EIGENEN wird, assimiliert das EIGENE das FREMDE. Als EIGENES ist es uns ‚nahe'. Zur Festigung des EIGENEN wird EIGENES wiederholt, es wird ‚Tradition' und als Bestätigung und Ausdruck unseres EIGENEN Seins präsentiert. Um nicht in der Absolutheit des EIGENEN zu erstarren, muss sich EIGENES ‚relativieren', muss EIGENES seinen Raum öffnen."[16]

Roswitha Ennemoser weiß um die Komplexität des Themas und deren reduzierter Darstellungsform: „Im Bewusstsein, dass meine Arbeit nur ein Ausschnitt meines EIGENEN Denkmusters ist, deklariere ich sie als irrelevant hinsichtlich des Gesamtkontextes. Begriffe sind Begriffe. RÄUME sind RÄUME. Experimente sind Experimente."[17]

1999 reist die Künstlerin bereits zum vierten Mal nach Russland. Sie liebt es, dort zu sein. Roswitha Ennemoser erlernt die Sprache, hat schon in jungen Jahren die russischen Klassiker gelesen und hört in ihrem Atelier russische

Radiosender. Die Birke, der Baum, der das russische Landschaftsbild prägt, ist ihr seit Kindheitstagen durch das Birkenwäldchen vor dem Elternhaus in Tirol vertraut.

Der Einfluss Russlands auf ihre Arbeiten wird nun deutlicher. Im Jahr 2004 zeigt sie an der Universität für Architektur und Bauwesen in Nischni Nowgorod unter dem Ausstellungstitel „PLAN"[18] die mehrteilige Arbeit „O.T." (Abb. S. 141–147). Die alternativen Titel „Russische Fassaden" beziehungsweise „Potemkinskaja uliza" oder „Fassaden" beziehen sich vor allem auf die acht „grafischen Objekte"[19] der Installation. Die Vorlagen für die Computerprints sind während ihrer beiden Russlandreisen 2003 in der Region Nischni Nowgorod entstanden. In diesen Fotos dokumentiert sie die in traditioneller Holzbauweise erbauten Häuser der Gegend. Ihre Gedanken zu Bau und Ästhetik erwecken nicht nur das Interesse der Lehrenden und Studierenden an der Architekturuniversität, auch die lokalen Medien berichten ausführlich über „PLAN".[20] Dadurch wird den vom Abriss und durch Grundstückspekulationen bedrohten Häusern Aufmerksamkeit zuteil, jedoch „haben politische Inhalte nie auf die abstrakten Überlegungen in ihren Arbeiten abgefärbt",[21] auch ein soziokultureller Aspekt ist in früheren Werken nicht von Relevanz.

Im darauffolgenden Jahr zeigt Ennemoser im Staatlichen Russischen Museum der Fotografie von Nischni Nowgorod „Kleine ländliche Architektur aus der Region". Die 60 Fotografien (Abb. S. 176/177) sind betont sachlich konzipiert und erinnern durch ihre Menschenleere und die Motivwahl von Objekten, die im Verschwinden begriffen sind, an die Typologien von Bernd und Hilla Becher. Ennemosers Text „Satschem? – Wofür?" über diese Aufnahmen lenkt den Blick auf die Originalität der Häuser, auf die Vielfalt und Details der alten Bausubstanz:

> Die Originalität der kleinen Architektur ist ein Zufallsprodukt aus tradierten Formen und Notlösungen. Der traditionelle Holzbau mit jenem manchmal asiatisch anmutenden Zierwerk bildet mit den Spuren der Instandhaltung der Häuser in sowjetischer und postsowjetischer Zeit ein Konglomerat von schön, naiv, kitschig oder rührend, das durch die Individualität wie ein Paradoxon zum Kulturbegriff des Sowjetischen steht. Jedes Haus zeigt eigene Lösungen. [...] Jedes Haus ist ein individueller Fall. Und auch ein Fall von Geschichte. [...] Blitzableiter, Kamine, Kabel, Antennen sind mehr oder weniger fix montierte Zeitzeugen, ihr Vorhandensein besagt jedoch nichts über ihre Funktion, über die Zukunft des Ganzen. Zwischen Vermutung und exaktem Wissen tun sich Birkenwälder auf und das Spektrum der Varianten ist allumfassend und umwerfend. Vor allem deshalb, weil es sich oft der Logik entzieht.[22]

Fast ist man versucht, Reflexionen über ihre eigene Arbeitsweise herauszulesen, wenn sie schreibt: „Wie war der genaue Plan? Fundamentale Fragen, die auf Grund und Basis abzielen und doch so sinnwidrig bleiben, wenn aktuelle Überlegungen im Vordergrund stehen.“[23]

Auch diese Ausstellung, zehn Jahre nach „FORM.RAUM.FARBE.“, löst unter den russischen Betrachtern Irritation aus: Warum zeigt uns eine österreichische Künstlerin unsere Häuser? Der ethnografische Ansatz verdeutlicht Ennemosers Wertschätzung gegenüber der russischen Kultur. Die Häuser sind für sie in ihrer Vielfalt ein Kulturgut, das vor Augen geführt werden muss, um eine Chance auf Beständigkeit zu erhalten. Einmal mehr gilt ihr Anspruch: „Es geht mir nicht um Konstruktion, sondern um Analyse.“ Und: „Das Narrative ist mir kein Anliegen.“[24]

Auch in einem später verfassten Text über Russland thematisiert sie die traditionellen Häuser: „In Nischni Nowgorod haben Häuser, Mauern mit weniger fester Bauart die letzten Jahre nicht überdauert. Die Kultur der alten Holzhäuser hielt dem globalen Kommerz nicht stand. Statt Holz nun Beton, statt Ziehharmonika nun Bankautomaten. Gewinn und Verlust. Das Tempo des Wandels, Kontraste und Sogwirkung des Tempos wirken umfassend.“[25]

In diesem Text kommen ihre Liebe und Wahlverwandtschaft zu Russland zum Ausdruck: „Und meine Seele hat schon derart Fuß gefasst, dass ich, selbst in Wien, Dserschinsk in mir und mit mir herumtrage. An diesen Ort zieht es mich hin, als hätte ich dort meine Kindheit verbracht, wäre dort immer schon auf der Küchenbank gesessen.“

Vielleicht ist auch die 2004 entstandene Arbeit „Blinis“[26] (Abb. S. 175) als ein Tribut an das Leben in Dserschinsk, einer Stadt in der Region Nischni Nowgorod, zu verstehen und als eine Verbindung zweier wichtiger „Kraftorte“: In den Jahren 2003 bis 2007 besucht Roswitha Ennemoser wiederholt eine Schottergrube in Niederösterreich.[27] Die zwölf „Blinis“ greifen Form, Größe und auch Haptik der Schottersteine auf, als Material wählt sie luftgetrockneten Lehm alternierend mit Beton.[28]

Lehm taucht in dieser Arbeit erstmalig auf. Generell hat Roswitha Ennemoser mit vielen Materialien experimentiert. Nach Leinwand und purem Pigment arbeitet sie unter anderem mit Metall, Beton, Gips, wenn auch Holz und Karton ihre meistverwendeten Werkstoffe bleiben. Gleich welches Material, eine intensive Behandlung der Oberfläche, eine präzise Ausführung sind ihr wichtig. Die Vorder- und Rückseiten ihrer „Mauern“ dokumentieren dies (Abb. S. 153 und 208). Stets sucht sie nach neuen Lösungen, stets experimentiert sie im Kleinen mit Materialien. Ihre Beschäftigung mit formaler Differenz, ihre Lust am Umgang mit Werkstoffen und ihre „grenzenlose“ Neugierde für das nicht Eigene haben ihren Blick für die ungewöhnlichen Materialkombinationen an den Häuserfassaden in und um Nischni Nowgorod sensibilisiert.

Roswitha Ennemoser reiste nicht als Touristin nach Russland. Sie bewegte sich zwischen den beiden Welten so, dass sich das Eigene und das Fremde nachhaltig verschoben: „Das intensive Gefühl von Ursprünglichkeit habe ich paradoxerweise in dieser russischen Provinzstadt, mehr als in den Alpen, die mir doch viel näher liegen müssten, da sie historisch zum Eigenen gehören, zu meinem Quellgebiet von Kindheit, Sprache, Geschichte. Wenn man sich irgendwo in der Fremde daheim fühlt, wiederholt daheim fühlt, und heimgekehrt diese Empfindung nicht als Romantik definiert werden kann, muss man lernen, zur Verschiebung der inneren Grenzen differenziert Stellung zu beziehen."[29]

Geografische Grenzen kannte sie keine – zumindest stellten sich ihr diese nicht als Hürden dar. Die von Roswitha Ennemoser kuratierten Ausstellungen in Russland und Österreich waren von einem hohen (bürokratischen) Aufwand begleitet. Unermüdlich investierte sie in diese grenzüberschreitenden Projekte eine ebensolche Energie wie in ihre Werke. Die Rolle als Vermittlerin, der Schritt aus dem Atelier in einen weiteren Handlungsraum ist eine konsequente Folge ihrer künstlerischen Arbeit und der ihr zugrunde liegenden Grundsätze: „Im Kontext, im gegenseitigen Zueinander, Miteinander, Gegeneinander, im Widerspruch der verschiedenen Raumgrenzen entsteht für mich DENK-RAUM, ein dynamischer ABSTRAKTER RAUM."

1. Die fünftgrößte Stadt Russlands liegt an der Einmündung der Oka in die Wolga und ist eine alte Handelsstadt und ein wichtiger Industriestandort.

2. In der Sammlung des MUSA befindet sich ein Modell der Würfel (jeweils 19 × 19 × 19 cm), Abb. S. 118.

3. „Garten. Maßstab 1:1“, III. Festival der Avantgarde, Nischni Nowgorod, 1997.

4. Einreichung für Mondsee Land Art, Seite 4, Archiv des MUSA.

5. Rückblickend schildert sie das erste Ausstellungsprojekt in Russland in ihrem Text „Wasserrohre und Dichtungen“: „Nach monatelanger, mühsam komplizierter Organisationsarbeit hatte ich schnelle Hilfen – russische Kolleginnen und Kollegen mit ‚goldenen Händen‘, bereits bei der Montage meiner Objekte entstandene Freundschaften. Freundschaften für das Leben.“, aus: „Wasserrohre und Dichtungen“, in: Valeri Susmann (Hg.): Konzepte der Sprache und Kultur im Werk Franz Kafkas. Nischni Nowgorod: Dekom 2005, o. S.

6. Vgl. Aktion von Alexander Brener: Dieser wird 1997 verhaftet, nachdem er im Stedelijk Museum in Amsterdam ein grünes Dollarzeichen auf das Bild „Suprematisme“ von Kasimir Malewitsch gemalt hat. Zu seiner Verteidigung meint er: „Meine Tat war nicht gegen das Bild gerichtet. Ich sehe meine Tat eher als Dialog mit Malewitsch.“

7. 2001 konzipiert und organisiert Roswitha Ennemoser RAUM × 2 im Russischen Kulturinstitut Wien: Auf eine Einzelausstellung mit Werken von Andrei Ryschow folgt eine Präsentation eigener Werke.

8. Katalogbeitrag Roswitha Ennemoser, in: „Poloca“, 48.

9. Internationales Symposium, Linguistische Universität, Nischni Nowgorod, 27. 9. und 2.10.1999.

10. In dieser „Kleinstausstellung“ (Ennemoser transportierte die Arbeiten im Handgepäck) waren Josef Adam Moser, Franz Pichler, Beverly Piersol, Kurt Stadler und Kurt Spurey vertreten.

11. Ennemoser in: Linguistische Universität (Hg.): Das Eigene und das Fremde in der kulturellen Tradition Europas, Nischni Nowgorod: Dekom 2000, 190.

12. „O.T.“, 1999, Papier und Holz, 33-mal 18 × 13 cm, 2-mal 5 × 10 × 5 cm.

13. Zitiert aus der Eröffnungsrede von „Parallelprojekt 2“, Archiv des MUSA.

14. Ennemoser in: Linguistische Universität (Hg.): Das Eigene und das Fremde in der kulturellen Tradition Europas, Nischni Nowgorod: Dekom 2000, 190.

15. Ebd., 191.

16. Ebd.

17. Ebd.

18. „PLAN“, Universität für Architektur und Bauwesen, Nischni Nowgorod.

19. Bearbeitete Fotos, die in mehrfacher Schichtung (Papier und Folie) übereinander montiert werden.

20. S. Projektbericht „PLAN“, Seite 2, Archiv des MUSA.

21. Gertrude Moser-Wagner in einem E-Mail im November 2013. Roswitha Ennemoser war aber durchaus eine politisch agierende und denkende Künstlerin. 2000 entwirft sie einen Stempel als Statement zur blau-schwarzen Regierung: „Art in Opposition“.

22. Text zur Ausstellung „Kleine ländliche Architekturen in der Region Nischni Nowgorod“.

23. Ebd.

24. Interview mit Alexander Belobratow, siehe vorliegende Publikation, 13.

25. „Wasserrohre und Dichtungen“, in: Valeri Susmann (Hg.): Konzepte der Sprache und Kultur im Werk Franz Kafkas. Nischni Nowgorod: Dekom 2005, o. S.

26. Aus Osteuropa stammende Form des Eierkuchens.

27. Siehe Hermann Zschiegner, „schwertlilienschwer war es da.“, siehe vorliegende Publikation, 187.

28. „Unsere Naturräume sind fast ausschließlich Kulturräume, es sind Räume der nach unseren kulturellen Mustern strukturierten Natur. [...] Indem sich durch die neuen Medien Kunst immer mehr ‚entmaterialisiert‘, wird mir die Materialität der Dinge, ihre Körperlichkeit, immer ‚natürlicher‘, auch die Materialität von Beton“ (zitiert aus Einreichung für Mondsee Land Art, Seite 3).

29. „Wasserrohre und Dichtungen“, in: Valeri Susmann (Hg.): Konzepte der Sprache und Kultur im Werk Franz Kafkas. Nischni Nowgorod: Dekom 2005, o. S.

The familiar and the foreign – Roswitha Ennemoser and Russia

Sonja Gruber

"To me it's not about 'space' as such, but rather the relationship between one SPACE and another SPACE."

Roswitha Ennemoser

In early 1999 Roswitha Ennemoser submitted an entry to "Mondsee Land Art", a competition for the design of the landscape around the Mondsee lake. Her "Space-between Project Mondsee – Nizhny Novgorod" contextualised an existing two-part object exhibited in the Russian city Nizhny Novgorod two years earlier.[1] In her submission, she interprets the concept of "Land Art" very broadly. She placed "land" in the context of another country, another culture.

In this competition, for the first time, she drew a direct line between Austria and Russia. Her connection with Russia began in 1995, but there is no doubt that its origins go back much further.

The Mondsee Project never came to fruition, but the two concrete cubes now stand in Nizhny Novgorod on the banks of a small tributary of the River Oka (fig. p. 117).[2] Ennemoser planned and completed them for the Third Festival of the Avantgarde in Nizhny Novgorod in 1997.[3] What mattered to her was the distance between the same-sized cubes and the space thus created:

> My starting point was to regard the space between two cubes as an abstract space in which something could be constructed. By slicing into the two cubes, I establish a negative form as context. Each negative form is either vertically or horizontally positioned, providing me with a blue angle that bridges the space between the cubes. Apart from the otherwise raw concrete surfaces, I see the cut surfaces of the two cubes, both of which are white, as a 'connecting moment'. I perceive the 'space-between' as both real and abstract, a space in which something can be imagined, a space for movement. I defined the distance between the cubes to create maximum tension between PROXIMITY AND DISTANCE. What creates the tension is the overall structure: ROOM / COLOUR / FORM. This tension, together with the fact that the colour is the first thing to weather, produces the sense of changing proximity and distance. Both spaces and in-between spaces are variables that can change over time.[4]

This sequence of thoughts – space, thinking space, space-between, space for movement – was a distillation of her thinking and experiments, the results of which were to flow into her future work.

Through the parallel installation in Austria, the imaginary space was extended over a distance of about 2,500 extra kilometres. The pair of cubes became a boundary marker for a huge "space-between", which could not be fully experienced when standing in one location. It became a hypothetical space, raising questions about the meaning of "belonging together", "distance" and how far these concepts can be stretched. By declaring the two identical but remote installations as belonging together, Ennemoser theoretically removed the distance and placed both locations in one context. The location that we can perceive directly and the landscape surrounding the pair of cubes become the real, the authentic location. It is not the objects that are inexchangeable but the places where they stand.

If we apply the theory of the "Space-between" project to Roswitha Ennemoser's own artistic being, we understand the significance of Russia in her life and work. The foundation was laid in 1995, when Ennemoser had her first solo exhibition in Russia, initiated by the head of the Austrian Library at the Linguistics University of Nizhny Novgorod, Valery Susmann.[5] The location was selected for its prominence – at the confluence of the Volga and Oka rivers stands a "picture book building", the Nizhny Novgorod Trade Fair Palace. Within the exhibition, entitled "FORM.SPACE.COLOUR", Ennemoser exhibited her series of three-part works, "Untitled" (fig. p. 74–79), together with examples of her "blue/red box" pieces (fig. p. 100–103). She combined these works, dating from 1993 to 1994, with earlier paintings that clearly demonstrated both her artistic development and her dialogue with Malewitsch's Square.

In engaging with Malewitsch's Square, Roswitha Ennemoser's motivation was different from that of her Russian artist colleagues.[6] The importance of the dialogue with these local artists is evident in her precisely crafted lecture manuscripts and translations.

Her exhibition provoked strong interest, and it is easy to understand why: in the mid-90s the country's art was mainly academic, and artistic education was limited to the learning of traditional painting techniques and academic drawing. Any artist wanting to develop other techniques or technologies had to go through a lengthy process on their own. Hence their openness and curiosity about the works of a female artist from the West. People were astonished to discover that her works dealt with Russian suprematism and constructivism.

Interior space / exterior space

One of the artists who remained in dialogue with Roswitha Ennemoser for many years was Andrei Ryshov.[7] Together they took part in the Second Festival of the Avantgarde in Nizhny Novgorod in 1996 and created a "Project on the Volga". Using four metal poles and a long piece of string, Roswitha Ennemoser marked out a 15.6 × 1 metre area, half in the river, half on the land. Formed purely out of air and edges, the sculpture was minimalist in terms of both its appearance and its material, weight and mass. In real space, the form was defined by the string, but there was no tangible or solid object – there was just "a large block of air".[8] This "spatial sketch" left open whether the space was to be understood as interior or exterior space. So the "spatial quality" of this ephemeral construction was ambiguous. It was both real and abstract at the same time.

The space only seemed abstract until the moment when Andrei Ryshov sat on a chair inside it playing the accordion. After that, the boundaries between water and earth, and between air and water, became more visible. Their material nature – as well as our perception of the space as interior – became dominant. The edges and the floor seemed solid.

The familiar / the foreign

In 1999 Roswitha Ennemoser was invited to Nizhny Novgorod again. In the context of the Symposium „The familiar and the foreign in the European cultural tradition",[9] she initiated two "parallel projects": an exhibition with works by Austrian artists,[10] and her own installation "The familiar / the foreign". In her opening speech she talked of her "Eastern practice", and the parallel projects were indeed typical of the intense effort she put into the dialogue between Austria and Russia – a dialogue between "the familiar" and "the foreign".

In her "Parallel Project 2", she took up the symposium theme "Each other's perspective" in her theoretical reflections on "abstract space made real". She then applied her theories to two cubes and 33 small pieces constructed out of graph paper (fig. p. 84). Through these objects, the concepts "familiar" and "foreign" became visible spaces. These concepts were "translations" not only of the spaces themselves but also of the dynamic relationship between them. The resulting "architectural perspective drawings" (fig. p. 85–86) were, in Ennemoser's own words, "very confusing for the eye. This confusion, rather than being my aesthetic purpose, was the spatial result of my 'translation'. That is why I added the small two-part object to the SPACE plan on paper: this has a stabilising 'objectifying' effect on our visual perception."[11] The two cuboids were hung vertically and were connected to each other – the yellow surface of the top cuboid corresponded with the blue surface of the bottom cuboid. (fig. p. 87)[12]

> When I imagine 'each other's perspective' as 'process in SPACE', the central perspective doesn't work as a form of representation. With a 3-dimensional model the two-part division means that it is only the surfaces that "communicate" – in each case, the only thing perceivable is the surface of the other: BLUE sees YELLOW; YELLOW sees BLUE. This is how the series came about on paper. The spaces are both separate from one another and connected. Since each space has its own perspective, the relationship between the spaces is not very comfortable for the perceiving eye, which wants 'clear', 'unambiguous' information about which perspective to adopt and how to structure the space. Within the series, which is not ordered chronologically, there are pieces in which I accentuate

the overlapping parts of the two spaces. This third space can be seen as belonging to space one or space two. It is both space one and space two. It is not always easy to live in such spaces.[13]

So much for what we see. The meaning, however, is multi-layered. Again and again, Roswitha Ennemoser's theme is the zone of "the between" – "the space-between". Its significance extends beyond the visual. When she states: "SPACES relate to one another. No space is 'independent' or 'just itself'."[14] she goes on to apply this thinking to linguistic, cultural, economic and national spaces. "Anything of our own is part of FOREIGN past and present. FOREIGN past and present is part of OUR OWN."[15]

She continues, "Each individual, and each collective, develops strategies that enable it to remain the same with respect to the interrelationship between FAMILIAR / FOREIGN. In order for the FOREIGN in OUR OWN to become OUR OWN, OUR OWN assimilates the FOREIGN. Because it is OUR OWN, it seems 'close'. In order to strengthen OUR OWN, we repeat OUR OWN – it becomes 'tradition'. It presents itself as confirmation and expression of OUR OWN. To avoid getting stuck in the absolute nature of OUR OWN, OUR OWN has to become 'relative'. OUR OWN has to open up its space."[16]

Roswitha Ennemoser understood the complexity of this theme, and its reduced representational form: "Conscious that my work is only part of my OWN way of thinking, I view it as irrelevant for the general context. Concepts are concepts. SPACES are SPACES. Experiments are experiments."[17]

In 1999, Ennemoser travelled to Russia for the fourth time. She loved being there and she learned the language – she had already read the Russian classics in her youth and she listened to Russian radio stations in her studio. The birch – the tree that epitomises the Russian landscape – had been familiar to her, since her childhood, from the birch woods in front of her parental home in Tyrol.

The influence of Russia on her works became increasingly clear. In 2004, within the PLAN[18] exhibition at the University of Architecture and Civil Engineering in Nizhny Novgorod, she presented her multi-part work "Untitled" (fig. p. 141–147). The alternative titles "Russian Facades", "Potemkinskaja uliza" or just "Facades" relate above all to the eight "graphic objects"[19] in the installation. The material for the computer print-outs had been created during her two Russian visits to the Nizhny Novgorod region in 2003. In these photos she documented the traditional wooden houses of the area. Her thoughts about construction and aesthetics provoked interest not only among students and trainees at the University of Architecture, but also among the local media, who reported on PLAN extensively.[20] Through her work she drew attention to houses that were at risk of demolition and land speculation, even though "politics never coloured the conceptual thinking in her works".[21] Nor were socio-cultural factors addressed in her earlier works.

The following year, Ennemoser showed her "Small rural architecture of the region" in the Russian State Museum of Photography in Nizhny Novgorod. The 60 photographs (fig. p. 176/177) were highly objective. The absence of human figures, and the choice of objects in the process of disappearing, recalled the typologies of Bernd and Hilla Becher. Ennemoser's text for these pictures, "Satschem? – Why?", draws attention to the originality of the houses, and the variety and detail of traditional construction:

"The originality of 'small architecture' is an accidental product of traditional forms and expediency. In Russia, the traditional wooden construction method, with its sometimes Asian-looking ornamentation, together with traces of Soviet and post-Soviet house maintenance, has created a beautiful, naïve, kitsch or touching mixture. Through the individuality of the houses, this style relates in a paradoxical way to Soviet culture. Each house demonstrates different solutions. […] Each house is unique – a historical phenomenon. […] Lightning conductors, chimneys, cables and aerials are more or less built in witnesses of the past, though they tell us nothing about their function or about the future of the overall building. Between speculation and exact knowledge, it is as if birchwoods rise up before us and the diversity of forms is as unending as it is astonishing – often because it defies logic."[22]

It is tempting to read something about Ennemoser's own way of working into her words when she writes "What exactly was my plan? Questions that are basic and fundamental – yet remain so illogical as long as current thoughts are in the foreground."[23]

Once more, this exhibition, 10 years after "FORM.SPACE.COLOUR.", puzzled Russian audiences. Why is an Austrian artist showing us our own houses? From an ethnographic point of view, Ennemoser's appreciation of Russian culture is absolutely clear. For her, the houses, with their rich variety, were a cultural asset that she had to draw attention to in order to give it a chance of surviving. Once again, her principle holds: "What matters to me is not construction but analysis." … "Narrative has no importance for me."[24]

In a later text about Russia, she made the traditional houses her theme once more: "In Nizhny Novgorod, houses and walls of less solid construction have not survived in recent years. The culture of the old wooden houses could not stand up to global commercialisation. Instead of wood – concrete; instead of accordions – cash machines. Gain and loss. The speed of change, the contrasts and the attraction of speed are all-consuming."[25]

This love of Russia, this "chosen affinity" also finds its expression in the following text: "And my soul has already gained such a firm foothold that, even in Vienna, I carry Dzerzhinsk around with me and inside me. I am drawn to it as if I had spent my childhood there, as if I had always been seated on a kitchen bench there.

Maybe we should view her 2004 work "Blinis"[26] (fig. p. 175) as a tribute to life in Dzerzhinsk – a city in the Nizhny Novgorod region – as a link between two important "magical places". Between 2003 and 2007, Roswitha Ennemoser repeatedly visited a gravel pit in Lower Austria.[27] The 12 "Blinis" took on the shape, size and tactile quality of gravel. The material she chose was air-dried clay alternating with concrete.[28]

This was the first work in which clay appeared. Roswitha Ennemoser generally experimented with multiple materials. As well as canvas and pure pigments, she worked with metal, concrete, plaster and other substances, while wood and cardboard remained the mainstay of her work. Whichever the material, what mattered to her was precision and intense working of its surface. This is evident on the front and back sides of her "Walls" (fig. p. 153 and 208). She was always searching for new solutions, always experimenting with the specific qualities of her materials. Her attention to differences of form, her pleasure in working with material and her "unbounded" curiosity about the unfamiliar – all of these made her sensitive to the unusual combinations of materials on the facades of the houses in and around Nizhny Novgorod.

Roswitha Ennemoser didn't go to Russia as a tourist. By moving between the two worlds, her sense of the familiar and the foreign shifted permanently: "Paradoxically, my intense feeling of belonging is stronger for me in this Russian provincial city than in the Alps, which ought to seem far closer to me since they are historically 'my own' – the place of my childhood, language and history. When one feels at home in a foreign place, feels at home again and again – and does not define this feeling as romantic when one arrives back at home – one has to learn to be flexible in one's attitude towards these shifting internal boundaries."[29]

Geographical boundaries were unknown to Ennemoser – or at least they didn't represent barriers for her. The exhibitions she curated in Russia and Austria cost her much (bureaucratic) work and effort. She invested as much tireless energy in these border-transcending projects as she did in her own works. Her role as mediator – the step she took from her studio into a wider sphere of activity – was a natural result of her artistic work and her fundamental principles: "What emerges for me – through context, mutual relationship, togetherness, opposition, ambiguous spatial boundaries – is THINKING SPACE, a dynamic ABSTRACT SPACE."

1. The fifth largest city in Russia, situated at the point where the Volga flows into the Oka, is an ancient trading city and an important industrial centre.

2. A model of the cubes can be found in the MUSA Collection (each 19 × 19 × 19 cm), Figure p.118.

3. "Garden. Scale 1:1", Third Festival of the Avantgarde, Nizhny Novgorod, 1997.

4. Submission for Mondsee Land Art, page 4.

5. She described the first exhibition in Russia retrospectively in her text "Wasserrohre und Dichtungen" [Water pipes and sealants]: "After months of strenuous and complicated organisational work, I had fast helpers – Russian colleagues with 'golden hands'; when I was installing my objects, friendships came into being, friendships for life.", from: "Wasserrohre und Dichtungen", in Susmann, Valery (ed.): Konzepte der Sprache und Kultur im Werk Franz Kafkas. Nizhny Novgorod, Dekom 2005, no pages numbers.

6. See Action by Alexander Brener: he was arrested in 1997 after painting a green dollar sign on the picture „Suprematism" by Kasimir Malewitsch in the Stedelijk Museum in Amsterdam. In his defence he said: "My act was not aimed at the picture. I see my act more as a dialogue with Malewitsch".

7. In 2001 Roswitha Ennemoser designed and organised "RAUM × 2" in the Russian Cultural Institute, Vienna: a solo exhibition with works by Andrei Ryshov was followed by a presentation of her own works.

8. Catalogue text by Roswitha Ennemoser in „Poloca", p. 48.

9. International Symposium, Linguistics University, Nizhny Novgorod, 27-9 and 2-10-1999.

10. This „small exhibition" (Ennemoser transported the works in her hand luggage) included Josef Adam Moser, Franz Pichler, Beverly Piersol, Kurt Stadler and Kurt Spurey.

11. Ennemoser in: Linguistics University (ed.): The familiar and the foreign in the European cultural tradition, Nizhny Novgorod, Dekom 2000, p. 190.

12. "Untitled", 1999, paper and wood, 33 times 18 × 13 cm, 2 times 5 × 10 × 5 cm.

13. Cited in her opening speech for „Parallel Project 2"

14. Ennemoser in: Linguistics University (ed.): The familiar and the foreign in the European cultural tradition, Nizhny Novgorod, Dekom 2000, p.190.

15. ibid, p.191.

16. ibid.

17. ibid.

18. "PLAN", University of Architecture and Civil Engineering, Nizhny Novgorod.

19. Edited photos, one above the other, with multiple layers (paper and foil).

20. See Project Report „PLAN", page 2.

21. Gertrude Moser-Wagner in an email in November 2013. Roswitha Ennemoser was, however, certainly politically active and a thinking artist. In 2000 she designed a "stamp" as a statement about the "Blue-Black" government (coalition between the ÖVP and FPÖ parties in Austria): "Art in Opposition".

22. Text for the exhibition „Small rural architecture in the Nizhny Novgorod region".

23. ibid.

24. Interview with Alexander Belobratow, see this publication, 17.

25. "Wasserrohre und Dichtungen", in Susmann, Valery (ed.): Konzepte der Sprache und Kultur im Werk Franz Kafkas. Nizhny Novgorod, Dekom 2005, no pages numbers.

26. A kind of pancake from Eastern Europe.

27. See Hermann Zschiegner, "It was as heavy as irises there.", see this publication, 200.

28. "Our natural spaces are now almost purely cultural spaces, since nature itself has been organised by our cultural habits. [...] Because art is becoming increasingly 'dematerialised' through the new media, for me the materiality of things – their physicality – seems more and more 'natural', as does the materiality of concrete." (cited from the submission for Mondsee Land Art, page 3)

29. "Wasserrohre und Dichtungen", in Susmann, Valery (ed.): Konzepte der Sprache und Kultur im Werk Franz Kafkas. Nizhny Novgorod, Dekom 2005, no pages numbers.

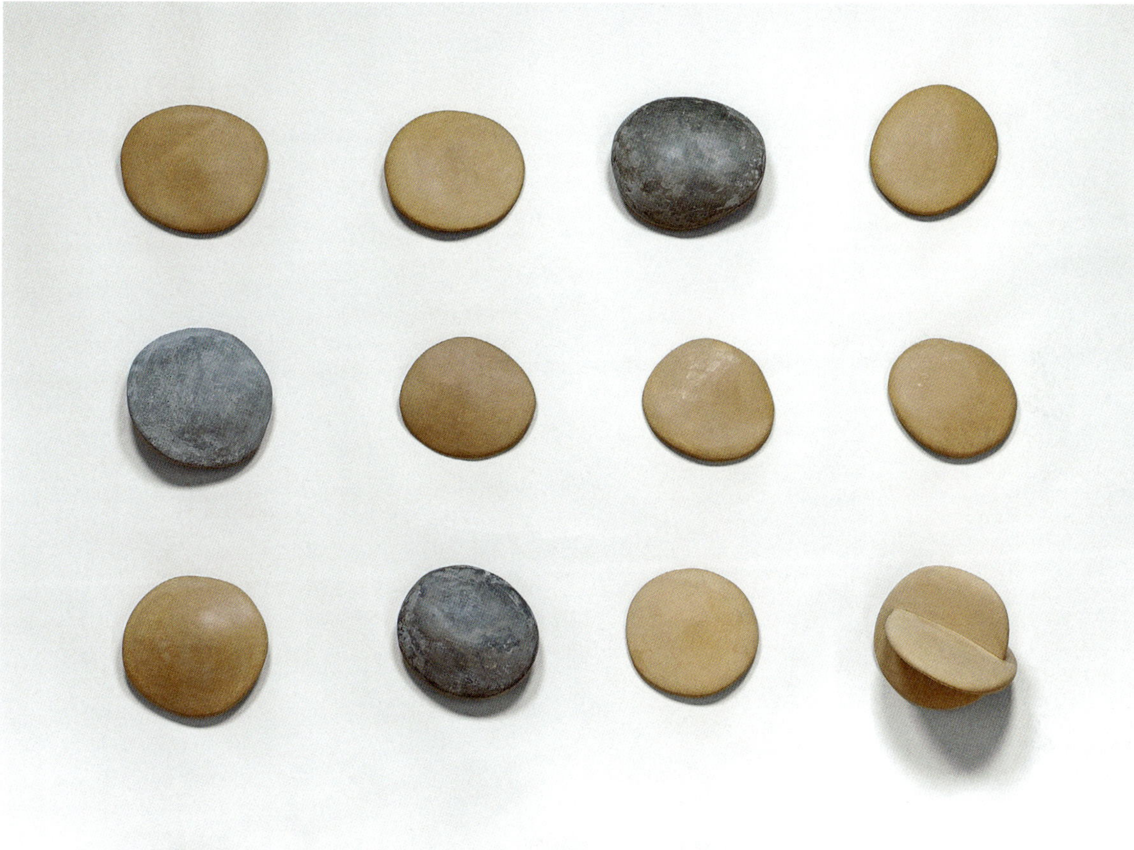

Blinis
2004
ungebrannter Lehm, Beton /
air-dried clay, concrete
12-teilig / 12 parts
je ø 20 cm / each

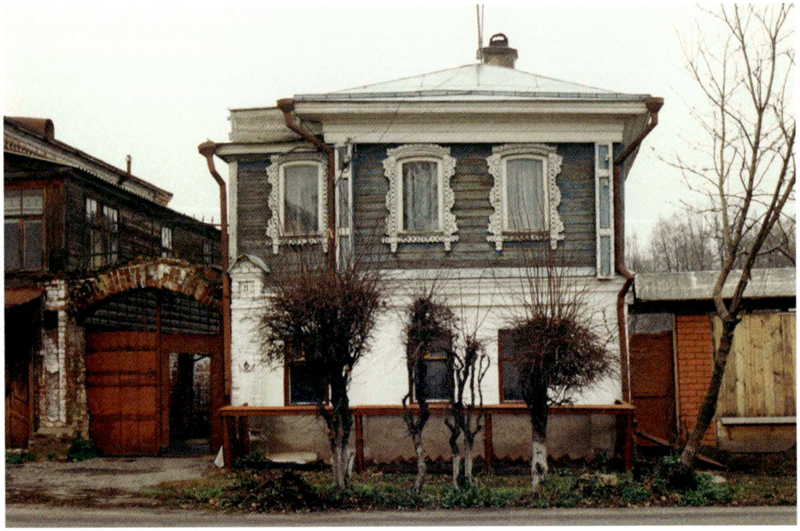

O.T. / Untitled
2003/2004
Fotografie / photograph
20 × 30 cm

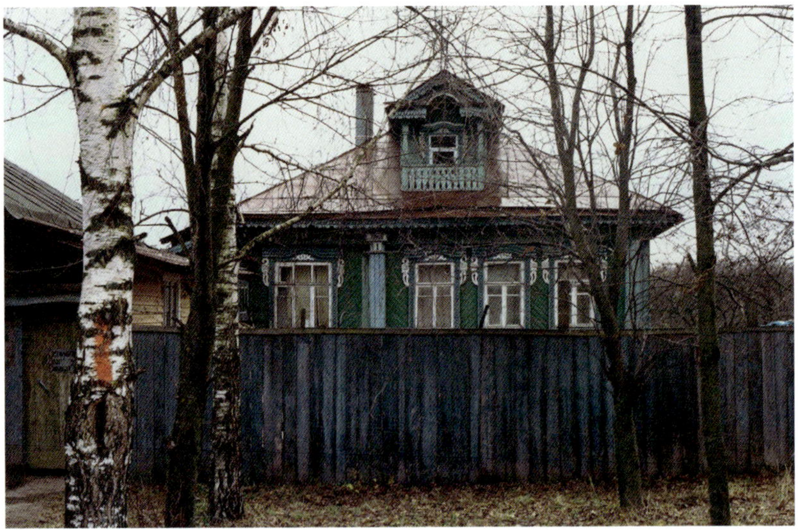

O.T. / Untitled
2003/2004
Fotografie / photograph
20 × 30 cm

O.T. / Untitled
2003/2004
Fotografie / photograph
20 × 30 cm

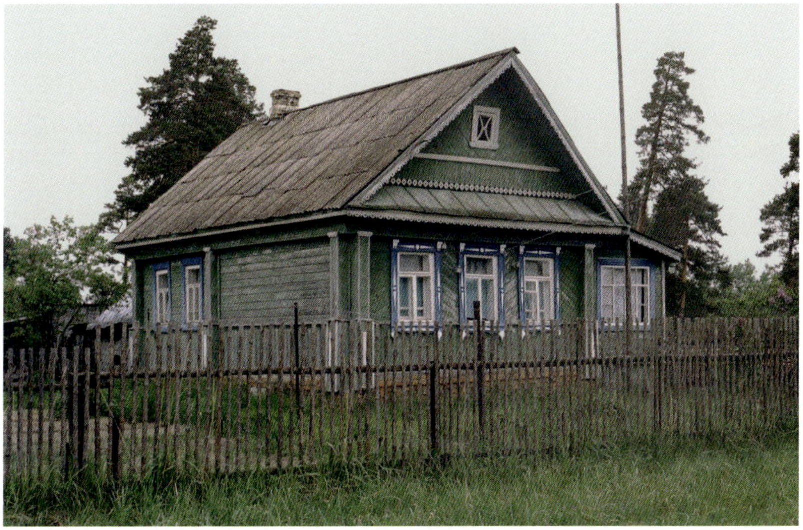

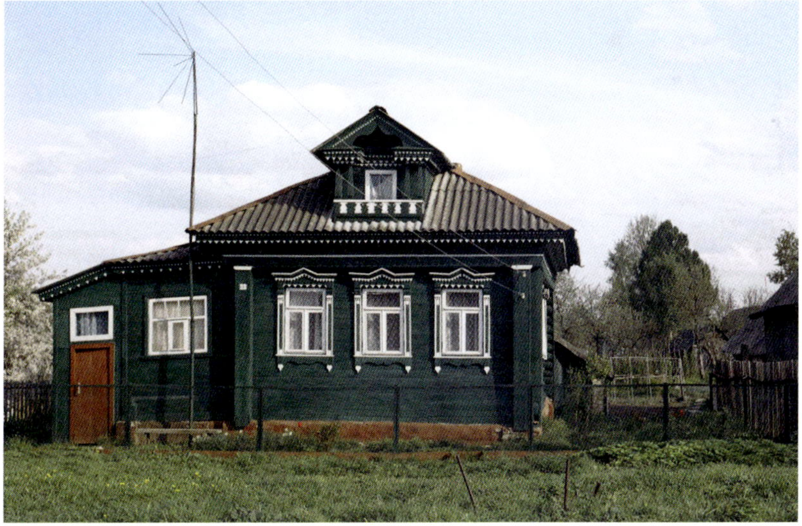

O.T. / Untitled
2003/2004
Fotografie / photograph
20 × 30 cm

EBEN
FLÄCHE (2 Varianten)
OBER ½
UNTER ½
ZWISCHENRAUM
DISTANZ
OBERFLÄCHE (2 Varianten)
ZENTRUM (2 Varianten)
VORDERGRUND
HINTERGRUND
LÄNGE BREITE TIEFE
DA DA
HIER DORT
RAND
RINGSHERUM

FLAT (EBEN)
PLANE (2 versions)
ABOVE ½
BOTTOM ½
SPACE BETWEEN
DISTANCE
SURFACE (2 versions)
CENTRE (2 versions)
FOREGROUND
BACKGROUND
LENGTH WIDTH DEPTH
THERE THERE
HERE THERE
EDGE
AROUND

Roswitha Ennemoser

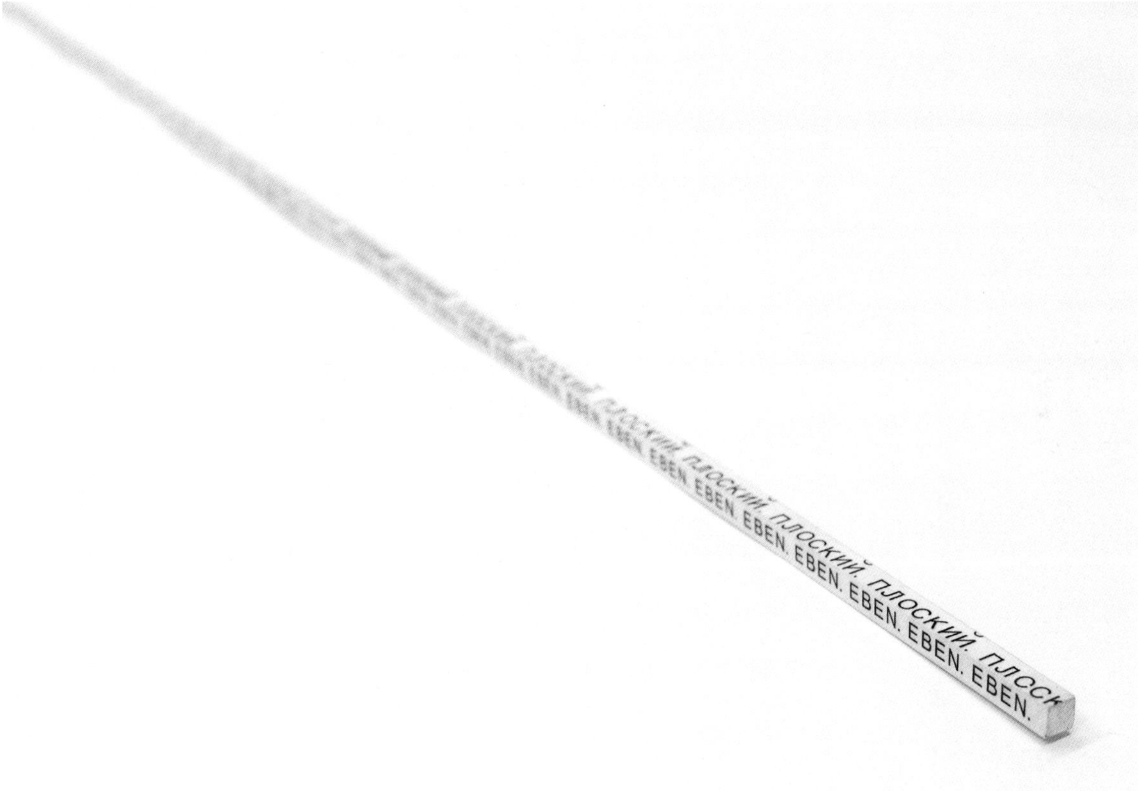

O.T. (Sprache/Raum) /
Untitled (Language/Space)
2001–2002
Folie auf Holz / foil on wood
94 × 0,8 × 0,8 cm

schwertlilienschwer
war es da.

Hermann Zschiegner

1

R. E. (geb. 1953) ist in eine Familie mit sechs Geschwistern hineingeboren.

Ihre Mutter stammte aus Breslau. Ihr Vater stand im Krieg auf der falschen Seite. „Wir sind ein wenig wie die Wilden aufgewachsen." Ihre jüngste Schwester, Heidi (geb. 1965), sollte für R. und auch für mich noch allergrößte Bedeutung bekommen.

Am Beginn der Pubertät, schleichend zum Erwachsenwerden, bemerkte R. in sich Gewichte, die sie nach unten zogen, Einsamkeitsgefühle, intensives Selbsterleben. Das kleine Birkenwäldchen hinter ihrem Elternhaus war ihr Schutzraum. Unruhen, die grundlos dunkel auftauchten, konnten sich in Lachen auflösen. Mit diesem Lachen schützte sie sich. Sie begann ihre dunkle Seite zu verstecken und nichts nach außen zu tragen. Selbst gute Freunde und die Familie konnten nichts oder nur wenig Schwerwiegendes entdecken, das nicht der Norm entsprach. Doch hinter diesem Vordergrund befand sich ein großes Gewicht Untergrund, der sie zunehmend erschreckte und den sie nicht preisgab.

R. entschied sich für eine Ausbildung als Kinderkrankenschwester und für Logopädie und arbeitete am Klinikum in Innsbruck. Sie lebte gut mit ihrer Freundin zusammen, in einer kleinen WG.

1976 erkrankte ihre Mutter an Krebs und lag immer wieder im Krankenhaus.

Sie betreute dort ihre Mutter täglich, war der Weg doch nicht weit von ihrer Arbeitsstätte zum Bett der Mutter. Durch Hinwendung und Empathie zur sterbenden Mutter erlebte sie deutlich Verlust und Angst. Ihre Depressionen verstärkten sich, die sie nun als solche erkannte. 1977 verstarb ihre Mutter. R. erlebte Wochen darauf einen Zusammenbruch, eine schwere depressive Episode, wenn man das so nennen will.

Sie kündigte in der Klinik, fasste den Plan, nach Wien zu ziehen, sich am Schillerplatz zu bewerben und die Brücke Innsbruck abzubrechen. Ab 1978 studierte sie am Schillerplatz.

2
Die Begegnung.

Feber 1979. Ich saß in einer etwas windigen Gaststätte nahe dem Schillerplatz mit drei Architekten zusammen. Wir sprachen über Politik und Beruf. Die RAF war damals auch noch ein Thema. Eine etwas fragwürdige Atmosphäre bekam das Lokal durch den Dauerbetrieb der Musikbox mit drittklassigen Scheiben in höchster Lautstärke.

R. tauchte auf und setzte sich an unseren Tisch. Sie kannte die Runde nur sehr beiläufig und sagte außer einem Grußwort nichts. Auch ich beteiligte mich nicht am Gespräch. Das lebhafte Reden der Architekten blieb im Fluss, und R. wurde nicht weiter oder besonders beachtet.

Blick – Gegenblick. R. hatte ohne jede weitere Absicht eine Hand am Tisch liegen. Ich beugte mich vor und legte meine Hand auf ihre Hand. R. zog die Hand nicht zurück. So blieben die Hände eine kurze, lange Weile beieinander, bis ich mich zurückzog. Nach nicht gezählter Zeit und vielen „Augenblicken" beugte ich mich wieder über den Tisch und sagte gut hörbar: „Gehen wir." R. sagte: „Ja, gehen wir." Wir grüßten freundlich in die Runde. Für die Architekten war das Geschehen, Erstaunen.

Nach längerem Suchen landeten wir in einem dunklen, plüschigen, verstaubten und vielleicht sogar anrüchigen Theatercafé, in dem eine gealterte Sängerin Arien schmetterte. Wir bemerkten auch hochhackige Damen, die kamen und wieder gingen. Wir saßen in der hintersten Ecke des Lokals und begannen ohne Umwege und ohne Rücksicht auf Verluste, wie es so schön heißt, uns das Leben zu erzählen. Mit größter Offenheit das Wesentliche und kleine Ränder. Rede und Gegenrede, Flut und Ebbe, Erschöpfung und Hoffnung auf beiden Seiten. So erfuhren wir uns bis tief in die Nacht. „Sind wir jetzt ein Paar?", fragte ich. „Ja", sagte R. Und ich sagte den höchst pathetischen und kitschigen Satz: „Ich werde dich niemals verlassen." Heute ist dieser Satz weder kitschig noch pathetisch, ist er doch Wirklichkeit geworden.

Noch in dieser Nacht löste ich eine Beziehung auf, in der ich bis dahin gesteckt hatte.

3
Die Gstätten.

Einmal kam R. freudig nach Hause (sie hatte in der Khunngasse eine Zimmer-Küche-Wohnung angemietet, die sie als Atelier benutzte) und sagte hell und sehr bestimmt: „Ich habe eine Gstätten gefunden, dort werde ich ab jetzt malen, ein Jahr lang, ein volles Jahr, alle Jahreszeiten." Ich erschrak, zugleich war ich fasziniert. Die Gstätten, ein stark verwildertes, eingezäuntes Gelände, nahe dem Südbahnhof, Richtung Erdberg, riesig. Ich erinnere mich an meinen ironischen Einwurf: „Konservativ und gleichzeitig extremistisch." Am nächsten Tag besuchten wir das Gelände und entdeckten eine selbst gebaute Hütte, die Obdachlosen als Bleibe diente. R. sagte ihnen, sie würde nun für lange Zeit hier malen: „Auch ich bin illegal hier." Kunst und Armut, dachte ich – eine sehr ungewöhnliche Verbindung. Darüber sprachen wir oft und lange. Mit Staffelei und Malkasten schlüpfte R. durch ein Loch im Zaun in ihren Garten. Alle Utensilien blieben immer dort, gut abgedeckt und gut bewacht von den Hunden der Verarmten, ein ganzes Jahr. Die Obdachlosen belästigten R. nie. Manchmal kam einer oder eine, schaute ihr minutenlang zu, man sagte etwas über Wind und Wetter, und er oder sie ging wieder. Oft holte ich sie ab, oder wir trafen uns gleich in einer Gaststätte. Fertige Bilder nahm sie mit, und wir besprachen das Bild, den Tag und das Überhaupt. Den Standpunkt ihres Malens veränderte sie nicht oder nur selten. Nie hatte ich Zweifel, dass das, was sie machte, nicht richtig wäre. Ich staunte über ihren Mut zu sich selbst. Ihre Beharrlichkeit und Geduld überraschten mich nicht. Nach Jahr und Tag besuchten wir die Hütte. R. sagte zu den Obdachlosen: „Ich möchte mich bedanken." Alle tranken wir Bier, und R. sagte noch: „Ich werde nicht mehr kommen."

Archaisch und anarchisch empfanden wir dieses Jahr, auch sehr weit weg, beinahe ein Märchen. Dieses Jahr nannten wir später die Gstättenzeit. Einige Bilder sind verkauft, verschenkt oder vernichtet. In dieser Natur hat R. sich selbst stark erlebt, in großer Einsamkeit, verbunden nur mit dem Geäst, den Bäumen, den Raben nicht zuletzt. Es ging ihr besser, doch das Insekt in ihrem Kopf, die Depression, war zündelnd immer da.

4
Praterstraße.

Wenn ich an einem späten Montagvormittag im Atelier bei ihr anläutete (ich sperrte nie selbst auf), empfing mich R.: „Na, so was, war dir der Sonntag vielleicht nicht genug, komm doch rein, ich mach' Kaffee, und bleib da. Ein guter Wochenanfang, wenn du da bist."

Das Atelier war ihre Heimat. Ein großer Raum, ein Vorraum, ein selbst gebautes Hochbett, riesige Fenster, Riemenboden, ein mächtiger Schrank, Werkbank, Schreibtisch, Pflanzen, Stühle, ein Tisch, Werkzeug, Papier und Farben. Das Atelier war ihr näher als die Wohnung. Beinahe täglich fuhr R. ins Atelier, und wenn sie im Atelier war, verließ sie es bis zum Abend in der Regel nicht mehr. Sie wollte den Raum nicht verlassen, die halb verwirklichten Arbeiten nicht alleine lassen, sich nicht von ihnen entfernen, so schien es mir. Sie wollte die Straße und das Leben draußen nicht sehen und auch keinen Eiskaffee mitten im August. Wir telefonierten täglich ein- oder zweimal, und am Tonfall ihrer Stimme wusste ich, wie es ihr war. Wenn ich R. abholte, gingen wir essen.

An ein Gespräch erinnere ich mich noch sehr genau. „Du greifst nie in meine Arbeiten ein. Das ist mir recht. Maximal gibst du kleine Hinweise." – „Ich will dir doch nicht sagen, mach das so oder so oder schau dir mal diesen oder jenen Künstler an." Ich sah mit Freude, was entstanden war, und griff nicht ein.

R. hatte kein Netzwerk. Sie wollte auch keines. Ihre Atelierinsel genügte ihr. Manchmal kamen Künstlerkollegen, betrachteten ihre Arbeit, man sprach, vielleicht über eine Ausstellung, unterhielt sich, trank Kaffee, und nach einer halben Stunde war es genug. Über all die Jahre entstand keine einzige sogenannte Künstlerfreundschaft. Das lag natürlich auch an ihr. Sie hätte sich öffnen müssen, und das wollte sie nicht. Auch verlangte sie eine Tiefenschärfe, die konnte oder wollte man nicht geben. Vielleicht stand die Ausschließlichkeit und Bedingungslosigkeit unserer Beziehung dabei auch im Wege.

Stift, Farbe und Blatt waren noch im Spiel. Wir saßen im Halbdunkel im Atelier, schauten uns nur an, und ich spürte ein Glücklichsein in ihr, bei aller Schwermut und allen Gewichten, die immer vorhanden waren.

5
Die Schwester Heidi.

H. lebte bei ihrem älteren Bruder, einem Geigenbauer, in einem kleinen Haus nahe Innsbruck. Die beiden Geschwister verstanden sich gut. H. studierte am Konservatorium in Innsbruck Musik und erkrankte.

R. fuhr, ohne zu zögern, sofort nach Tirol. Die erschütternde Diagnose: Schizophrenie mit sehr schlechter Prognose. R. blieb Wochen. H. lebte nach der Entlassung aus der Klinik wieder bei ihrem Bruder. Es war für ihn schwer, die wechselnden Zustände seiner Schwester zu ertragen. H. zog nach Wien und wohnte einige Zeit bei ihrer Schwester, bis es auch ihr zu viel wurde. Es wurde eine kleine Mansardenwohnung in unserer Nähe gefunden. Krankheitsschübe, Selbstverletzungen, Einweisungen, Suizidversuche wechselten mit labiler Stabilität. Über Jahre. Die Krankenhausaufenthalte waren immer sehr kurz. Drei, vier Tage. Zuerst Schlaf, kurzes Gespräch, eventuell neue Einstellung der Medikamente und zurück in die Gesellschaft (offene Psychiatrie).

Unsere Situation war ein Dreieck. An der Spitze des Dreiecks stand ihre Schwester. Wenn man vom Krankenhaus mal absieht, waren wir die einzigen tief greifenden Bezugspersonen, denen Heidi vertraute. Die Stimmung zwischen den beiden Schwestern war von gefährlicher Nähe. R. liebte ihre Schwester und lebte mit der Hoffnung, sie aus der Krankheit zu führen. Wir leisteten Hilfe, und R. gefährdete sich dabei schwerwiegend. Ihre Depressionen verstärkten sich, der Zustand der Schwester verschlechterte sich. In den ruhigen Phasen, die länger andauern konnten, studierte und unterrichtete ihre Schwester Gitarre und Klavier.

Am 17.11.2000 stürzte sich Heidi nach jahrzehntelanger Krankheit aus dem Fenster ihrer Mansardenwohnung. R. war in Petersburg. Am 17.11. wurde dort ihre Ausstellung eröffnet. Vom Freitod ihrer Schwester erholte sie sich nie mehr richtig. R. blieb in den Gefahrenzonen und ich mit ihr.

R. lächelte mich an – manchmal schien es von weit her. An H. denke ich oft, an R. beinahe immer.

6
Russland und die Russen.

Alles begann mit dem Besuch eines jungen russischen Literaturwissenschaftlers in meiner Buchhandlung. Man verstand sich auf Anhieb, und bereits Tage später saßen wir in der Küche unserer sonst ziemlich verschlossenen Wohnung. Unterschiedliche Denkweisen trafen einander.

Die erste große Ausstellung in Nischni Nowgorod (Messepalast) wurde von Österreich unterstützt und gefördert, wäre aber sicher nicht entstanden ohne den vollen Einsatz von R. Ich denke, sie war die erste Künstlerin aus dem Westen, die in N. N. Arbeiten zeigte. (N. N. – Gorki – war eine geschlossene Stadt, Andrei Sacharow war dort interniert.) Petersburg und N. N. und nicht zuletzt Dserschinsk waren ihre Stützpunkte. Überall hatte sie Familienanschluss, sprach sie doch Russisch. Sie erfuhr Wärme und Zuneigung, Hilfsbereitschaft und Freundlichkeit. Es entstanden Freundschaften. Sie saß an vollen Abendtischen mit alten Leuten, spazierte mit Kindern und diskutierte mit Künstlern. So entstand in ihr ein Heimatgefühl für Russland, das bis zu ihrem Tod anhielt. Sie liebte Russland, „das einfache Leben", stellte keine Ansprüche, nahm das, was geboten, integrierte sich. Man schätzte sie.

Viele ihrer russischen Freunde lernte auch ich kennen. Es gab erfolgreiche Abende mit bis zu sechs russischen Gästen. Es gab kontroverse Diskussionen, die hauptsächlich ich auslöste. (Zwei Literaturwissenschaftler: Afrika hat keine Literatur, Freud ist nicht so wichtig. Na ja, vielleicht sehen sie das heute anders, ist ja viele Jahre her.) Die Stimmung war immer gut, wir fühlten uns wohl. Die Abende dauerten lang. R. war eine erfolgreiche Gastgeberin und erschöpft. Mit zwei Filmemachern bin ich auch heute noch verbunden. Das Bindeglied ist R.

Am Ende ihres Lebens las R. ausschließlich Daniil Charms, einen Petersburger Poeten. Mit Albert Camus (der Mythos von Sisyphos) hatte sie zu lesen begonnen. Beide Autoren schreiben über das Absurde.

7
Die Reisen.

Seltsam. Alle unsere gemeinsamen Reisen lagen innerhalb der k.-u.-k.-Monarchie. Venedig, Triest, Prag (nach der Öffnung nicht mehr), Budapest und Krakau.

Triest. Die Bora. Man muss sie erlebt haben. R. erlebte den Sturm mit großen, diffusen Angstgefühlen, sodass wir uns entschlossen, den Aufenthalt abzubrechen. Auch ein zweiter Versuch einer Reise nach Triest scheiterte: Netzhautbruch meines linken Auges. Wir fuhren mit dem Nachtzug. Ich hatte die ganze Nacht den Eindruck, R. bewacht mein Auge. Viele Male waren wir in dieser Stadt. R. saß im karstigen Gelände, zeichnete, und ich betrachtete sie dabei.

Prag. Wir hatten das Gefühl, wenn wir noch einmal die Karlsbrücke queren, kennen uns alle. Die Blicke waren nicht feindlich, auch nicht besonders freundlich. Abwartend. Am Wenzelsplatz wohnten wir. Es schneite immer. All die drei Tage. Wir suchten in Prag, was wir gelesen hatten. „Prager Kreis". Zum Neuen jüdischen Friedhof mussten wir die Untergrundbahn benutzen. Wir fanden die Gräber, die wir suchten, und R. zeichnete. Eine Zeichnung ist erhalten geblieben. Ich habe sie in der Wohnung gefunden. Sie ist jetzt im Schlafzimmer. „1985" steht unten rechts.

Schönfeld-Lassee. Steingärten. Auch eine Reise. Geheimnisbestimmt. Von 2003 bis 2007 besuchten wir die Schottergruben regelmäßig. Wir befanden uns in einer menschenleeren, großräumigen Landschaft mit Vogelflug. In diesen Feldern entstanden in uns Empfindungsräume, Gedanken- und Gefühlsschleifen, die wir so nicht kannten. Manchmal saßen wir bereits zu Mittag auf den Hügeln und suchten Steine. Form und Farbe waren entscheidend. Mitten im August, das Licht flirrend und flimmernd, hockten wir geduckt unter Sträuchern und blickten auf die Bruchlinien des Grabens mit der Sehnsucht nach einem See, den es dort nicht gab.

Einmal, spät in ihrer Zeit, stand R. auf einem riesigen Steinhügel. Ich war weit entfernt am Rand der Grube. R. warf die Arme hoch und rief über das leere, weite Feld: „Ich bin glücklich!" Ich schaute in ihre Richtung und begann zu weinen. Als R. dann kam, sie bemerkte die Tränen, sagte sie nichts.

In diesen Schottergruben ist eine Nähe zwischen uns entstanden, die unserer ersten Begegnung gleichkam, wo vieles gesagt worden war, doch noch nichts geschehen, und jetzt, wo fast alles schon geschehen, waren es wieder die Blicke, und wir mussten uns nicht mehr erklären.

DAS ANDERE IM EIGENEN und
DAS EIGENE IM ANDEREN.

8
Eine ihrer Arbeiten.

Ein größeres Blatt fand ich in der Wohnung hinter einem Kasten versteckt. R. hat das Bild ganz bewusst nicht ins Werkverzeichnis aufgenommen, obwohl die Problematik des Bildes all die Jahre zentral in ihrem Bewusstsein war – ein Schlüsselbild. Außergewöhnlich ist auch, dass ein russisches Wort in das Bild geschrieben ist. Beim Betrachten dieses Bildes öffnet sich in mir ein klitzekleiner quasiimaginärer Spalt, eine winzige Möglichkeit, dass dieses Bild nicht von R., sondern von einer einst befreundeten Russin ist. Nun wage ich den provokanten Satz: Selbst wenn das Bild nicht von R. stammt, ist es trotzdem von R. Im Vordergrund steht eine Figur, umgeben von Feuer und Steinen, ein mächtiges Tor und hinter dem Tor Luft und Leere. Die Figur scheint unentschlossen, weiß nicht, ob sie das Tor durchschreiten soll. Im viel später entstandenen Mauerobjekt (sicher die authentischste Arbeit) gibt es diese Frage nicht mehr. Es gibt überhaupt keine Frage mehr. Alles ist verschlossen. Stille.

Der Abbruch. R. verpackte mit ihrer frühen Freundin aus den Innsbrucker Tagen über Wochen Stück für Stück ihrer Objekte. Meinen Einwurf: „Das ist doch nicht notwendig", ließ sie nicht gelten: „Wenn die Arbeiten übergeben werden, sollten sie mein Gesicht tragen."

AKH. Am seitlichen Teil des Allgemeinen Krankenhauses befindet sich ein kleines Wartehäuschen, und man könnte nun vermuten, dass es sich dabei um eine Busstation handelt, in der die Kranken, vielleicht selbst Schwerkranke, Schutz suchen und darauf warten, abgeholt zu werden, in der Hoffnung, im sehr weitläufigen Gelände in einer anderen Krankenstation wieder Aufnahme zu finden. Doch es gibt keinen Hinweis, kein Zeichen, dass es sich dabei tatsächlich um eine vielleicht einmal existierende und nunmehr aufgelassene Station handelt, die diese Annahme stützen. So bleibt es den zweifelnden Kranken überlassen, dazusitzen und zu warten, die kranke Zeit zu verschwenden und an eine Linie zu glauben, die sie fortbringt. Die Geräusche einer nahen Schnellstraße im Ohr und den Blick auf den nahen Turm.

Im Jahr 2006 telefonierte R. von diesem sinnentleerten Ort über Wochen spät in den Abend hinein. Die Gespräche waren ebenso beiläufig wie endgültig. Einmal, es regnete stark und R. sagte: „Hörst du den Regen?", und dann noch: „Das bin auch ich." Sie weinte nicht dabei.

9
R.

R. litt weit über dreißig Jahre an einer genetisch bedingten Depression, aus der sie sich und auch ich sie nicht herausführen konnte. Der frühe Tod der Mutter war vielleicht Auslöser, die Schizophrenie, der Suizid der Schwester, sicher Verstärker ihrer Erkrankung.

R. war ein sehr starker Mensch. Ihr Blick – azorentief – azurn. R. hatte Fantasie, Poesie und eine große Seele, die mich ganz aufnahm. Obwohl ihr Grundcharakterzug sanguinisch, konnte sie sehr radikal sein. „Entweder – Oder" stand im Atelier über ihrer Tür, und das verstand sie durchaus auch philosophisch.

Für die Gesellschaft hat R. ihre Erkrankung nicht geoutet – „das interessiert doch niemand" –, wäre auch ohne Folgen geblieben, wenn man die Oberflächlichkeit und Stumpfheit in Betracht zieht, mit der allgemein so herumgezwitschert wird und selbst die Obrigkeit des AKH am Kessel steht und im Medikamententopf hilflos herumrührt.

Nie gab es Vorwürfe oder Klagen. Es gab keine Bedingungen, keine Lügen und kein Fluchtverhalten in die Sprachlosigkeit. Zärtlichkeit ohne Pathos war uns eigen. Leidenschaft, nicht Langeweile. Ich bin ihr beigestanden und vielmals auch sie mir. Keine Dunkelheit war größer als die Liebe. Unsere Beziehung hatte eine Intensität und Kraft, die mit den Jahren noch gewachsen sind. Mein Eingangssatz: „Ich werde dich niemals verlassen", gilt für immer, auch in der „Krankheit zum Tode" (Kierkegaard) kein „Abschied von gestern" (A. Kluge).

Manchmal tue ich jetzt so, als wäre nichts geschehen. „EBEN", sagt Roswitha dann, ein Wort, das sie oft gebrauchte, das ja doppelbödig ist und am Schluss soeben bedeutete, nicht weit entfernt war – ebenso.

Wir gehören zusammengedacht, keinen Steinwurf entfernt vom leuchtenden und vertrauten Blick, der mich trug.

Heute befinde ich mich an einer Grenze, die ich nicht kenne, doch der ich mich nahe fühle. Außerdem – und nur noch im Nachsatz gesagt – möchte ich nicht in den Gewächshäusern der allgemeingültigen Gleichgültigkeit spurlos verschwinden.

schwertlilienschwer
war es da

10

R. Ach, was hast du nur alles erzählt!
H. Nichts von uns und dem Kornblumenschnee.

Am 22.8.2008 ist Roswitha an den Folgen eines Gehirntumors nach sehr langer Krankheit gestorben. Sie ist erstickt.

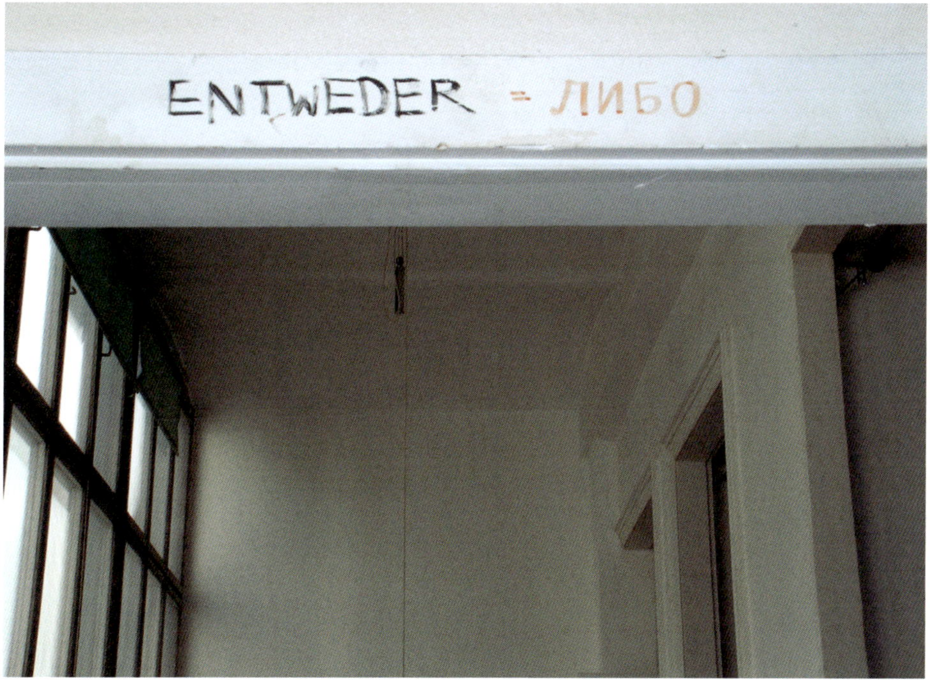
ENTWEDER = ЛИБО

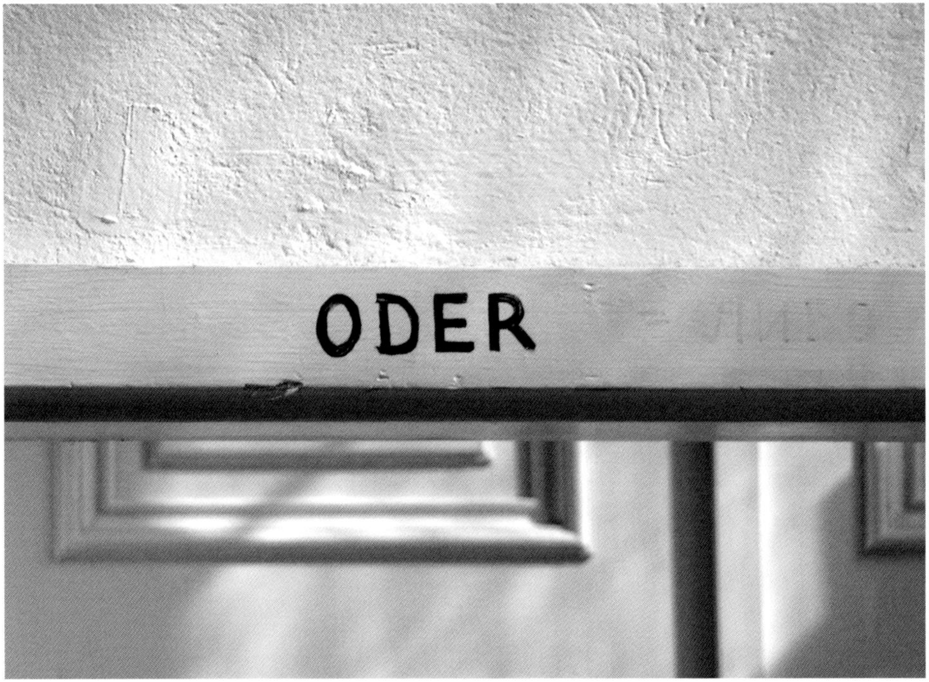
ODER

it was as heavy
as irises there.

Hermann Zschiegner

1

R. E. (born in 1953) was born into a family of six children.

Her mother came from Breslau. Her father fought on the wrong side in the war. "We grew up a bit like savages." Her youngest sister, Heidi (born in 1965), was to have the greatest importance in R.'s life, and also in mine.

At the beginning of adolescence, slouching towards adulthood, R. noticed weights in herself that pulled her under, feelings of loneliness, intense self-experiences. The small birch grove behind her parents' house was her shelter. Disquiets that emerged darkly without reason could dissolve into laughter. She protected herself with this laughter. She began to hide her dark side and to show nothing of it outwardly. Even good friends and family could discern little or nothing serious and heavy in her that deviated from the norm. Yet beneath this surface there was a heavy subterranean weight, which increasingly frightened her, but which she refused to divulge.

R. decided to train as a paediatric nurse and speech therapist, and then worked at the hospital in Innsbruck. She lived happily together with a friend in a small flat-share.

In 1976 her mother fell ill with cancer and was in and out of hospital.

She looked after her mother daily – the way to her sick bed was not far from R.'s workplace. In her devotion to and compassion for her dying mother, she went through strong experiences of loss and fear. Her depression, which she now recognized as such, intensified. In 1977 her mother died. A few weeks later R. had a collapse, a severe depressive episode, if you want to call it that.

She quit her job at the hospital, conceived the plan to move to Vienna, to apply to the Academy of Fine Arts there and to burn her bridges to Innsbruck. In 1978 she began studying at the Academy.

2
Our encounter.

February 1979. I was sitting in a somewhat dodgy pub near the Schillerplatz with three architects. We were talking about politics and jobs. The Red Army Faction was an issue then. The pub acquired its somewhat dubious atmosphere from the continuous operation of a juke box with third-rate discs played at the highest volume.

R. appeared and sat down at our table. She knew the group only very casually and said nothing except for a greeting. I too did not join in the conversation. The architects were taken up by the lively flow of their discourse and did not take further or particular notice of R.

A look – a looking back. R. had laid her hand on the table without any ulterior motive. I leaned forward and put my hand on hers. She did not draw it back. For a short, long time, our hands remained so until I withdrew mine. After many uncounted moments and looks, I again leaned forward and said, in a clearly audible voice: "Let's go". R. said: "Yes, let's." We said our friendly good-byes to the others. For the architects this was an event, astonishing.

After a long search, we ended up in a dark, plush, dusty and perhaps even disreputable theatre café, where an aged singer was belting out arias. We noticed high-heeled ladies who came and went. We sat down in the furthest corner of the place and began straightaway and without regard to losses, as the phrase so nicely goes, to tell each other the story of his and her life. The essentials and the small margins, with the greatest openness. Her talking and me talking, ebb and flow, exhaustion and hope on both sides. This went on deep into the night. "Are we now a couple?" I asked. "Yes", said R. And then I uttered the most pathetic and kitschy sentence: "I'll never leave you". Today this sentence is neither kitschy nor pathetic; it became reality.

Later that night I broke off a relationship in which I had been involved up to then.

3
The Gstätten.

Once R. came home elated (she had rented a one room + kitchen flat in the Khunngasse, which she used as a studio) and said, radiant and very determined: "I've found a Gstätten; from now on I'm going to paint there, one year long, one full year, every season". I was startled, and at the same time fascinated. The Gstätten is a heavily overgrown, fenced-in area, near the South Station, in the direction of Erdberg, huge. I recall my ironic interjection: "Conservative and at the same time extremist". The next day we visited the place and discovered a self-built hut, which served as a shelter for the homeless. R. told them she would now be painting there for a long time: "I'm here illegally too". Art and poverty, I thought – a very unusual combination. We talked about it often and long. With easel and paintbox, R. slipped through a hole in the fence in her garden. All her tools remained there, well covered and well guarded by the dogs of the poor, a whole year. The homeless people never bothered R. Sometimes one or the other and would watch her for several minutes, exchange a few words about the weather and go again. I would often collect her, or we would simply meet in a pub. She would bring completed pictures with her and we discussed the picture, the day and things in general. The standpoint of her art did not change, or else only rarely. She never doubted that what she was doing was right. I marvelled at her courage to be herself. Her perseverance and patience did not surprise me. A year and a day later we visited the hut. R. said to the homeless people: "I'd like to thank you". We all drank beer, and R. said: "I won't be coming back".

We felt this year to have been archaic and anarchic, and very far away, almost a fairy tale. We later called the year the *Gstättenzeit*, the Gstätten time. Some of pictures were sold, given away or destroyed. In nature there R. had had a strong experience of herself, in great solitude, living only with the branches, the trees and last but not least the ravens. She was doing better, but the insect in her head, depression, was always there, ready to begin gnawing.

4
Praterstraße.

When I would ring the bell at her studio on a late Monday morning (I never unlocked the door myself), R. greeted me with, "Well, look who's here. Sunday wasn't enough for you then? Come in; stay and I'll make coffee. A good start of the week when you're here".

The studio was her home. A large room, an anteroom, a self-built loft bed, huge windows, plank flooring, a hefty wardrobe, work bench, desk, plants, chairs, a table, tools, paper and paints. She felt closer to the studio than to her flat. She went there almost every day, and when she was in her studio she generally did not leave it until evening. She did not want to leave the space, did not want to leave alone, to remove herself from the half-realized works, so it seemed to me. She did not want to see the street and life outside or have an ice-coffee in the middle of August. We would telephone once or twice a day and from the tone of voice I could tell how she was doing. When I collected her, we would go out to eat.

I still remember one conversation very well. "You never intervene in my work. That's fine with me. At most you give me little hints." – "I don't want to say 'do it this way' or 'take a look at this or that artist'" I saw what she did with pleasure, and did not intervene.

R. had no network. She did not want one. Her studio-island was enough for her. Sometimes artist colleagues would stop by, look at her work, talk, perhaps about an exhibition, chat, drink coffee; and after half an hour it was enough. Over all the years she made no so-called "artist friendships". That of course was her doing. She would have had to open herself, and she didn't want to. She also demanded a depth of focus that not everyone could or wanted to give. Perhaps the exclusivity and unconditional nature of our relationship also stood in the way.

Pencil, paint and paper were still in use. We sat in the semi-darkness of the studio, just looking at each another, and I sensed a happiness in her which, despite all the melancholy and all the weights, was always there.

5
R.'s sister Heidi

H. lived with her older brother, a violin maker, in a small house near Innsbruck. The two sisters got along well. H. was studying music at the Innsbruck conservatory when she was taken ill.

Without hesitating, R. went immediately to the Tyrol. The distressing diagnosis: schizophrenia, with a very bad prognosis. R. stayed for weeks. After the discharge from hospital, H. lived again with her brother. It was hard for him to bear her fluctuating states. H. moved to Vienna and lived for some time with her sister, until it also become too much for her. We found H. a small attic flat in our neighbourhood. New attacks, self-injury, referrals, suicide attempts alternated with a labile stability. Over years. The hospital stays were always very short. Three, four days. First sleep, a short interview, perhaps a new adjustment of her medications and then back into society (open psychiatry).

Our situation was a triangle. At the apex of the triangle was R.'s sister. Apart from some hospital personnel, we were her only caregivers who H. trusted. The atmosphere between the two sisters was dangerously close. R. loved her sister and lived in the hope of guiding her out of her illness. We gave her assistance and R. thereby brought herself into serious danger. Her depressions intensified; her sister's condition deteriorated. In the quiescent phases, which could last for a long time, H. studied and taught guitar and piano.

On 17 November 2000, after decades of illness, Heidi threw herself out the window of her attic apartment. R. was in St. Petersburg. Her exhibition there opened on the 17th. She never really recovered from her sister's suicide. R. remained in the danger zones, and I with her.

R. used to smile at me – sometimes it seemed from far away. I think of H. often, and of R. almost constantly.

6
Russia and the Russians.

It all began with a young Russian literary scholar in my bookshop. We got along right away and a few days later we were already sitting in the kitchen of R.'s and my rather inhospitable flat. Different ways of thinking met.

The first big exhibition in Nizhny Novgorod (in the Trade Fair Palace) was sponsored and funded by Austria, but would certainly not have come about without R.'s full commitment to the project. I think she must have been the first Western artist to have shown her works in N. N. (N. N. – Gorky – was a closed city; Andrei Sakharov was interned there for a time.) St. Petersburg and N. N. and last but not least Dzerzhinsk were R.'s bases. She had family connections everywhere and spoke Russian. She was welcomed with warmth and affection, helpfulness and friendliness. Friendships were formed. She would sit at dinner tables with old people, go for walks with children and carry on discussions with artists. And so arose in her that sense of home in Russia that stayed with her until her death. She loved Russia, "the simple life", made no demands, took what was offered, fit in. She was cherished there.

I got to know many of her Russian friends. There were successful evenings with up to six Russian guests. There were controversial discussions, mainly triggered by me. (Two literary scholars maintained that Africa had no literature and that Freud is not so important. Well, maybe they see this differently today; it was many years ago.) The atmosphere was always good and we all enjoyed it. The evenings were long. R. was a good hostess and exhausted herself. I still know two filmmakers from then. The link is R.

At the end of her life R. read exclusively Daniil Charms, a St. Petersburg poet. She had begun reading with Albert Camus (*The Myth of Sisyphus*). Both authors write about the absurd.

7
Travels.

Odd. All our trips together were within the old k. u. k. monarchy. Venice, Trieste, Prague (no longer after the opening), Budapest, Krakow.

Trieste. The Bora. You have to have experienced it yourself. R. experienced the storm with great, diffuse feelings of anxiety, and we decided to break off our stay. A second attempt to visit Trieste also failed: a rupture of the retina in my left eye. We took the night train. The whole night I had the impression that R. was watching over my eye. We visited Trieste many times. R. used to sit drawing in the most karstic terrain, and I used to watch her.

Prague. When we would again cross the Charles Bridge we had the feeling that everyone knew us. The looks were not hostile, but also not particularly friendly. Expectant. We lived on Wencelas Square. It was always snowing. All three days. We sought out in Prague what we had read about. The "Prague Circle". We had to take the underground d to the New Jewish Cemetery. We found the graves we were looking for, and R. made drawings. One drawing has been preserved. I found it in her flat. It is now in my bedroom. In the lower right: "1987".

Schönfeld-Lassee. Rock gardens. Another trip. Shaped by mysteries. From 2003 to 2007 we visited the gravel pits regularly. We found ourselves amidst a vast landscape populated only by birds. These fields inspired in us spaces of sensibility, loops of thought and feeling that were new to us. Sometimes we were already sitting on the hills at noon and looking for stones. Form and colour were decisive. In mid-August, the light shimmering and glimmering, we crouched under the bushes and looked at the faultlines of the pits with the longing for a lake that did not exist there.

Once, late in her life, R. stood up on a huge stone hill. I was far away at the edge of the pit. R. threw her arms up and called out over the wide, empty fields: "I'm happy!" I looked in her direction and began to cry. When R. then came to me, she noticed the tears, said nothing.

In these gravel pits an intimacy arose between us which equalled that of our first encounter, when much was said but nothing yet had happened; and now, after almost everything had happened, there were again these looks, and we no longer needed to explain anything.

THE OTHER IN YOUR OWN LIFE and
YOUR OWN LIFE IN THE OTHER

8
One of her works.

I found a larger sheet of paper behind a box in the flat. R. had quite deliberately not included the picture in the list of her works, although it treated questions that were always central in her mind – a key picture. It is also unusual that a Russian word is written in the drawing. Looking at this picture, a minuscule, quasi-imaginary slit, a tiny possibility opens in my mind that it may not be a work of R.'s but rather of a Russian painter with whom she was once friends. Now I will venture the following provocative sentence: even if the picture is not by R., it is still by R. In the foreground is a figure surrounded by fire and stones, a mighty gate and, behind the gate, air and emptiness. The figure seems indecisive, at a loss to know whether it should pass through the gate. In a much later wall object (certainly a most authentic work) this question no longer arises. There is absolutely no question. Everything is closed. Silence.

Breaking camp. With a friend from her early days in Innsbruck, R. spent weeks packing her objects, piece for piece. She refused to accept my interjected remark: "But this isn't necessary": "If my works are to be passed on, then they should bear my face".

AKH. [General Hospital] At the side of the General Hospital in Vienna there is a small waiting room, and one could suppose that it is a bus station where the patients, perhaps even the seriously ill ones, seek shelter and wait to be collected in the hope of finding admission to another ward located on these very extensive grounds. But there is no hint, no sign, that it is actually a perhaps once existent and now abandoned bus station serving this purpose. So the doubting patients are left to sit and wait there, to waste the time of their illness believing in a bus line that will take them away. With the sounds of a nearby highway in their ears and the view of a nearby tower.

For weeks in 2006 R. used to telephone late into the evening from this meaningless place. The conversations were as casual as they were final. Once, when it was raining hard, R. said: "Do you hear the rain?", and then: "I'm that too". She did not cry in saying this.

9
R.

For over thirty years R. suffered from a genetically-related depression, out of which she was never able to guide herself, nor was I able to. The early death of her mother was perhaps a trigger; the schizophrenia and suicide of her sister certainly intensified the illness.

R. was a very strong person. Her gaze – ocean deep – azure. She possessed imagination, poetry and a great soul, which received me completely. Although fundamentally of sanguine temperament, R. could be very radical. "Either / Or" stood written over the door of her studio, and she understood this very much in its philosophical sense.

R. refused to out her illness to the public – "no one's interested in that" – and it would indeed have remained without consequence when one considers the superficiality and obtuseness with which everyone twitters about and even the authorities at the General Hospital stand around their cauldron, helplessly mixing medications.

She never made reproaches or complained. There were no conditions, no lies and no escapes into silence. We practiced tenderness without pathos. Passion, not boredom. I stood by her and she often by me. No darkness was greater than our love. Our relationship had an intensity and power that only grew with the years. My first words in our relationship – "I'll never leave you" – remained valid, even in the "sickness unto death" (Kierkegaard). No "Yesterday Girl" (A. Kluge).

Sometimes I now pretend as if nothing had happened. "Quite" Roswitha would say then, a word she used so often and which is ambiguous and, in the end, simply meant, was not far from, "quite so".

We should be thought together, not a stone's throw away from the radiant and intimate look that reflected me.

Now I find myself on a border that I don't know, but to which I feel close. Besides, and only as an afterthought, I wouldn't like to vanish without a trace in the greenhouses of general indifference.

it was as heavy
as irises there

10

R. What haven't you told them about us!
H. Nothing about us and the cornflowersnow.

On Aug 22, 2008, after a long illness, Roswitha died from complications of a brain tumour. She suffocated.

Rasswet

Einerseits fragil, sensibel, leicht verletzbar, ungeschützt. Andererseits Berufskünstlerin, energische Organisatorin, zuverlässige Freundin. So facettenreich war Roswitha Ennemoser.
Die sie umgebende Welt erfasste sie als schöpferische Persönlichkeit mit feinem Gespür und in behutsamer Manier, ohne dabei die feinsten Details, Komponenten, Nuancen und Vibrationen außer Acht zu lassen. Sie studierte ihre Umgebung. Ihre Emotionen brachte sie minutiös, beharrlich und konsequent zum Ausdruck. Ihre Liebe wurde jedem einzelnen Quadratzentimeter des Materials zuteil. Auch auf Großformaten. Viele ihrer Arbeiten sind nicht nur im Hinblick auf Technik und Komposition anspruchsvoll, sondern verlangten auch während des Entstehungsprozesses große körperliche Anstrengung ab. Diese Aufgaben löste sie stets selbstständig. Dieselbe methodisch-konsequente Eigenschaft kam auch in ihrer Arbeit als Organisatorin diverser Projekte zur Geltung.

Sie widmete sich diesen gewöhnlich weit über die Kapazitäten einzelner Künstlerinnen oder Künstler hinausreichenden Tätigkeiten und vermochte so allein ein gesamtes Kollektiv zu ersetzen.

Roswitha war oft in Russland. Viele Menschen, die sie kennen, waren ihr nicht nur freundschaftlich verbunden, sondern standen geradezu in familiärer Beziehung zu ihr. Die vielen Jahre der Freundschaft mit Roswitha bedeuteten für mich sowie unsere Kolleginnen und Kollegen vertraute Gespräche, interessante Projekte, neue Begegnungen, Schaffensfreude. Meine Hauptarbeiten entstanden gerade während dieser Zeit. Im Wesentlichen dank ihr.
In der russischen Sprache – und sie konnte bereits Russisch sprechen – verbindet sich ihr Vorname Roswitha mit dem Wort „rasswet", „Sonnenaufgang". Das ist eine sehr passende Assoziation für eine lichte Persönlichkeit, herzliche Freundin und begabte Künstlerin.

Andrei Ryschow

Aus dem Russischen übersetzt von Vera Ahamer und Valeri Susmann

Rassvet

On the one hand fragile, sensitive, vulnerable, without a protective shell. On the other hand, professional artist, energetic organiser, trusted friend. That is just how multi-faceted Roswitha Ennemoser was. As a creative being, she perceived the world around her with gentle sensitivity, never missing the finest details, elements, nuances and vibrations. She studied her surroundings. She expressed her emotions meticulously, with tenacity and conviction. She showed love towards every single square centimetre of her material. Even with large-scale pieces. Not only are many of her works ambitious in terms of technique and composition – their creation also required great physical effort. She always completed these tasks independently. And she brought the same methodical determination to her work as organiser of diverse projects. She dedicated herself to these activities as if she were a whole group of artists, with a capacity far exceeding that of an individual.

We often saw Roswitha here in Russia. Many people who knew her were not just connected to her as friends but were almost part of her family. To me and to our colleagues, the many years of friendship with Roswitha meant intimate conversations, interesting projects, new encounters, joy of creation. Indeed, it was this period that gave birth to my own main pieces. Essentially thanks to her. In Russian, the name Roswitha is associated with the word "rassvet" – sunrise. That's a very fitting association for a luminous personality, warm friend and talented artist.

Andrei Ryshov

Ennemosers Kunstgegenstände sind von einem sehr starken Impetus getragen, jenem der Objektivation, der Vergegenständlichung. Es sind nach ihren eigenen Worten Versuche, dem Denken einen Raum zuzuordnen, aber auch umgekehrt konkretisierte Räume in ein gedankliches Schema zu bringen. Bauvorhaben in Selbstversuchen. Stets ist es aber eine Versuchsanordnung an Objekten, auch ein Wissen der persönlichen Wahrnehmung in einem gegebenen Raum. Dies als Versuch, als Studium des Sehens, nicht als Expression. Behauptungen im Raum, um etwas zu objektivieren. Fast ein wissenschaftlicher Anspruch, könnte man meinen. Doch das Objekt bewegt sich und die Wissenschaftlerin hat sich selbst eine Denkfalle gestellt, jene Falle der Künstlerin, die sich dem Unvorhersehbaren öffnet. Realität ist Beziehungsrealität.

Ennemoser's art objects have great impetus behind them – objectification. They are, in her own words, attempts at assigning a space to thought, but also – in reverse – placing actual spaces in a conceptual framework. Construction projects in the form of personal experiments. And at the same time it is always a way of experimenting with objects, and of understanding personal perception in a particular space. An experiment, a study in seeing, not an expression. Statements made in space with the intention of objectifying something. Almost a scientific approach, one might think. And yet the object moves and the "scientist" has laid an intellectual trap for herself, the trap of the artist who opens herself up to the unpredictable. Reality is the reality of relationship.

Gertrude Moser-Wagner

Ich hatte das Privileg, in direkter Nachbarschaft zu Roswitha Ennemoser mein Atelier zu haben. Dies umso mehr, als sie jederzeit bereit war, mit mir über die Arbeit zu sprechen, eine sehr wichtige, für den Künstler überaus anregende und auch reinigende Funktion.
Wir trafen einander dann auch des Öfteren auf einen Kaffee im jeweiligen Atelier.
In diesen Gesprächen war ich immer wieder von den einfachen, auf das Wesentliche reduzierten Inhalten verblüfft. Gedanken direkt ausgesprochen, ohne schönendes Beiwerk. Eine Ehrlichkeit, die auch ihr Werk kennzeichnet.

It was a privilege to have my studio very close to Roswitha Ennemoser – even more so as she was willing at any moment to talk with me about work. For an artist, this is an extremely important and stimulating function – purging even.
We also met frequently for a coffee in one or other of our studios. In these conversations I was amazed again and again at the simplicity of what she said – she reduced things to the essential. Thoughts expressed directly, without any attempt to embellish them. The same honesty that characterises her work.

Kurt Spurey

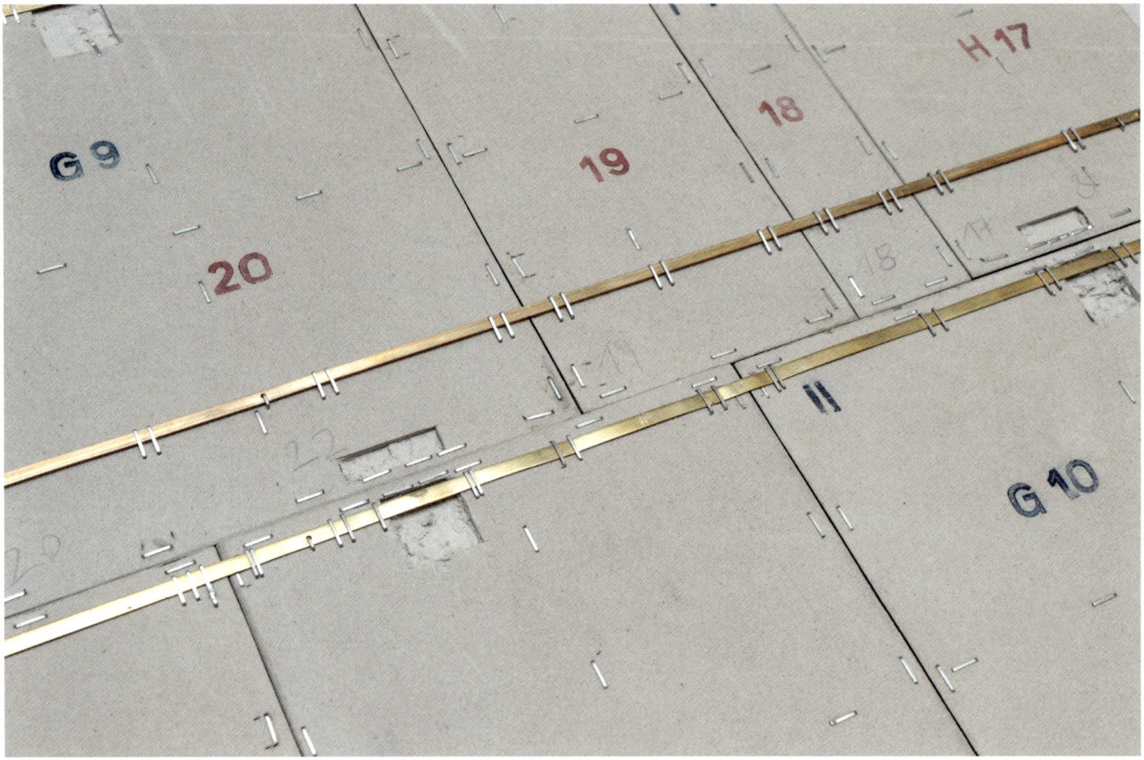
G 9
20
19
18
H 17
G 10

Anhang

Appendix

Biografie / Biography

Roswitha Ennemoser

Geboren / Born 1953 in Inzing, Tirol / Tyrol

1978–1982 Akademie der bildenden Künste Wien (Loys Egg) / Academy of Fine Arts Vienna

2008 in Wien gestorben / died in Vienna

Einzelausstellungen / Solo exhibitions

2005

„Kleine ländliche Architektur aus der Region Nischni Nowgorod", Staatliches Russisches Museum der Fotografie, Nischni Nowgorod (RU) / "Small rural architecture in the Nizhny Novgorod region", Russian State Museum of Photography, Nizhny Novgorod (RU)

2004

„PLAN", Universität für Architektur und Bauwesen, Nischni Nowgorod (RU) / University of Architecture and Civil Engineering, Nizhny Novgorod (RU)

2003

„...dazwischen...", Forum Konkrete Kunst, Museum der Künstler, Erfurt (DE) / „...in between...", Forum Konkrete Kunst, The Artists' Museum, Erfurt (DE)

2001

„RAUM × 2", Russisches Kulturinstitut, Wien (AT), organisiert von Roswitha Ennemoser / „SPACE × 2", Russian Cultural Institute, Vienna (AT), organised by Roswitha Ennemoser

1999

„PARALLELPROJEKT 2", Linguistische Universität, Nischni Nowgorod (RU) / „PARALLEL PROJECT 2", Linguistics University, Nizhny Novgorod (RU)

1996

Galerie ORMS, Innsbruck (AT) / ORMS Gallery, Innsbruck (AT)

1995

„FORM.RAUM.FARBE.", Messepalast, Nischni Nowgorod (RU) / „FORM.SPACE.COLOUR.", Trade Fair Palace, Nizhny Novgorod (RU)

1992

Technische Universität, Wien (AT) / Vienna University of Technology (AT)

Gruppenausstellungen und Symposien (Auswahl) / Selected group shows and symposia

2007

• Internacional-Concreto-Reductivo-Inteligible // Konstruktiv-Konkret-Reduktiv-Intelligibel [Constructive-Concrete-Reductive-Intelligible], Centro Cultural Isabel de Farnesio Aranjuez, Aranjuez (ES)
• „Die Intelligible Gewaltlose Kunst", Hipp-Halle, Gmunden (AT) und Kunststation Kleinsassen, Hofbieber-Kleinsassen (DE) / „Intelligible Non-Violent Art", Hipp-hall, Gmunden (AT) and Kunststation Kleinsassen, Hofbieber-Kleinsassen (DE)
• Intelligible Non-Violent Art // Die Intelligible Gewaltlose Kunst, Atlas-Sztuki, Lódz (PL)

2006

• „Forum Konkrete Kunst Erfurt", Rathaus Mainz (DE) / "Forum Konkrete Kunst Erfurt", City Hall Mainz (DE)
• „Ein Jahr 40 Positionen 31 Räume", Museum Modern Art, Hünfeld (DE) / "1 Year 40 Positions 31 Spaces", Museum Modern Art, Hünfeld (DE)

2005

„MOTIVA. International, Konstruktiv, Konkret, Intelligibel", Austria Center in der UNO-City Wien, Wien (AT) / "MOTIVA. International, Constructive, Concrete, Intelligible", Austria Center in der UNO-City Wien, Vienna (AT)

2004

• Little Gallery, Department of Art, University of Calgary (CAN)
• 50 Quadrat. 14. Gmundner Symposium, Gmunden (AT)

2003

• „10 – Zehn – X", Forum Konkrete Kunst, Museum der Künstler, Erfurt (DE) / „10 – Ten – X", Forum Konkrete Kunst, The Artists' Museum, Erfurt (DE)
• „III. Internationale Novosibirsker Biennale zeitgenössischer Grafik", Novosibirsk (RU) / „III. International Biennial of Contemporary Graphic Art", Novosibirsk (RU)

2002

„Vier Richtungen", Büro für Weltausstellung, Wien (AT) / „Vice Versa", Office of Global Exhibition, Vienna (AT)

2000

• „!Strenge Kammer? Geometrische Abstraktion in der Wiener Kunst", Galerie MUSEUM AUF ABRUF, Wien (AT) / „!Stern Chamber? Geometric Abstraction in Viennese Art", Gallery MUSEUM AUF ABRUF, Vienna (AT)
• „X 10. Gmundner Symposium", Gmunden (AT)
• „ohne Titel", Severnaja Stolitsa Art Gallery, St. Petersburg (RU), organisiert von Roswitha Ennemoser und Andrei Ryschow / „Untitled", Severnaja Stolitsa Art Gallery, Saint Petersburg, (RU), organised by Roswitha Ennemoser and Andrei Ryshov
• „Kunst auf Zeit 1999", Plakataktion, Graz (AT) / „Temporary Art 1999", Poster Project, Graz (AT)

1999

„PARALLELPROJEKT 1", organisiert von Roswitha Ennemoser im Rahmen der „Tage Österreichischer Kultur in Nischni Nowgorod 1999", Nischni Nowgorod (RU) / „PARALLEL PROJECT 1", organised by Roswitha Ennemoser in the context of „Festival of Austrian Culture in Nizhny Novgorod 1999", Nizhny Novgorod (RU)

1998

• „DE NOVO", Internationales Symposium, Lemberg (UA) / „DE NOVO", International Symposium, Lviv (UA)
• „Projekt Kunst in der Natur '98", 5. Internationales Symposium, Gars (AT) / "Art in Nature Project '98", 5th International Symposium, Gars (AT)

1997

• „Garten. Maßstab 1:1", III. Festival der Avantgarde, Nischni Nowgorod (RU) / „Garden. Scale 1:1", III. Festival of the Avantgarde, Nizhny Novgorod (RU)
• „FACE TO FACE", Plakatprojekt, Czernowitz und Kiew (UA) / Poster Project, Chernivtsi and Kiev (UA)
• „FORT azymut 2000", Krakau (PL) / Krakow (PL)
• „Die Sicht der Dinge 4: Malerei zwischen Konzept und Prozess", Tiroler Landesmuseum Ferdinandeum, Innsbruck (AT) / "Seeing Things 4: Painting between Concept and Process", Tyrolean State Museum Ferdinandeum, Innsbruck (AT)
• „Poloca", II. Festival der Avantgarde, Nischni Nowgorod (RU) / „Poloca", II. Festival of the Avantgarde", Nizhny Novgorod (RU)

1994

„Arttirol", Galerie im Taxispalais, Innsbruck (AT) / "Tyrol Art", Gallery in the Taxis Palace, Innsbruck (AT)

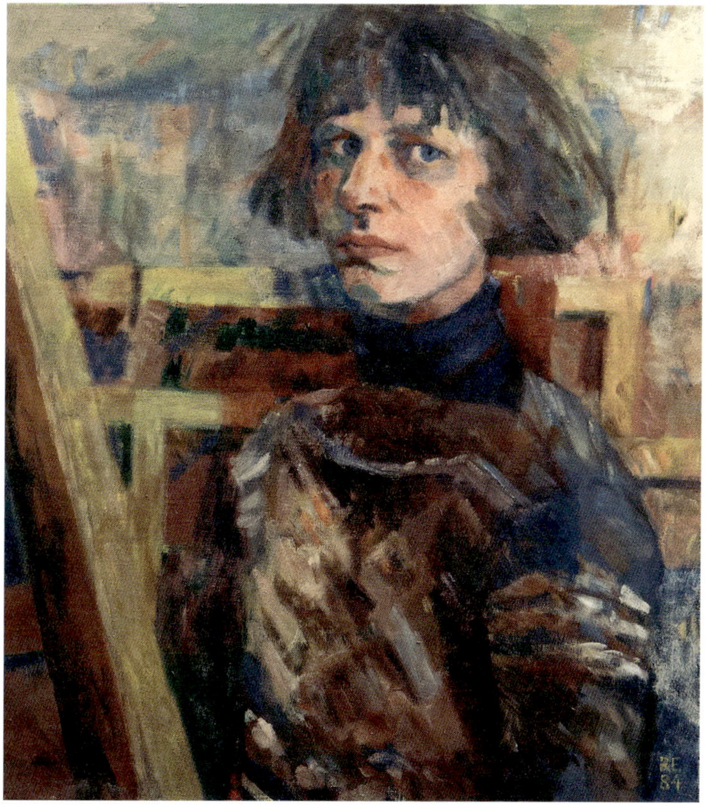

O.T. / Untitled
1984
Öl auf Leinwand / oil on canvas
80 x 70 cm

Literatur (Auswahl) / selected Literature

Roswitha Ennemoser: Wasserrohre und Dichtungen [Water pipes and sealants], in: Valeri Susmann (Hg. / Ed.): Konzepte der Sprache und Kultur im Werk Franz Kafkas, Nischni Nowgorod: Dekom 2005, o. S.

Heidi Bierwisch: (Hg. / Ed.): 10 – Zehn – X. Forum Konkrete Kunst, Schriftenreihe 7, Erfurt 2003.

Josef Linschinger: INNOVATION, konstruktiv, konkret, visuell, konzeptuell, Klagenfurt: Ritter Verlag 2003.

Roswitha Ennemoser und / and Andrei Ryschow (Hg. / Ed.): RAUM x 2, St. Petersburg / Saint Petersburg: NP Print 2002.

Wolfgang Hilger: Roswitha Ennemoser, in: Allgemeines Künstlerlexikon, Bd. 34, München / Leipzig / Munich / Leipzig: K. G. Saur Verlag 2002.

Kulturabteilung der Stadt Wien (Hg. / Ed.): !STRENGE KAMMER?, Wien / Vienna 2000.

Linguistische Universität (Hg. / Ed.): Das Eigene und das Fremde in der kulturellen Tradition Europas, Nischni Nowgorod: Dekom 2000.

Gertrude Moser-Wagner (Hg. / Ed.): förmlich wörtlich, Wien / Vienna: Triton Verlag 1999.

A. Denisjuk (Hg. / Ed.): DE NOVO, Lemberg / Lviv 1999.

Asja Feoktistowa und / and Shanna Ledomskaja (Hg. / Ed.): Garten. Maßstab 1:1. III. Festival der Avantgarde, Nischni Nowgorod: Dekom 1997.

Tiroler Landesmuseum Ferdinandeum (Hg. / Ed.): Die Sicht der Dinge 4: Zentrum & Peripherie, Innsbruck 1996.

Asja Feoktistowa und / and Shanna Ledomskaja (Hg. / Ed.): Poloca, Nischni Nowgorod: Dekom 1996.

Roswitha Ennemoser (Hg. / Ed.): FORM.RAUM. FARBE, Wien / Vienna: WUV-Universitätsverlag, 1995.

Ausstellung / Exhibition

ROSWITHA ENNEMOSER. KONKRETISIERUNG.
Eine Retrospektive

MUSA Museum Startgalerie Artothek
4.2.–1.3.2014

Felderstrasse 6–8, 1010 Wien / Vienna
www.musa.at

Ein Projekt der Kulturabteilung der Stadt Wien (MA 7) / A Project of the Department for Cultural Affairs of the City of Vienna (MA 7)

Leiter der Kulturabteilung der Stadt Wien / Head of the Department for Cultural Affairs of the City of Vienna: Bernhard Denscher
MUSA-Leitung / Director: Berthold Ecker
KuratorInnen / Curator: Sonja Gruber, Maris Liška
Mitarbeit / Assistance: Gunda Achleitner, Johannes Karel, Gabriele Strommer, Heimo Watzlik, Michael Wolschlager
Öffentlichkeitsarbeit / PR: Monika Demartin
Restauratorin / Conservator: Jael Singer

Ein besonderer Dank gilt Hermann Zschiegner sowie Freunden Roswitha Ennemosers.
Special thanks for supporting the project go to Hermann Zschiegner as well as friends of Roswitha Ennemoser.

Impressum / Imprint

HerausgeberInnen für die Kulturabteilung der Stadt Wien (MA 7) / Editors for the Department for Cultural Affairs of the City of Vienna (MA 7): Sonja Gruber, Maris Liška, Berthold Ecker

Redaktion / Editing: Sonja Gruber, Maris Liška

Texte / Texts: Roswitha Ennemoser, Sonja Gruber, Maris Liška, Hermann Zschiegner

Lektorat / Proofreading: Fanny Esterhazy, Martin Gastl

Übersetzung / Translations: Alison Donaldson, Jonathan Uhlaner

Grafische Gestaltung / Graphic Design: SCHIENERL D/AD

Lithografie / Lithography: Pixelstorm

Fotografie / Photography: Roswitha Ennemoser, Sonja Gruber, Maris Liška, Pia Stowasser, Michael Wolschlager

AMBRA | V ist ein Unternehmen der Medecco Holding GmbH, Wien
ambra-verlag.at
Printed in Austria

Druck / Printed by: AV+Astoria, A-1030 Wien

Umschlagbild / Cover: Roswitha Ennemoser, *O.T. / Untitled*, 1995, Karton, Dispersion / cardboard, emulsion paint, 45 × 45 cm

Gedruckt auf säurefreiem, chlorfrei gebleichtem Papier – TCF
Printed on acid-free and chlorine-free bleached paper

Mit 118 farbigen Abbildungen / With 118 coloured figures

Bibliografische Information der Deutschen Nationalbibliothek
Die Deutsche Nationalbibliothek verzeichnet diese Publikation in der Deutschen Nationalbibliografie; detaillierte bibliografische Daten sind im Internet über http://dnb.d-nb.de abruf-bar.

ISBN 978-3-99043-644-8 AMBRA | V

MUSA WIEN KULTUR Stadt Wien